lonely planet

厦门

IN

本书作者

崔群 / 何望若 / 黄嵩

计划你的行程

你好，厦门 **4**
厦门地图 **6**
厦门顶级旅行体验 **8**
厦门最佳行程 **26**
厦门每月热门 **34**
新线报 **39**
获得灵感 **41**
省钱妙计 **43**
行前参考 **44**

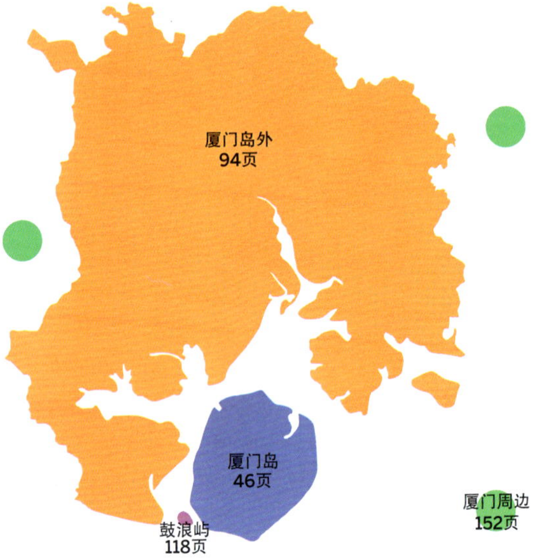

在路上

厦门岛 **46**
厦门岛亮点 50
厦门大学 **56**
景点 60
节日和活动 74
就餐 74
饮品 86
娱乐 91
购物 93

厦门岛外 **94**
厦门岛外亮点 98
集美学村 **104**
景点 106
节日 112
活动 112
就餐 113
购物 117

鼓浪屿 **118**
鼓浪屿亮点 122
菽庄花园 **128**
景点 130
就餐 144
饮品 146
娱乐 148
购物 149

厦门周边 **152**
厦门周边亮点 156
南靖土楼群 **162**
泉州市 **164**
景点 164
节日和活动 173
住宿 173

目录

生存指南

就餐 174
饮品 176
娱乐 178
购物 178
漳州 181
景点 181
节日和活动 186
住宿 186
就餐 187
饮品 192
购物 193
金门 195
景点 195
节日和活动 201
住宿 201
餐饮 202
购物 205
烈屿 206
景点 206
住宿 208
出行指南 216
交通指南 222
幕后 228
索引 235
如何使用本书 237
我们的作者 238

特别策划

厦大掌故 58
厦门沧桑 62
想拍小清新照片？So easy! 74
中华白海豚——厦门人的妈祖鱼 75
面朝大海，吃鲜也尝新 80
新厦门人 88
“俗又有力”的“在地美学” 92
“混搭”厦门话 108
摩登的厦门，穿越的庙会 111
发现细节之美 131
万国建筑博览馆 136
将教堂搜罗到底 138
鼓浪屿十大别墅 140

老岛民谈鼓浪屿 144
带孩子游鼓浪屿 148

你好，厦门

大海是它永恒的主题，无论所见、所闻、所品皆是海的气息。踏海而来的，有西方文化，也有南洋华侨的归家梦。各路宗教选择在此安家，却没有哪尊神能撼动妈祖的地位。海风温润地孕育了城市慢哲学，生活在此慵懒而熨帖。

它从海上来

看海是多么容易的事，桥梁飞驰着涉入海面画了一个圆，闲庭信步间不经意便已凭栏望海。日光岩上天风海涛，一墙之隔的南普陀寺和厦门大学同吹一片海风。大海也曾血雨腥风，但正如潮涨潮落的切换，海浪抚平了伤痕，硝烟散尽生态起。胡里山炮台守卫的前沿阵地，成了最旖旎的海岸线。历史风云人物还数郑成功，塑像屹立海岸，连台风都惧。昔日咫尺相争的金门，如今是珍奇鸟类栖息的净地。往事沉淀出了浪漫，连渔村都发酵出了文艺的气息。

建筑PK

拱券回廊、古希腊柱式、哥特式尖顶、巴洛克浮雕、雕梁画栋、歇山顶、燕尾脊、马鞍脊……你能想到的建筑形式，在这里几乎都能找到。中西文化充分磨合后，便有了“穿西装、戴斗笠”的嘉庚楼。历史建筑之密集，寸步间便撞见了近代史的某个剪影。城市的生生不息在骑楼得以延续，挡雨遮阳的公共走廊下，一张简易的茶桌，两三人围坐，呷茶闲话，一杯一乾坤。脚步再迈大一点，土楼如天外来客降临山间，即使你看它好似东倒西歪，却已稳如泰山600年。

八鲜过海

世上所有的美食大概只有海鲜不加修饰就能上得国宴、下得排档，厦门人当然深谙此道，一碗酱油水让所有为“鲜”而生的调料作废，还原最纯正的海味。街巷里的古早味最能唤醒食欲：土笋冻口感爽滑Q弹；小海蛎如珍珠般随着葱花一起在蛋液上大跳探戈；扁食皮薄馅满，轻盈地滑入口中。来了厦门，你才懂，吃饭干吗要正襟危坐，舌尖反馈给你的才是真谛。

> “一片瓦下一杯茶，一片绿中一簇红，正是厦门的清新滋味。”

鼓浪屿小巷深处，红墙上的三角梅正在盛放

黄嵩 摄

厦门

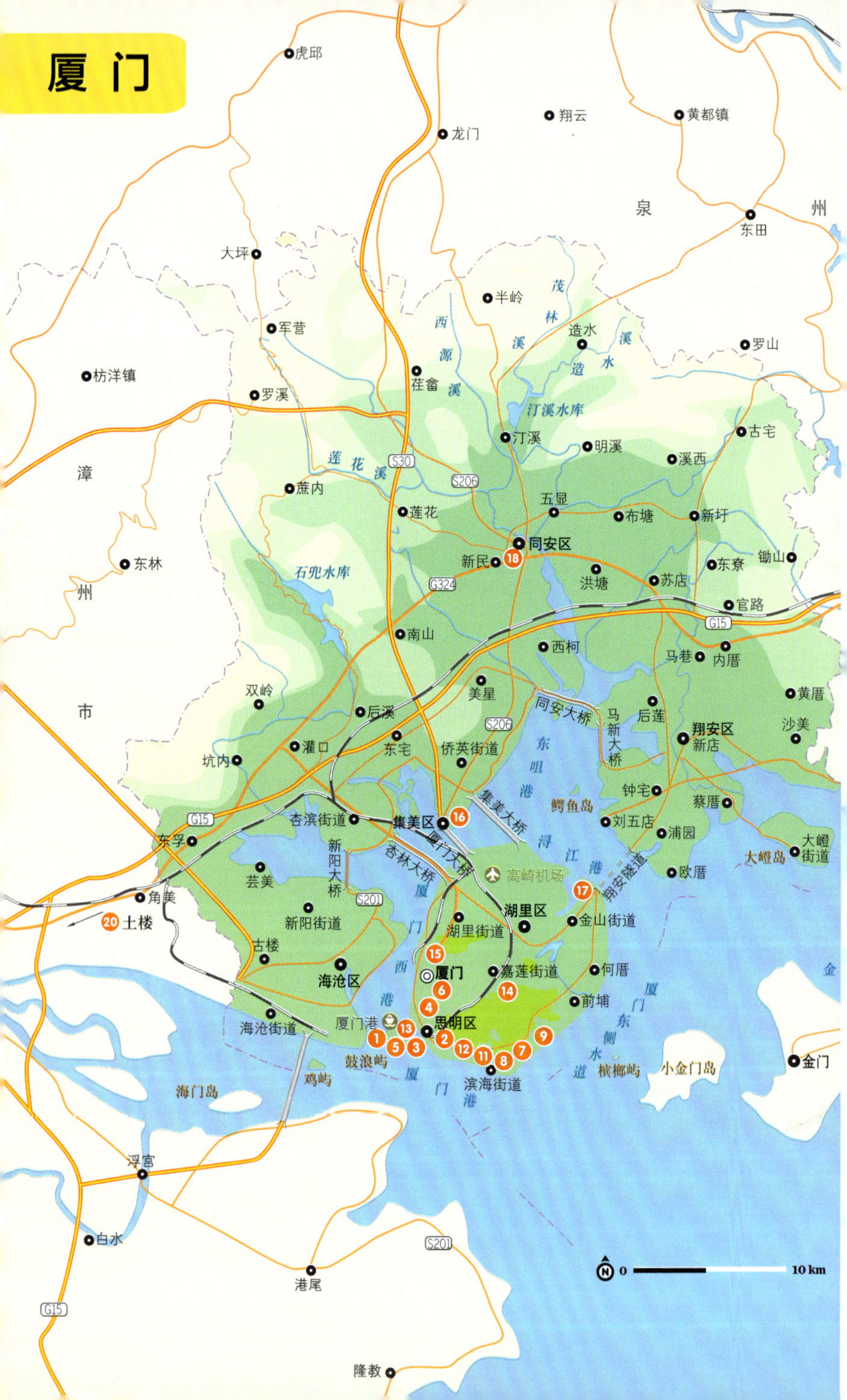

虎邱
龙门
翔云
黄都镇
泉
州
东田
大坪
半岭
茂
林
溪
西
源
溪
造水
溪
造
水
罗山
军营
杨洋镇
茌畲
罗溪
汀溪水库
汀溪
明溪
古宅
溪西
莲
花
溪
S30
S206
漳
州
市
蔗内
五显
布塘
新圩
莲花
同安区
新民
18
东林
石兜水库
洪塘
苏店
东寮
锄山
G324
官路
G15
南山
西柯
马巷
内厝
美星
黄厝
双岭
后溪
同安大桥
马
新
大
桥
后莲
翔安区
新店
沙美
S206
灌口
东宅
侨英街道
东
咀
港
坑内
钟宅
鳄鱼岛
蔡厝
集美大桥
G15
杏滨街道
集美区
16
刘五店
浦园
大嶝街道
大嶝岛
东孚
新
阳
大
桥
厦门大桥
浔
江
港
翔安隧道
杏林大桥
高崎机场
欧厝
芸美
角美
S201
厦
17
20 土楼
新阳街道
门
湖里区
湖里街道
金山街道
古楼
15
西
金
海沧区
厦门
嘉莲街道
何厝
厦
6
14
港
前埔
门
4
东
海沧街道
厦门港
13
思明区
侧
1
5
3
2
12
9
水
11
8
7
道
槟榔屿
小金门岛
金门
鼓浪屿
鸡屿
厦
滨海街道
门
海门岛
港
浮宫
白水
S201
0
10 km
港尾
G15
隆教

20 顶级旅行体验

1. 博览万国建筑
2. 美丽校园
3. 宅进鼓浪屿
4. 漫步老城区
5. 菽庄花园
6. 寻找旮旯“古早味”
7. 单车环岛旅行
8. 曾厝垵
9. 黄厝海滩看海
10. 泉州古城漫步
11. 不可不吃的生猛海鲜
12. 像闽南人一样泡茶
13. 登高东坪山
14. 追随传教士的脚步
15. 西堤咖啡一条街
16. 飨嘉庚建筑的盛宴
17. 五缘湾帆船出海
18. 来一趟温泉之旅
19. 骑行金门岛
20. 土楼

20 厦门顶级旅行体验

博览万国建筑

在鸦片战争后的近百年里，西方各国纷纷踏海而来，教堂、学校、公馆、商行、领事馆簇拥在不足2平方公里的岛上，拱券回廊、古希腊柱式、哥特式尖顶、伊斯兰圆顶等以压倒之势盖过了本土的闽南大厝，舶来的文化一度占据了主流。而将西风运用到极致的是带着乡土观念回归的华侨们，闽地古风与西洋文化相融相交，于是巴洛克风格配上了歇山顶，清水红砖饰以欧式百叶窗，豪宅们或占地闹市或依山望海，也不乏身居陋巷的低调者。那一段的繁华随着华侨的离去而黯淡，没有一份导游词能穷尽它已逝的韶华，只待你自己去贴近它，打开一段往事。图为李家庄。

何望若 摄

1

苏薇 摄

2

美丽校园

厦门大学（见56页）校园一定是你在厦门岛非去不可的景点，这座拥山临海的大学被认为是中国最美丽的校园之一。闻名中外的“嘉庚建筑”和校园里充满南国风味的植物，保留着校园最应该有的样子。她甚至值得你好好地花半天时间走遍角角落落，当你不经意发现满是爬山虎的老教学楼，或者走在海滨小道上望着从海那头坠下的夕阳时，心里的某个角落会念起白衣飘飘的年代。图为厦门大学内爬满青藤的学院楼。

宅进鼓浪屿

“大隐隐于市”在鼓浪屿（见119页）绝不是奢望，抛开所有的景点，找一栋百年老别墅住下来，既不避世，又能清冷孤高。每天由穿透木质百叶窗的斑驳阳光把你叫醒，慵懒的午后，蜷缩在树影婆娑的院内，一本书、一杯咖啡，偷它个浮生半日闲，暗香浮动月黄昏下，喝一杯主人泡的茶，听一段如烟往事。趁着人群散去的清晨或夜晚，悄悄走入僻静的小巷，鼓浪屿正为你揭开浮躁的面纱。你千锤百炼的生活无可救药地松弛下来，不如暂且颓废，从姹紫嫣红宅到一地的落英缤纷，很寂寞也很惬意。只不过，在你刚学会慢生活时，离别的钟声可能正欲敲响。图为鼓浪屿上的老别墅。

3

黄嵩 摄

最佳住宿

鼓山栖

大隐隐于市的典范，近百年的老别墅，既古色古香也能洋为中用。（见212页）

李家庄休闲咖啡旅馆

传统的清水红砖别墅被参天古树斜斜掩映着，有各种主题房。（见212页）

中德记

百年前印尼糖王的“中国第一别墅”，贵气又不失雅致。（见212页）

鹭江宾馆

老字号涉外星级酒店，窗外便是鼓浪屿，在露台上泡上一壶茶，吹着海风赏对岸风光。（见210页）

良筑

颇具设计感的老别墅，适合图清静的人。（见210页）

乐雅无垠酒店

除了交通略为不便，没什么可挑剔的设计型酒店。（见210页）

最佳小吃

乌糖沙茶面

“厦门沙茶面兵器谱”上的No.1，“过午不售”的高姿态令门口的队伍越排越长。（见82页）

西门土笋冻

与笋没有半毛关系的环节状小虫，经熬煮又冰冻后，口感有如果冻般Q。（见85页）

赖厝埕扁食嫂

皮薄到能透视馅料的纹理，汤是新鲜熬制的大骨汤，最好配拌面一起吃。（见75页）

侯阿婆肉粽店

肉粽里塞了三层肉和八种料，甜食拥护者也会对它翘起拇指。（见175页）

油葱糖薄饼

拥有18年的好口碑，没有店铺，每天“神出鬼没”在某家甜品店门口。（见78页）

味友鸭肉面线

鸭肉汤中的药材会随季节的变化调整，春夏清淡、秋冬醇厚。（见116页）

黄嵩摄

4 漫步老城区

骑楼是一种感觉，写在南方夏天湿答答的夜里。在每一个骑楼的转角处，似乎都有一个苏丽珍能穿着旗袍拐出来。厦门仅存的老城区街道两旁都是骑楼建筑。漫步其中你可以闻到海鲜烹煮的飘香，看到阿伯们在巷口摆上一盘功夫茶，听到来自中原的古老语言绵绵密密，当然最关键的是你还可以品尝到无数最正宗的闽南小吃。说得直白一点，如果你来到厦门没有逛逛老城区，那就等于没来过厦门。图为厦门中山路附近的骑楼群。

CFP提供

5 菽庄花园

一段跨越浅浅海峡的思乡情结成就了菽庄花园（见128页）。主人依海建园，傍山为洞，将海水引入私家花园。海拓了园，获得了海阔天空的视野；园又饰了海，一座桥凌波卧于海上，令波涛汹涌的大海止步，隔断出波澜不惊的池中内湖。垒石补山造就了小桥流水、亭阁台榭的别致，滨海花园也有了江南园林的秀气。昔日的它，每年秋天会有文人雅士在此赏菊吟诗，今日的你即使没有那禀赋，至少也能脱口念出“面朝大海、春暖花开”。它的名贵身份只有上百架世界珍稀钢琴才配得上，琴键上飘出的《鼓浪屿之波》悠悠诉说着小岛的传奇。图为菽庄花园内的钢琴博物馆。

寻找旮旯“古早味”

6

厦门的小吃，就像这个城市的绿化一样茂盛，它们扎根在老城区一些极其隐秘的小巷里。这些“古早味”是厦门人难忘的童年记忆。老板们用专注于一两种产品的神力，博得口口相传而来的市场，在这个连锁狂欢的时代，奇迹般地生存下来。即使简单到无名无姓甚至无门店的地步，人们也会寻径而去，百吃不腻。

图为沙茶面。

黄立清 摄

7

单车环岛旅行

“单车环岛”是一个很酷的概念，别以为你做不到，在厦门你完全可以完成这件很酷的事情。因为厦门岛其实并不大，绕一圈也只需要一天时间。环岛路演武大桥到前埔会展中心段像是巨大的滨海公园（见68页）。骑行在专门的自行车道上，右手边就是一望无际的大海。略带咸味的海风再加上满眼绿意，绝对能让你忘却旅途的辛苦。如果你想未来在饭桌上和朋友们显摆你“单车环岛”的光辉历史，不要犹豫，就是这里了！

曾厝垵

曾氏的先祖们如果知道百年之后他们的渔村成了中国最文艺最小清新的村庄，并且就连他们栖身的祠堂也摇身变成了咖啡馆时，不知会作何感受？仅仅因为曾厝垵（见66页）是一个靠海，且靠近市中心的渔村，大量的游客涌进这个原本安静且平淡无奇的村子，于是鳞次栉比的民宿、餐厅、精品店以及分不清到底是哪里的小吃就把这个九曲八绕的村子弄得更加令人迷惑。乡土和清新交织出一种奇怪的风味，但却让人沉迷于琢磨。或许当你在游客散去的曾氏祠堂天井里，仰望压着红瓦檐线的星空时，才能嗅出这片闽南土地的风情。图为曾氏祠堂。

8

苏薇摄

最佳闽地风情

第八菜市场

体验厦门市井生活的窗口，尽管混杂腥臭，但却热力十足。（见72页）

沙坡尾

昔日的“厦门港”已压缩到仅存沙坡尾一小片，涨潮时来避风坞品海鲜、赏晚霞。（见60页）

中山路骑楼

厦门的商业中心，漫步于此，品的不仅是建筑，也是这座城市的味道。（见71页）

曾厝垵

祠堂、教堂、妈祖庙和咖啡馆共处一村，村民和文艺青年各自行走在红砖大厝里。（见66页）

东坪山上泡茶喝

避开人群，在绿荫环绕的山顶沏一壶铁观音，吹着海风消磨一下午。（见70页）

中秋玩博饼

有点复杂的骰子游戏，每年中秋节前后街头巷尾都在抛骰子。（见76页）

最佳景观

厦门大学

中国最美丽的校园之一，不但有海，还有“穿西装、戴斗笠”的嘉庚建筑。（见56页）

五老峰

登上五老峰，观海天一线，将南国美丽的花草植物尽收眼底。（见60页）

黄厝海滩

厦门岛看海的不二之选，海滩天然、干净，有椰风摇曳、渔船归港。（见71页）

东山岛看海

这里有纯净的沙滩和漂亮的海湾，还有世界上海拔最低的寺庙。（见184页）

六鳌赏海

六鳌的海不用PS就能蓝到爆，风车沿海岸线布阵，快门按下便能出明信片。（见183页）

黄厝海滩看海

海，是所有人关于厦门的最直接想象。要看厦门岛的海，就要到黄厝海滩（见71页）去。碧海、蓝天、黄色沙滩、高耸的假槟榔和椰子树。虽不是绝顶的“水清沙幼”，但这里的海水是咸的，海面上有真正的渔船。虽不是大洋大浪，但这里涨潮的涛声依旧响亮，还能让你盯着潮涨潮落的海水吐纳深深思考人生的终极奥义。花一个下午，去海边走走。否则，你又怎么能算是到过了厦门呢？图为黄厝海滩。

9

GETTYIMAGES 提供

10 泉州古城漫步

驱车1小时就能从厦门到泉州（见164页），但这1小时，仿佛跨越了千年。泉州古城，和千年前的模样并未大不同，古董堆到马路边政策宣传栏的顶上和周边，几欲将其吞噬。这样的一座古城，并未在轰轰烈烈的城市进展中湮灭，反而更生魅力。人们在古厝里开了茶馆、咖啡馆，骑楼下停着少年的“死飞”，大妈们在文庙前跳着广场舞，而远方庙宇的钟声就是她们的集结号。清真寺和关帝庙比肩而立，开元寺的双塔静默千年。泉州，唯有用双脚去丈量方不辜负。图为泉州，开元寺东西塔已历千年。

11 不可不吃的生猛海鲜

吃海鲜，喝啤酒，就着海风大快朵颐，就是在厦门该做的正经事儿。想要了解海鲜品种的丰富，应该先去八市溜一圈，考考自己认得哪几种鱼和蟹。一定还有一些种类躲在水箱里哧哧笑你不懂。你可以在这里买些至鲜的渔获自己烹饪，更直接的方式则是在老城区的破房子边，找个排档摊坐下，尽管环境大多不好，桌子甚至就排在马路上，但很快你就会适应，人们云集而来，入夜一片红火，折腾到夜里两三点也不奇怪。情感在咸咸的海风中升华，口舌在鲜鲜的海鲜中得到满足。图为在厦门随处可见的海鲜料理。

黄嵩摄

12

像闽南人一样泡茶

福建出好茶，尤以铁观音和红茶闻名世界。在所有闽南人眼里，那种不管什么茶都拿个大茶缸子用开水一泡的行为简直是不可接受。如果你来到了厦门，大可以找间茶铺坐下，一边品茗，一边偷师怎样泡茶：铁观音只能用盖碗，红茶只能用玻璃器皿，水最好用山泉水，次之也只能用矿泉水，还要有公道杯、闻香杯、茶杯……泡一道茶有N道程序，每一种茶都有不同的讲究。这些你不需要精通，有样学样地照搬回去，就能格调飙升。

苏薇 摄

13

登高东坪山

城中有山，城外是海，大概只有厦门才会孕育出这么奇特的景象。东坪山（见70页）结结实实地占据了厦门城市中心的一大块风水宝地，山脚下还是喧嚣的城区，到了山上则曲径通幽，花海连片，带着土味的农家乐隐没林中，让人不敢相信这竟然只是离开市中心10分钟车程的地方。最当地人的做法，就是在山顶找一片开阔地，沏上一壶地道的铁观音，便可听涛观海享春暖花开。

追随传教士的脚步

厦门有着四十多处教堂，有“中华第一圣堂”之称的新街礼拜堂（见72页）身处中山路，红色墙体、屋顶，白色廊柱、钟塔，是典型的罗马风格建筑；同样红白色调的竹树脚礼拜堂前，竹林已不见，但可见全城最活色生香的第八菜市场；历史最悠久的玫瑰圣母堂几经沧桑已是面目一新，鼓浪屿上的天主堂近一个世纪而不改素白的哥特式容颜；曾经孤傲得只用英语布道的协和礼拜堂，早已放下身段并成为新人最好的爱情誓言地……图为鼓浪屿天主堂。

14

最佳建筑

亦足山庄

建筑主体简约，大门处不放过任何一个细节精心雕琢，繁复却不匠气。这样一栋豪宅却深居简出得不易找寻。（见131页）

协和礼拜堂

新古典主义风格的教堂，林语堂在此留下爱的誓言，如今的热门婚纱摄影地。（见138页）

黄荣远堂

极富传奇色彩的一栋建筑，欧式风格配上中国特色的女儿墙，左右不对称却相得益彰。（见135页）

杨家园

总共4栋，每栋的细节都不同，建筑主体和门楼的浮雕都很出彩。（见131页）

天主堂

哥特式单钟楼建筑，通体素白，典雅大方，周日早上的弥撒会可进入参观。（见138页）

最佳咖啡馆

黑糖

厦门小清新咖啡馆的祖师爷，它还以店名命名了一个文学奖，正儿八经地颁发着。（见87页）

褚家园咖啡馆

80多岁高龄的老别墅，身居闹市又庭院深深，有个很大的花园，品一口咖啡，阅一段时光。（见146页）

32How

华侨老别墅改造的咖啡馆，走vintage文艺复古风，咖啡用日本订制的骨瓷装杯，没有两个一模一样的杯子。（见86页）

星巴克（鹭江道店）

全中国最大的星巴克之一，位置得天独厚，四楼露台风光无限，可远眺鼓浪屿。（见90页）

西堤咖啡馆一条街

筼筜路是厦门咖啡馆最密集的一条街，阳光温暖的午后，露天的座位全部爆满。（见73页）

15

西堤咖啡馆一条街

厦门被称为“城在海上、海在城中”，城中的海，就是筼筜湖。这块2平方公里的水域由于一点朱砂点透了城市的灵气，白鹭常年在此栖息。紧靠着筼筜湖的街道正名叫筼筜路，不过由于咖啡店林立，当地人更爱叫它西堤咖啡馆一条街（见73页）。这条街人气很旺，尤其在冬日的午后，晒着暖洋洋的阳光，吹着湖面的微风，优哉游哉晃过一个周末下午是许多当地年轻人的习惯。在这里遇见豪车超跑的概率很高，遇见帅哥美女的概率更高。（大）夜色下的咖啡一条街；（小）筼筜湖边的咖啡馆露台。

（大）苏薇 摄；（小）苏薇 摄

16 飨嘉庚建筑的盛宴

看过了厦大的嘉庚建筑，只算对这种建筑看了个皮毛。岛外的集美学村（见104页）有更美更壮丽的嘉庚建筑等着你。当你看着这些自成一派的建筑成片成片地出现，真不得不感慨建筑的确就是流动的音乐。你似乎能读懂南薰楼想要诉说的故事，能望见龙舟池泛起涟漪中深藏的历史，能感触到鳌园石雕上记载的华侨捐资助学的伟大信念。套用一句俗话：“在这里你能读懂华侨心。”

图为集美学村。

苏薇摄

17 五缘湾帆船出海

五缘湾（见53页）的海和云有如画般的美丽，海湾中停着一列列的帆船和游艇。这些，你都可以租着玩儿。想要刺激的还有海上摩托艇。尽管价格有点贵，但面对蓝天碧海，谁能抵挡得住在海上乘风破浪、肆意纵横的诱惑呢？从这里出海，不久就能看见烈屿，如果想登岛，还可以在种满木麻黄和红树林的鳄鱼岛上烧烤。实在懒得动，就在五缘湾走走木栈道，踩踩沙滩也不错。

图为五缘湾靠港的帆船。

来一趟温泉之旅

厦门岛外的温泉都是真温泉，不是挖个大澡盆放些热水的那种，这些泉眼都有史籍记载，来历清清楚楚。在厦门游玩奔波劳累之后，来一趟温泉泡汤之旅，必是洗去疲倦的最佳方式。岛外的海沧（见110页）和同安（见106页）都有不同类型的温泉度假村，有的高端豪华，有的则开在农户家中，它们都会在普通温泉的基础上加入许多创意和噱头，就看你买不买账了。

图为厦门岛外温泉。

18

最佳活动

骑行环岛路

骑行是体验海滨城市风光最好的方式，从白城沙滩出发，一直骑到黄厝或五缘湾。（见68页）

泡汤

厦门岛外地热资源丰富，诸多温泉度假村等是你一扫疲劳的好去处。（见112页）

漫步鼓浪屿

本是无车岛，索性就放慢脚步，高高低低慢慢行。（见142页）

五缘湾搏击海中

在漂亮的五缘湾选择一项运动，游泳、摩托艇、皮划艇或帆船出海，可以刺激也能奢华。（见53页）

骑行金门烈屿

这里有宁静的田园、美味的芋头、无污染的金沙海湾，乘风骑行，牛群是你的小伙伴。（见159页）

最佳周边游

泉州

曾经的刺桐港已洗尽铅华，历史留给它的是各类“混搭”建筑、各路“神仙”和独自偷乐的街巷美食。（见164页）

南靖土楼群

欣赏“四菜一汤”的田螺坑土楼群、“东倒西歪”的裕昌楼等土建筑奇观。（见162页）

金门

一百多个景点布满全岛，连厦门人也不得不服的美食诱惑，金门，不远也不神秘。（见195页）

漳州滨海游

去漳州看海也看火山，世界上最大、最密集的玄武岩石柱群和古火山岛。（见181页）

骑行金门岛

19

还有比金门（见195页）更适合骑行的岛屿吗？平直的公路、稀少的人群、贴心的租车服务、繁茂的植物遮蔽烈日……如果你想，甚至能从厦门直接拎一辆自行车乘船渡海。不必强求环岛，许多线路可以满足你不同的喜好。金宁线以自然生态和战地古迹为主，既可以在慈湖、双鲤湿地观鸟，又可看战地史迹。金湖线则一路伴着美味，别忘了金门确是一个美食之地。在离岛烈屿，则可以彻底来一次环岛之旅，沿途绿茵夹道，海岸风光宜人。图为金门，既有战地风光，也有田园风情。

苏薇摄

苏薇 摄

20 土楼

厦门周边，就有南靖（见162页）和华安（见186页）两大土楼群。前者拥有著名的土楼招牌套餐"四菜一汤"——田螺坑土楼群，后者则拥有单体最大的楼王——"二宜楼"。"似黑色的UFO自天而降，又似蘑菇拔地飞腾而上。"这种奇特的山间民居令世人震惊。他们仿佛天外来物，却靠着泥土之身守护古老家族的世世代代。若你愿意再深入一些，还会发现东倒西歪的裕昌楼、沼泽之上的和贵楼，山里如梦幻般的古老村庄云水谣也等你踏入这水乡的一方。

厦门
最佳行程

第1天

深入鼓浪屿

如果正是鼓浪屿促成了本次旅行，那就直奔它而去吧。中西文化在这座小岛上碰撞出奇妙的火花，人文是它的真正魅力，快速走一遭只能接触个皮毛，住一晚才能感受它安逸迷人的晨与夜。即使荷包表示底气不足也没关系，尽早上岛、尽晚撤离，有轮渡24小时“伺候”。

1 追问百年历史

上岛后，先就近参观建在八卦楼里的**风琴博物馆**（见130页），然后去**海天堂构**（见135页），这里的“万国建筑博览馆”能带你迅速了解鼓浪屿的历史和人文，联票还可以进入漂亮的**黄荣远堂**（见135页）参观。接着去著名的**菽庄花园**（见128页）领略下“海在园中、园在海上”的建筑创意。

实用信息

白天在东渡邮轮码头或海沧嵩屿码头，夜晚在鹭江道轮渡码头2号厅坐船，票价30~50元，这是到达鼓浪屿的唯一交通方式。鼓浪屿上有两个旅游客运码头，船票包含返程，不要把票丢失。

2 寻访万国建筑

岛上有1000多栋历史老建筑，鼓新路、泉州路、安海路、中华路、鹿礁路、福建路、复兴路上集中了最多的老别墅，有**天主堂**（见138页）、**协和礼拜堂**（见138页）、**三一堂**（见138页）等漂亮的教堂，也有**黄家花园**（见140页）、**金瓜楼**（见140页）、**杨家园**（见131页）等十大别墅，还有**原日本领事馆**（见136页）等，也别错过岛上仅存的两栋闽南本地建筑——**四落大厝**（见136页）和**大夫第**（见136页）。不想自己花心思寻找、陷入迷路困惑的话，就根据我们为你设计的**步行游览路线**（见142页）按图索骥吧。

吃喝落脚点

林记鱼丸（见145页）、**褚家园咖啡馆**（见146页）、**菜园子咖啡馆**（见144页）

3 悠闲的傍晚

奔波了一天，傍晚时分让自己慢下来。你有几种选择，可以攀上鼓浪屿的最高点**日光岩**（见130页），吹吹海风欣赏日落；别墅还没看够就往僻静的笔山路和鸡山路走走，伴着蝉鸣鸟叫，逗逗岛上的流浪猫，沿途的**亦足山庄**（见131页）、**观彩楼**（见131页）、**春草堂**（见135页）虽不在十大别墅之列却同样精彩。或者什么也不做，找家老别墅改建的餐馆或咖啡馆怀旧一番。

住宿推荐

鼓山栖（见212页）、**鼓浪屿卢卡国际青年旅舍**（见212页）、**李家庄休闲咖啡旅馆**（见212页）

鼓浪屿
沐昀 摄

第2天

玩转厦门

一天的时间，既不错过大牌景点，又可投入最市井的生活，享受海滩椰影的美景，也能感受当地人文，看看历史的更迭与活色生香的今天。至于脚步能丈量多少宽度和深度，看你奔走的勤奋度了。

1 著名景点扫一遍

大景点相距都不远，半天的时间可以全部走完，先去香火特别旺的**南普陀寺**（见60页）拜拜，然后登临**厦门园林植物园**（见61页）五老峰赏南国绿色、俯瞰厦门岛。依山面海的**厦门大学**（见56页）就在旁边，漫步于这座中国最美丽的大学欣赏嘉庚建筑，过一把小清新的瘾。从厦大白城校门走出，便是海滩，清末为了守卫厦门而设的**胡里山炮台**（见71页）离得不远。

实用信息

厦门大学 游客参观时间：周一至周五12:00~14:00和17:00后。须登记身份证。

周一至周五12:00~14:00期间限1000名旅客入校，17:00以后不限人数，双休日、法定节假日和学校寒暑假期间不限制人数对外开放。

2 中山路

去商业气息浓郁的中山路（见71页）晃悠吧，我们说的中山路可不仅指路牌标有"中山路"的那条路，而是指以它为中轴辐射开来，呈"非"字状的数条老街。欣赏道路两边非常漂亮的骑楼，这种既挡风雨又遮太阳的建筑是南洋舶来品，却在落户厦门后发扬光大。别光顾着在"大拱廊"下穿梭，骑楼的屋顶和墙饰也很有味道，骑楼下打盹的阿嬷、品着闽南功夫茶的阿公、简易老字号里忙进忙出的店主，为你拼出这座城市的时光碎片。这一带有很多厦门的地道小吃，也有大名鼎鼎的店铺，记得吃三分饱就够了，别让其中某家把你一次性喂饱了。

实用信息

中山路上有很多特产店，如果不太讲究包装，建议务实的你多穿两条街去**阿吉仔馅饼店**（见93页）购买手信。

3 环岛路骑行

下午的时光享受海滩海风，你可以沿着白城和**曾厝垵**（见66页）的木栈道漫步。曾厝垵这个小渔村如今是文艺青年的新领地，大有超越鼓浪屿之势头，这里教堂、佛庙、妈祖和谐共存，曾氏宗祠改造成了咖啡馆，不如坐下喝上一杯，品一品文艺村土里土气外表下的小资气息。你也可以租辆自行车，沿风光旖旎的环岛路骑行（见68页），一路往北，人和车都越来越少，海滩越来越漂亮干净。可以一路骑行到**黄厝海滩**（见71页）看日落，这是环岛路上最天然、最干净的海滩之一。

实用信息

环岛路上白城和曾厝垵都有自行车出租的流动摊位，有单人车也有双人车、三人车，可以按日租或按小时租，有时可以砍价。网上团购最低只要3元/时/人。

4 投入市井夜生活

傍晚来到充满鱼腥气的**八市**（第八菜市场；见72页），这里有厦门最原汁原味的市井生活。来此看看晚市的热闹光景，你也可以加入其中，买些活蹦乱跳的小海鲜，周围就有海鲜加工店让你大快朵颐。只看不买的话，你还有一个更好的选择——**沙坡尾**（见60页），避风坞里的渔船此时已是渔火闪烁，老厦门的感觉这里很纯正。飘荡在沙坡尾上空的酱油水海鲜味已经在召唤你的味蕾了，一直到午夜，这条街会越来越热闹，你可以在海鲜大排档用一顿平价的海鲜来犒劳一天的奔走。吃饱了沿鹭江路散散步，隔岸欣赏鼓浪屿的夜景。

吃喝落脚点

赖厝埕扁食嫂（见75页）、**莲欢海蛎煎**（见79页）

高处俯瞰厦门大学、南普陀寺和海峡
沐昀 摄

第3天

厦门岛外一日游

这一天去岛外走动走动，岛外有四个区：集美、同安、海沧、翔安，交通非常方便，你可以择其一二游览。集美有更原汁原味的嘉庚建筑，已有上千年历史的同安比厦门古老得多，可以吃地道小吃也可以泡温泉，海沧很小也很悠闲，翔安则盛产海鲜。

1 集美

岛外的**集美学村**（见104页）是由华侨陈嘉庚先生于1913年创建的，由11所中西合璧的校舍组成，是“穿西装、戴斗笠”的嘉庚建筑保存最完整之处，美丽的**集美中学**（见98页）里的**南薰楼**（见105页）更是嘉庚风格的集大成者。学校旁的**鳌园**（见105页）是陈嘉庚先生的墓地所在，**龙舟池**（见105页）畔的建筑有古朴的雕梁画栋、龙脊凤檐。由陈嘉庚先生创办的厦门大学同样有精彩的嘉庚建筑，如果你在前一天已经看过了，并且兴趣不大，那就把这一天留给另外三个区吧。

实用信息

从厦门岛内乘坐BRT1号线到嘉庚体育馆下车，换乘L22路连接线到龙舟池站或乘公交车到集美学村站。

2 同安

同安（见106页）可以花上你一整天的时间。看文化，这里有福建名寺**梵天寺**（见106页）和文化地标**同安孔庙**（见106页），建于1911年的**芦山堂**（见106页）很具闽南居住特色；赏风景，可以登上**北辰山**（见106页），看看十二龙潭瀑布，远眺竹坝水库，或去被誉为“闽南的西双版纳”的**金光湖**（见107页）看各种名贵中草药，喜欢徒步的可以去**野山谷**（见107页），沿途有各种植物和瀑布。如果你是自驾或包车，**荏畲村**（见107页）和宁静的**德安古堡**（见107页）这两处也值得去。同安的地热资源很丰富，这里的很多温泉度假村是你一扫疲劳的好去处，住上一晚也是不错的主意。

实用信息

同安温泉十分出名，口碑较好的有**翠丰温泉**（见112页），**盛之乡戴斯温泉度假村**（见112页）。

3 海沧

海沧（见110页）的景点较少，可以去为纪念北宋民间医生吴夲而建的**青礁慈济宫**（见110页）和青山绿水的**天竺山国家森林公园**（见110页），海沧也有温泉可泡。

实用信息

厦门市区坐451路、460路、801路、803路公交可到青礁慈济宫，854路和805路可到天竺山国家森林公园。

4 翔安大嶝岛

“英雄三岛”中面积最大的一座，岛上开发了**战地观光园**，有昔日对台宣传用的世界最大喇叭和战地坑道。大嶝岛码头有船可至小嶝岛，这里以休闲娱乐为主，可体验“讨小海”的乐趣。

实用信息

厦门火车站有直达大嶝岛的专线车，8:00~19:00整点发车。

沐昀 摄

第4天

走出厦门

如果腻歪了厦门的文艺情怀，不妨到周边大气一番。最酷的土楼和最美的海都在漳州，泉州的古城古巷令人迷醉，而金门，早已不是你想象中的那个铁垒肃萧之地，一百多个景点布满全岛。无论哪个地方，一天都可来回。最后一天选其中一个中意的内容跳出厦门玩吧。

❶ 泉州赏古韵

早上驱车1小时就可抵达泉州（见164页）。曾经的刺桐港洗尽铅华后回归平淡，但那些街头巷尾的建筑无法低调。拥有东西二塔的**开元寺**（见164页）、昔日五代节度使的别墅**承天寺**（见165页）和始建于北宋的**崇福寺**（见170页）并称“泉州三大丛林”。在仿照叙利亚大马士革伊斯兰礼拜堂的**清净寺**（见167页）欣赏阿拉伯建筑风格；在清净寺的隔壁立着永远香火鼎盛的**通淮关岳庙**（见165页）徜徉；最后去南门看望海上女神妈祖所在的**天后宫**（见168页），傍晚去东郊“种蛎固基”**洛阳桥**（见171页）畔走走，吹着凉风吃点海鲜。奔波了一天后不用急着赶回厦门，就在泉州享一夜安宁吧，这里也有机场和动车，实在不行，1小时“嗖”的一下就回了。

吃喝落脚点

群众牛肉小点（见175页）、**侯阿婆肉粽店**（见175页）、**西街老记面线糊**（见174页）

❷ 漳州土楼一日游

如果仰慕土楼声名，头天在厦门报个团吧，身居山中的土楼交通略有不便。基本分为两条线，南靖土楼拥有土楼代言人——“四菜一汤”——**田螺坑土楼群**（见163页），爬上山顶的观景台就能获得明信片的摄影角度。“东倒西歪”的**裕昌楼**（见163页）和纯美的**云水谣古村**（见163页）离得也不远，**和贵楼**（见163页）和**怀远楼**（见163页）静立溪头。不想挤在喧腾的旅游团中，可以前往华安县，距厦门更近，**大地土楼群**（见186页）里的二宜楼号称“土楼之王”，打开你的想象力，残垣断壁的**上坪土楼群**（见186页）能把你带去古罗马斗兽场。

实用信息

土楼景点很分散，等班车的话很费时间，包车又很费钱。参加旅游团一日游竟变成一个好方法，你很容易在厦门机场、长途汽车站、青旅和轮渡码头附近找到旅行社，路线以田螺坑土楼群和云水谣古村为主。

❸ 漳州沿海踏浪

若你是逐风逐浪为看海而来，一定不要错过这条海岸线。早起从厦门出发，大约1小时车程能到漳州**滨海火山国家地质公园**（见183页），运气好就能脚踏目前已知世界上最为巨大、密集的玄武岩石柱群。天气不给力也能在海边玩个痛快。继续向南沿海而行可到**六鳌**（见183页），这里的海免费且天然，尤为出色的是沙滩上红色的岩石，纹理美轮美奂。结束这里就可直奔**东山岛**（见184页）踏浪吃海鲜了。

实用信息

如每站都到，只能匆匆，且须自驾。不如择一从厦门乘班车出发。

❹ 漂洋过海访金门

曾经炮弹以对、壁垒森严的金门（见195页），如今办好证件（见216页出行指南），坐上渡轮，半小时就到，听起来如何？如果你想，甚至还可以带辆自行车过去。上岛后先花半天时间好好逛逛美丽的**金城镇**（见195页），这里是金门最热闹的地方，也是美味最聚集之处。吃过午饭，直击金门地标**莒光楼**（见195页），下午去水头附近参观洋气的洋楼群落、**得月楼**（见199页）和**翟山坑道**（见199页）。玩好回家，拎一盒贡糖再带一瓶金门高粱酒。

吃喝落脚点

寿记广东粥（见203页）、**蚵嗲之家**（见203页）、**三宝斋**（见203页）

金门岛上极具特色的电话亭
苏薇 摄

厦门每月热门

最佳节会

- 厦门国际马拉松 1月2日
- 元宵节 农历正月十五
- 鼓浪屿音乐节 夏季
- 中秋节 农历八月十五

1月至2月

别处是寒冬腊月，这里绿树依然成荫，只是经常阴雨连连，温度和你的实际感受并不对等，北方人很难适应这里的湿冷天气。春节期间，泉州、漳州的寺庙非常热闹，但厦门的传统中国年气氛要到元宵时才浓烈起来。

厦门国际马拉松

每年的1月2日，是厦门国际马拉松的举办日，这项赛事自2003年创办以来，已跃升为中国四大马拉松赛事之一，影响力也日渐扩大，每年都吸引了许多境内外跑友前来参加。赛道大部分是在沿海漂亮的环岛路上，因此有“世界最美马拉松赛道”的称号，2014年又将中山路划入其中，将老厦门也带入跑道。参赛者有正儿八经跑步的，也有奇装异服作秀的，名为比赛，实则堪比嘉年华。如果你正巧赶上了这趟全城盛会，值得围观一下。若专程为此而来，请关注主办方网站（www.xmim.org）。

南普陀寺法会

南普陀寺每年有五大法会，这两个月就有两场重要的法会：农历十二月初八至十二月十七的万佛法会和正月十六至十八的正月拜三千佛法会，吸引了远近众多佛教信众前来诵经祈福，还会有供天仪式、放生仪式等，非常热闹。

元宵灯会

厦门的元宵灯会不但有着浓浓的闽南文化气息，也融入了两岸交流的深层意义。正月十五的夜里，皓月高悬，人们前往游园、赏花、观灯、逛庙会，看杂耍、舞狮表演，把传统年过得热热闹闹。主办方每年都在视觉震撼、节能环保、互动参与、工艺创新上寻求突破，参与人数也是年年上涨。活动期间附近机动车限

环岛路海边有各种水上项目
CFP 提供

行，如果不想凑热闹，你可得避开了。这天，泉州有花灯节，天后宫还会举办隆重的“乞龟”活动，同样热闹非凡。

3月至4月

非常好的月份，春风春雨无限温柔地唤醒南国的精气神，气候温暖怡人，为妈祖庆生是这个季节最重要的事。自然风光也逐渐迷人，赶着春暖花开郊游去吧。

油菜花海

立春前后，漳州长泰县山重古村的油菜花开得漫山遍野，红砖古厝点缀其间，这幅不加修饰的天然油画煞是好看，不如走走这乡间小路。

为妈祖庆生

作为中国沿海地区的独特信仰，妈祖的地位足以令其他众神仰望，农历三月二十三是妈祖的诞辰日，为其庆生就成了靠海为生的闽南人的大事，泉州天后宫迎来一年一度的祭拜高峰。

金门观鸟

戴胜、栗喉蜂虎，这些鸟的名字是不是听来很陌生？对，它们很稀有，但这个时候来金门有机会看到，当然你得带上望远镜，别指望鸟儿会乖乖地在你头顶盘旋。

保生慈济文化旅游节

厦门海沧的旅游节，走的是官方运作路线，促进两岸投资为主，不过很盛大，有民俗表演。

5月至6月

雨季来了，近两年的天气让本地人越来越看不懂，往年的蓝天白云哪去了？只不过，天气可挡不住对岸金门的城隍爷出巡，集美的龙舟池里比赛也如火如荼。需要提醒的是，端午节期间可别奢望在鼓浪屿上能找到便宜的住处。

南国花艳

厦门满城的木棉花、凤凰花和洋紫荆竞相绽放，整个城市的万绿丛中缀满了鲜艳艳的红。

浴佛节

农历四月初八，泉州开元寺会为佛陀诞辰举行盛大的纪念活动。

金门城隍爷出巡

农历四月十二，是金门的“父母官”城隍爷为保百姓安居乐业、赶走妖魔鬼怪的出巡日，城隍爷出巡也是当地最大型的庙会活动。巡游队伍里有舞龙醒狮阵、高跷队、锣鼓队和各种表演方阵等，人们举着高香随行，或自发扮演着道士、媒婆、占童等角色，队伍所经之处万人空巷。有时，厦门的城隍爷和城隍夫人也会“受邀”去金门进行离岛巡游。

端午赛龙舟

端午节这天，漳州、集美等地都有盛大的赛龙舟活动，比赛内容年年有新花样，2014年集美龙舟赛首创了“龙舟拔河赛”。

关老爷的生日趴

农历五月十三是关帝的诞辰日，漳州各地的祭奠仪式以东山岛尤盛，街上敲锣打鼓、舞龙舞狮、燃放爆竹，人们抬着关帝像巡街，全民参与的热闹程度不亚于春节。这天，泉州关岳庙同样香客云集。

鼓浪屿音乐周

6月的鼓浪屿夏季音乐周每年都有不同主题，可以欣赏到来自世界各地的音乐家的精彩演出，迄今已举办过美国音乐周、台湾音乐周、波兰音乐周等。音乐周分春夏秋冬四季举行，如果你3月、9月、12月来也可以留意一下。

7月至8月

南国水果正当时，六鳌、东山岛的沙滩海浪已经在期待你的泳装秀了，音乐节给炎夏又添了一把火，台风才不给旺季面子，每年该来的几次总还是要来。

去东山岛看海

夏季总免不了看海，何况是到了沿海目的地。去东山岛度假吧。马銮湾虽细沙碧水、绿树婆娑，但充斥了很多游乐项目，而且总是人满为患，住宿价格上涨也在所难免，稍远一点的金銮湾，水质更清，也清静得多。

草莓音乐节"登鹭"

厦门终于被列入国内最火爆的音乐节的城市巡演名单了，草莓音乐节一年比一年热闹，演出阵容也越来越强大，它的定位太适合厦门的文艺氛围了。跟着节奏热力四射地嗨起来吧！

鼓浪屿钢琴节

自2002年创办以来，每两年举行一次，在7月中下旬举行，为期10天左右，活动期间能欣赏到世界顶尖钢琴家的独奏音乐会，也有本土新秀的精彩演出，全国青少年钢琴大赛也是钢琴节的一部分。

池王爷诞辰

厦门翔安马巷，池王爷农历六月十八的诞辰日庙会上，有芗剧听，有电影看，还有"乞龟"活动。

9月至10月

因为一项全中国最独特最有趣的月饼文化，厦门一向是"中秋大过年"。这个季节天气没那么燥热了，空气中就飘着"舒服"两字。不过"十一"黄金周鼓浪屿的客流绝对是井喷状态，能避则避。

中秋节

郑成功为了缓解将士们"每逢佳节倍思亲"的情绪，发明了博饼这一游戏，中秋"夺状元饼"的习俗便一路延续至今。看着像赌博，六粒骰子凭手气掷出，根据骰子的不同组合产生不同奖项，具体规则听起来相当复杂，加入前先围观会儿，或找个当地人给你详解一番，搞明白了就试试能不能博个好彩头吧。中秋前后厦门街头便已是一片叮叮当当的骰子声，而最热闹的全城博饼总决赛在鼓浪屿日光岩下上演，那场景绝对令你终生难忘！

蚵仔肥美

秋天来厦门吃蚵仔最有口福，此时的蚵仔不再是大排档的专利，也堂而皇之地登上了高级饭店的餐桌成为主推菜，最简单的做法依然还是海蛎煎。

槟榔心芋正当令

秋天是品尝金门烈屿的槟榔心芋的好季节，这种芋头吃起来香气浓郁，绵密而有种入口即化的感觉。

妈祖忌日

"九月九祭妈祖"，泉州蟳埔村又开始了一

场为妈祖张罗的庆典，活动流程类似妈祖诞辰日，照样能感受传统的闽南风俗。

11月至12月

别错过这个旅游淡季，游人撤去了，终于可以享受安静，接近年底却依然可以薄衣薄衫。在厦门岛暴走后可以去周边泡个汤缓解下疲劳。

圣诞节

一百多年前的鼓浪屿人就已经过圣诞节了，鼓浪屿对这个西洋节日最有发言权。虽然少了雪的搭配，但气氛依然浓烈，几乎每个教堂都有唱诗活动，平安夜听一听岛上各个教堂里飘出的天籁般的歌声，这个节过得浪漫无比。

送王船

明朝遗留下来的习俗，送的是“代天巡狩”的保护神，它代替皇帝出巡，赏善罚恶，保佑风调雨顺、国泰民安。节日仪式各地不尽相同，以厦门同安吕厝庵、海沧钟山村的送王船规模最大，通常在正月先选定活动的主事人，确定送王船的具体日期，迎新王，择日开始造船。隆重的送王船庆典通常在农历的十月初举行，船上有以前官船出巡一样的配备，并有彩扎的士兵，游行、舞狮、搭台演戏是免不了的庆贺内容。

（左）烧王船
（右）马拉松参赛者经过厦门演武大桥
（左）CFP 提供；（右）CFP 提供

厦门BRT专用车道
沐昀 摄

新线报

我们的作者搜集目的地新潮流，总结了厦门最新景点和活动资讯，以及为旅行者带来便利的基础设施建设新动向，保证新鲜热辣。

1 鼓浪屿轮渡票改

鼓浪屿轮渡于2014年10月20日开始实行新的轮渡运行方案，原来的鹭江道轮渡码头至鼓浪屿钢琴码头航线仅供厦鼓居民使用，游客根据昼夜之分在厦门岛内、外的三个不同码头乘船前往鼓浪屿，票价也从原来的8元提升至30元、35元和50元三个价位。可网络订票（www.xmferry.com）。

2 厦深铁路开通

这条“新干线”（见223页）于2013年年底通车后，深圳到厦门的时间缩短至3小时，上午深圳吃早茶，下午逛鼓浪屿，绝对能够实现。不过，得益于厦深铁路，鼓浪屿上大多数民宿、酒店都有了不同幅度上涨的周末价。

3 鼓浪屿申遗计划

鼓浪屿申遗项目正在全速推进中，53处申遗核心要素点的整治和修缮工作已全面完成。老建筑的保护和再利用问题得到了重视，重点历史建筑中目前已完成13栋的修缮，包括美国领事馆旧址、救世医院旧址、黄荣远堂、安献楼、会审公堂旧址等；脏乱差的烧烤摊终于撤走了；日光岩索道、金带长廊、鼓浪别墅码头等被列入违章建筑的范畴，已被拆除。

4 厦漳大桥

2013年5月开通的厦漳大桥跨海连接漳州开发区和厦门海沧，让两地的路程从2小时缩短为半小时，去滨海火山国家地质公园（见183页）的路程近了许多。

5 五缘湾

厦门的海上活动中心五缘湾（见53页）被比作“外婆的澎湖湾”，不过这里不管人工景点还是公共设施都要现代化得多，集商业、文化、湿地、帆船俱乐部于一体，附近的海滩质量也属厦门岛内上乘。

6 厦门大学限客参观

“中国最美的大学”不再是你想逛就能逛的了，周一至周五开放时段为12:00~14:00（限1000名游客入校）及17:00后，周末和节假日不限。需要带上身份证件登记。

7 老铁路上走一段

本来是隐秘在城市里的一段荒芜了30年岁月的铁路线，经过精心的打造，于2012年变身为美丽的城市漫步路线——厦门铁路文化公园（见61页），它一头连着山，一头牵着海。

8 火车站暂迁

因客流量的增大，厦门火车站正在改造中，封闭施工持续至2015年1月15日，期间，动车、高铁改停厦门北站，普通列车改停高崎站。

9 新航站楼

厦门机场新的T4航站楼于2014年年底正式投入使用。据我们调研时了解，T3航站楼将运营厦航、南航及出境航线航班，T4航站楼运营其他航空公司的境内航线。赶飞机前留意下在哪个航站楼，以免耽误行程。

10 地铁要来了

规划中的厦门地铁正在如火如荼地破土深挖中，距2017年地铁开通尚需等上几年时间，但在城市变得更便捷之前，你得忍受一下施工的改道、封路和更加拥挤的交通现状。

筼筜湖边的休闲一刻

苏薇 摄

获得灵感

书籍

- **《真水无香》**（舒婷著）长期生活于鼓浪屿的当代女诗人首次以散文集的形式对家乡进行梳理，她从一草一木一屋的生活琐碎入笔，淡淡的描述，浓浓的情感，在女诗人的眼中那一把细腻的旧时光总是月白风清。
- **《厦门史略》**（李启宇著）通俗的笔调描写了厦门从荒蛮之地一路走来的过程，不厚，但持论公允、严谨可靠。
- **《到鼓浪屿看老别墅》**（龚洁著）鼓浪屿上老别墅的故事也是近200年小岛接受外来文化的发展史，读一读这本书，岛上那些历史建筑便生动了起来。
- **《台湾外记》**（清江日升著）介于史书和章回体之间的体裁，记录郑成功一家四代的兴亡发展史，具有一定的学术价值。
- **《读城记》**（易中天著）国内炙手可热的文化名人，也是厦门大学的教授，看看一个新厦门人对老厦门的真实感受。
- **《泉州味道》**（杨国昕主编）几百年前的风华绝代，化作一缕幽香流转沉淀于坊间，跟着本书深入泉州的各条古巷子，看看城市的胎记和它的新旧碰撞。

电影

- **《疯狂的赛车》**（宁浩导演）整部电影取景于厦门，跟着赛车在老骑楼、中山路、环岛路间穿梭一把，在荒诞搞笑的故事里完成对厦门的追风逐影。
- **《云水谣》**（尹力导演）影片讲述了一段特殊时代背景下海峡相隔的凄美爱情，该片在南靖的云水谣村拍摄，也捧红了这个安静的村落。
- **《海囚》**（李文化导演）再现华工“猪仔”历史的老电影，虽然电影技术不比今天，但有着浓浓的老厦门印记。

音乐

- **《鼓浪屿之波》**（李光曦演唱）在表达海峡两岸骨肉亲情题材的歌曲中，这首思乡曲流传最广、影响最大。
- **《冬季校园》**（高晓松词曲）这首民谣正是高晓松在厦门大学创作的，唱的也是这座美丽大学里的美丽青春和爱情。
- **《烧肉粽》**（邓丽君演唱）20世纪70年代的一首闽南语歌，透着海峡两岸最简单的文化亲情。

没时间

没有那么多时间？就从下列书、影、音开始贴近厦门吧。

《中国无车岛：鼓浪屿》（布莱恩·戴尔著）一个老外眼中的鼓浪屿结合了意大利、奥地利、墨西哥、夏威夷的多种气质。

《远方的家》在这部纪录片第69、70两集的“沿海行”主题里，深入浅出地展现了厦门的美景美食、市井生活、历史故事和文化风俗。

《爱拼才会赢》最脍炙人口的闽南语歌曲，已经成了这门方言的入门教材。

网站

- **鼓浪屿申遗网**（www.glysyw.com）为申遗而制作的网站，有关于历史、民俗、人文、建筑的详细介绍，以及申遗的实时动态。
- **厦门小鱼网**（www.xmfish.com）当地人最爱的网上社区。
- **福建土楼**（www.fjtl.gov.cn）全面网罗了闽南闽西的土楼。

一些建在老别墅里的店家，主人对不在其店中消费的客人依旧开放免费参观
黄嵩 摄

省钱妙计

一直以来，这片寸土寸金的土地都对着旅行者的钱包两眼放光，它总有层出不穷的想法“逼”你掏钱。但短兵相接中，精打细算的旅行者也总是有效地抵挡住了一轮又一轮的进攻。

住宿

- 几乎每年都有新增的青旅或客栈，所以你绝不会被高不可攀的酒店价格吓跑，还想再省一点，就留意下它们的网站和微博，看看有没有做义工的机会。
- 荷包不争气就舍弃鼓浪屿的住宿吧，轮渡24小时运营，过海就5分钟而已，保证你能不错过晨景、夜景。
- 通过网站预订，通常比直接在前台订房要便宜得多。Agoda和Booking的口碑已快超越老牌的携程和艺龙了，花点时间多方比较吧。
- 若不幸只有黄金周才能来厦门旅行，尽早预订，与店主一天一变的调价政策赛跑。
- 避开9月8日前后来厦门，这天会举行“中国投资贸易洽谈会”，这是厦门每年例行的政府层面盛会，几乎所有酒店的价格都要不同程度地上涨，且很难抢到房。

餐饮

- 本地人说吃饭很便宜，外地人却说贵，说到底还是没找对地方，跟着他们去仅一人宽的小巷里找美食。
- 有些青旅、家庭旅馆能提供自助厨房，酱油水煮海鲜的做法很容易掌握。

交通

- 秒杀机票得赶早，不妨再比较下动车的票价，动车没比飞机慢太多。
- 多留意青旅公告栏上的拼车信息，在寻找旅伴这件事上，你得主动。
- 区域不大，充分利用公共交通工具及双脚，它几乎能带你去任何地方。
- 厦门的出租车司机不爱找零，与其不情愿地为一两块钱的“小费”和其争辩，不如自己多备零钱。

门票

- 如果你是学生、军人、记者，别忘了带好证件。郊野摩的司机也是你节省门票的求助对象。
- 有些热门景点，错开一点时间就有可能无人检票，或者门票半价。
- 大名鼎鼎的南普陀寺居然免费参观，类似的景点并不少。

免费 免费文化

- 很多人千金散尽看了一堆景点，还是不了解厦门，少数人融入了城市的节拍，逛菜场、看建筑、看渔民收网、参加家庭音乐会或看民间南音演出，不花一毛钱就发现了它的美。
- 厦门文化中心广场每周六或周日晚上7点有金莲生剧团的高甲戏免费演出，演出水准很高。

购物

- 避开那些在互联网上炒作得如日中天的“某某馅饼”吧！他们的货品就在本地的老字号里采购，只是换个包装，价格就疯狂上涨几倍。

行前参考

电话区号
0592

人口
373万

语言
当地人说闽南语。但厦门是一座移民城市，会普通话就能畅行无阻。

通行证
如果有计划去金门岛的话需提前办理“大陆居民往来台湾通行证”及签注，并办理入台证。

现金和信用卡
银行遍地都是，繁华地段ATM随处可见，酒店与装修精致的餐馆能刷卡，但是去往偏远一点的乡村最好备足现金。

移动电话
中国移动、联通和电信的信号基本全部覆盖厦门。

网络
步行街上覆盖有免费无线网络。想要Wi-Fi？随意进一家酒店、餐馆、咖啡馆，一些深藏在老别墅里的民宿无线信号较不稳定。

交通
本书内涵盖的景点几乎都有公共交通可以到达。

何时去

厦门

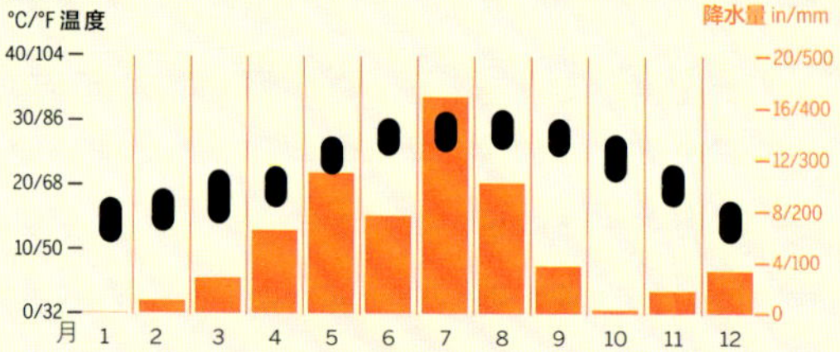

四季皆可前往，淡旺季不明显，暑假、黄金周、周末人气更旺。相对冷落的冬日温度不低，但给人的感觉很阴冷，不过正月里各村落的民俗活动很多，能很好地体验闽南文化。

春季
3月至5月
- 南国草木复苏得很早，气候温和，游客也不多，早春是最舒服的旅行季节，观鸟赏花都合适。

夏季
6月至9月
- 炎热和拥挤如双重热浪袭击着厦门；沙滩、海水很美，适合去周边海岛度假。但也是台风高发季，留意天气预报。住宿价格会上涨，需提前预订。

秋季
10月至12月
- “十一”过后便进入相对的淡季了，住宿价格合理，气温宜人。趁着秋高气爽，深入地访古问今一番。

行前提醒
- **提前1月** 办理台湾通行证、有效签注和入台证（或入金证），预订机票。
- **提前14天** 预订酒店，准备攻略，读本书了解厦门文化。
- **提前3天** 查询天气，准备行李。

每日预算

经济 250元以下

- 避开旅游旺季，住青年旅舍铺位（50~70元），遍尝15元以下的当地特色小吃，有选择地去景点，别错过免费的博物馆、建筑、日落，多利用公共交通、步行、骑行来了解厦门，不买土特产及旅游纪念品。

中档 250~500元

- 住厦门岛上的快捷酒店、土楼客栈（100~150元），在大排档搭伙飨海鲜大餐（约70元/人），依然以公共交通为主，适当买些伴手礼。

高档 500元以上

- 可以享受鼓浪屿上的民宿、精品酒店（350元起），在老洋房里品西餐（约100元），体验精致的下午茶（约60元），也不错过街巷里的平价美味，可以在市里打车，去周边温泉、海岛奢侈一把（150元以上）。

带什么

- **行走装备** 伞，防备不期而遇的雨，还能挡太阳；夏季防晒霜、防蚊液、清凉油必备；舒适耐走又漂亮的鞋子；抵抗生猛海鲜的肠胃药、止泻药或抗过敏药。
- **证件** 除了能帮你省钱的各种证件，若计划去金门，需办好"大陆居民往来台湾通行证"及有效签注和台湾方面颁发的入金证或入台证。
- **公共意识** 在鼓浪屿不要私闯民宅，在金门不要大声喧哗，在龙头路和中山路不要边吃边扔。厦门许多横贯马路的人行道不配红绿指示灯，因此要通过时请友好地示意司机，大多数车还是会友善地为你让道。

到达厦门

- **厦门高崎国际机场**（见222页）

机场大巴 票价10元，分别发往轮渡码头（当日最早航班至航班结束每15~20分钟一班；35分钟）和厦门北站（当日最早航班至19:00每半小时一班；25分钟）。

公交车 票价1元，27路（6:15~22:00）至第一码头，37路（6:30~22:15）至火车站，车程1小时。

的士 至轮渡码头需要约40元。

- **厦门火车站**（见223页）

BRT 票价3.5元，至第一码头，车程15分钟。

公交车 票价1元，952路至轮渡码头。

的士 至轮渡码头需要约17元。

- **泉州晋江国际机场**（见180页）

机场大巴 票价5元，发往市区的新汽车站（9:30~18:30），车程20分钟。

公交车 票价4元，16路（6:20~19:00）至威远楼停车场。

的士 至市区约40~50元，需15分钟。

注意事项

- 算好潮时再下海，不要在退潮时游泳。
- 鼓浪屿上没有公共交通，请用脚步丈量小岛。
- 即使当地人都这么吃，你还是要警醒：海鲜配啤酒，痛风跟着走。
- 吃完海鲜后不要立即食用冷饮、西瓜等。
- 尊重当地宗教、民间信仰，出发前了解一些基本常识。

网络资源

- **厦门旅游网**（www.visitxm.com）厦门旅游局的官方网站，上面常会有一些景点的折扣门票信息。
- **福建土楼旅游官网**（www.fujiantulou.com）能获得厦门和土楼的景点门票、住宿、团队游等相关资讯。
- 新浪微博 **@新浪厦门 @视觉厦门 @海峡旅游** 信息及时，可以让你快速融入当下厦门。

了解更多**"当地交通"**信息，请参见225页。

迎鑫珊服饰

厦门岛

厦门岛被称为“城在海上，海在城中”，仅仅一条环岛路就足够满足旅行者对“南国”的想象了。它有湛蓝的海水、金黄的沙滩、高大的热带植物，海面上还点缀着突突作响、红蓝相间的小渔船，路两旁有无数叫不上名字的花；它有建筑风格独特的厦门大学，有凝固时光的骑楼老城区，有文艺小清新范儿十足的咖啡馆；还有很多十分便宜却十足生猛、品类繁多的海鲜。

在厦门岛上，你有十二分悠闲的理由。骑楼下的老伯手里那花上一个小时才能泡完的功夫茶，正是这个城市的节奏。厦门岛的面积很小，只要你体力充沛，岛内的著名景点都能依靠脚力一天丈量完毕。正是这样的小和慢孕育出了“小清新style”，永远都有那么多人一而再再而三地来厦门“吹风、看海、发呆”。当你拖着人字拖，在海风的轻抚下吃过海鲜大餐，漫步在厦门充满旧时气息的寻常巷陌时，脑海里反复想着的一个问题一定是：下次啥时候再来？厦门岛就是这样一座初见美丽、细品有味、来了就不想离开、走了还想再来的多情小岛。

漫步厦门老城骑楼区
黄嵩 摄

厦门大学
沐昀 摄

1 漫游老城区
2 单车骑行环岛路
3 犄角旮旯挖小吃
4 东坪山上泡茶
5 老别墅里喝咖啡
6 访问五缘湾
0
1.5 km
五缘湾
五缘湾湿地公园
五通客运码头
TD唱片
闽南大戏院
厦门东侧水道
东雅无垠酒店
黄厝海滩
湖边水库
忠仑公园
东山水库
东坪山
台湾民俗村
上李水库
万石植物园
仙岳公园
筼筜内湖
南湖公园
白鹭洲公园
筼筜外湖
狐尾山公园
厦门高崎国际机场
厦门北站
厦门高崎长途汽车站
厦门枋湖长途汽车站
莲坂
厦门站
大同路
华新路
民族路
环岛路
鼓浪屿
演武大桥
厦门港
西港
东渡邮轮码头
环岛干道
环岛路
环岛南路
环岛东路
吕岭路
莲前东路
莲前西路
成功大道
嘉禾路
湖滨北路
湖滨南路
湖滨西路
厦禾路
中山路
思明南路
演武路
虎山路
钟鼓山隧道
白城隧道
黄厝隧道
云顶隧道
文兴东路
前埔南路
前埔路
观日路
金山路
仙岳路
南山路
兴湖路
湖里大道
长岸路
东渡路
火炬北路
火炬路
园山南路
祥岭路
金湖路
枋湖北路
岳山北路
枋钟路
海沧大道
兴港路
建港路
海虹路
马青路
滨湖路
海裕路

厦门岛亮点

1

漫游老城区

如今厦门保持完整的老城区有两片，一片是中山路（见71页），一片是沙坡尾（见60页）。两个地方都能看到最具南洋风情的骑楼。在这些古老的街巷中穿行，看厦门人怎么泡茶谈天，看渔船是怎么满载渔获回港，走累了随便吃点小吃，或吹着海风吃一顿海鲜大排档，是你在厦门岛必须做的正经事。图为厦门沙坡尾的渔船与老屋。

行前参考

- 穿舒适的鞋，穿行在街巷中会更舒服。
- 中山路两旁的“非”字形小路上遍布厦门最好的小吃，这里也是采购手信的好地方。
- 涨潮时的沙坡尾最有味道，晚霞中的沙坡尾最美，夜晚这里还藏着好吃的大排档。

（上）新鲜的海产是厦门当地的主要食材
（下）骑楼精美的细节

"妖送"是老城区的态度

柳帆，厦门土著，图书出版人

厦门的老城区对你来说意味着什么？

意味着相似的生活方式、生活态度。老城区里的厦门人喜欢泡茶话仙，对他们来说，无论贫富，闲者为贵，一壶清茶，"妖送妖送"（妖，闽南语"饿"的谐音；送，闽南语"爽"的谐音，"饿爽"即没有什么钱但也过得挺快活的意思）。

老城区哪些地方是你的私家珍藏？有朋友来必带去的那种。

百家村、华新路老别墅区、中山公园一带，算不上冷门地，但是相比鼓浪屿等大热区域，还是可以漫步一番的。这里有一些文艺的民宿、咖啡馆以及当地有名气的小吃店。

哪几种藏在老城区里的厦门小吃是你最推荐的？

散落在各个角落的非连锁扁食店，吴再添的肉粽和芋包，四里菜市场里的四里沙茶面、加入各种猪内脏的面线糊，以及老八市一带的各种小吃。

厦门的老城区看上去很杂乱？

厦门老城区的精华就在于"杂乱"，"乱"是厦门人随性生活方式的表现，"杂"则包含了这个海滨城市多元文化的美学——它是西洋文化、南洋文化、日本文化、台湾文化以及闽南本土文化的超级大杂烩。

老城区的哪些变迁最令当地人感慨？

BRT（快速公交）在老城区厦禾路动工的消息刚公布时，我接触到的绝大多数本地人都表达了强烈的反对，因为它实在太丑了，破坏了这个老街区原有的风貌。而BRT完工投用后，大家的骂声却消失了，即使它比想象中的还要丑。

单车骑行环岛路

厦门既然是岛，看海自然是头等大事，而看海最好的地方自然就是环岛路（见68页）了。不论是厦大门口的白城沙滩（见71页）还是更宽阔的黄厝海滩（见71页）都能满足你对海岛的想象。但游览环海沙滩的最好方式就是骑行，从白城沙滩出发，一直骑到黄厝，再或者，干脆骑到五缘湾，这是厦门环岛路旅行的精华所在。

2

黄嵩 摄

3

犄角旮旯挖小吃

许多人来厦门旅行的一个任务就是品尝这里数不清的特色小吃。沙茶面、土笋冻、鱼丸汤、烧肉粽、面线糊、海蛎煎、花生汤……你要有神农尝百草的精神去尝试这些有时候看起来怪怪的食物。不过要注意，这些小吃都散落在犄角旮旯的小店里，而且店家往往只经营一样食物。如果你要把美味全部收入胃中，恐怕要好好计划一下美食路线。图为拌面。

4 东坪山上泡茶

东坪山是最隐秘的美景之一。这座距离海滩咫尺之遥的小山上有着茂密的植被。春暖花开的时节，梅海岭会被三角梅覆盖。更有意思的是，山上还隐藏着许多或古香古色或小资清新的民宿和餐馆，当然也有地道的农家乐。如果你想避开汹涌的人潮，在绿荫环绕的山顶，吃一餐风味纯正的厦门菜，沏一壶铁观音，望着远方碧波荡漾的大海，伴着淡淡的海风发一下午呆的话，东坪山绝对是你的不二之选。图为东坪山上的民宿。

黄嵩 摄

5 老别墅里喝咖啡

“小清新”黏在了厦门身上。即便是当地人或许也很难理解，为什么身在茶乡，这座城市却遍布了咖啡馆而不是茶馆。在厦门，时光流淌得如此缓慢，你不发呆浪费反而辜负了这种情谊。如果你没有去一两家老别墅里开着的咖啡馆泡上那么一个下午，恐怕总觉得少了点儿什么。厦门大学和中山公园附近有许多这样的老别墅咖啡馆，去品味其中的某一个是你在厦门“MUST DO LIST”上的一项。

黄嵩 摄

6 访问五缘湾

没有人，只有海。初来乍到一定以为来到了欧洲的某个海港小城。漂亮的五缘大桥从更加漂亮的蔚蓝海湾上飞跃而过。桥下是一排排的游艇和帆船，还有一座隐秘的国家级湿地公园，三三两两的黑天鹅在水面上悠闲漂过。一个藏在绿色中的湿地迷宫会是大人和孩子们的乐园，你若更乐意搏击海中，游泳、摩托艇、皮划艇、帆船出海，总有一款适合你。图为五缘湾的帆船和快艇。

行前参考

语言

- 厦门虽然身处闽南语地区，但是通行普通话。

何时去

- 11月是厦门温度最宜人的季节，秋高气爽。此时海鲜肥美，也是大快朵颐的好时候。
- 作为移民城市，农历新年前后，厦门很多店家都会关门歇业。虽然一年当中这个时候游客最少，但同时也是厦门最不适宜旅行的时间段。

带什么

- **防蚊液** 南方湿度大，各种蚊虫比较多，旅行者要注意携带防止蚊虫叮咬的各种装备。
- **伞** 晴天可以遮阳，雨天可以挡雨，拍照还能凹造型。
- **防晒霜** 你来的是南国小岛，是海边，想必你不会忘了这玩意儿。

食宿

- 饮食以海鲜为主，如果你对海鲜过敏，要谨慎地向店家了解一下你所心仪的食物是否含有海鲜。
- 周末、节假日、暑期来访请提前预订住处。

危险和麻烦

- 总体而言是治安很好的城市，但是在老城区的一些巷弄行走还是要注意自己的随身财物。

- 厦门的出租车在高峰期拒载率很高，可以投诉，但用处不是很大。
- 许多海滩没有救生员，要注意潮汐时间，几乎每年都有人因为爬到礁石上难以返回岸边而成为新闻人物。
- 码头附近鱼龙混杂，请快速有礼地离开那些和你搭讪的家伙。

（左）曾厝垵民宿里的摆设；（右）厦门大学里的鲁迅雕塑
（左）黄嵩 摄；（右）黄嵩 摄

不要错过

最佳住宿

- **厦门卢卡国际青年旅舍** 轮渡附近的铁道尽头带着美丽庭院的青旅。（见210页）
- **鹭江宾馆** 厦门最早的涉外星级酒店之一，地理位置实在无敌，推窗就能见到鼓浪屿。（见210页）
- **良筑** 好安静的人士会喜欢这里，颇具设计感的老别墅民宿。（见210页）
- **紫云乡设计酒店** 喧闹的曾厝垵里，红色大厝中，一片清幽典雅的所在。（见210页）

最佳就餐

- **乌糖沙茶面** 厦门沙茶面排名第一的小店，尽管巨贵但何时去都得排队，且过午没得吃。（见82页）
- **良山大排档** 躲在骑楼下，环境很差，味道却很正宗，正是厦门大排档的本来面目。（见75页）
- **劳松扁食** 30多年的老店，拌面+扁食是经典搭配。（见77页）
- **舒友海鲜大酒楼** 如果你想奢侈一把，厦大附近的这家大酒楼是你的最佳选择，无论环境还是口味。（见83页）
- **洪记鲜粥** 宵夜的绝佳去处，一碗“猫仔粥”再来几样可口的小菜，配上小酒，任何烦恼都能得到治愈。（见75页）

最佳饮品

- **黑糖** 这是厦门小清新咖啡馆的祖师爷，它甚至还有以自己店名命名的文学奖。（见87页）
- **KOI CAFE** 遍布各个巷弄的台式奶茶店也算厦门的一大特色。其中KOI最有口碑。（见90页）
- **星巴克（鹭江道店）** 咖啡还是那个咖啡，但店已不是那个店，去了你就知道了。（见90页）
- **斯利美芒果冰（禾祥西路店）** 又大又甜的芒果，配上堆积成山的挫冰，正是夏天的味道。（见86页）

厦门大学

说厦门大学（见64页地图）是中国最美丽的校园之一，没有人会不同意。一座高校园区有山有湖有花有树都容易，但有海就不太容易了。"依山临海"的厦大背倚连绵起伏的五老峰，面朝碧波万顷的厦门湾，空气中常有海风咸咸的味道，清晨还能听见渔船的汽笛声。最幸福的是厦大的女生们了，她们住的那片叫作"石井"的宿舍，推开窗就能看到海。

免费，须排队登记身份证

周一至周五12:00~14:00期间限1000名游客入校，17:00以后不限人数，双休日、法定节假日和学校寒暑假期间不限制人数对外开放

从轮渡和中山路方向前往厦大可以乘坐2路、48路、22路公交车。从曾厝垵方向去往厦大，可以乘坐47路、29路、20路公交车。其实无论从哪个方向出发都可以步行，时间均为20~30分钟

嘉庚建筑

对旅行者而言，校园里的嘉庚建筑是厦大的一大看点。陈嘉庚亲自创造了这种“土洋结合”的建筑风格，它的常见形式是西洋式的楼身（罗马柱）与闽南传统的歇山顶燕尾屋顶相结合，因此被形象地称为“穿西装、戴斗笠”。从厦大西门进入厦大，左手边分别是囊萤、映雪、同安、集美、群贤五栋楼，均是这种风格的建筑。沿着篮球场边的坡道拾级而上，能看到最典型最壮观的嘉庚建筑群——建南楼群。其中居中最大的那座建筑是建南大礼堂，落成于20世纪50年代，至今仍是学校举行毕业典礼的地方。建南楼群的脚下，依阶梯往下，就是赫赫有名的上弦场。因为场地形状恰似上弦月，因而得名。这是当年郑成功操练水军的所在。上弦场与建南楼群的影像一直以来都是厦大最知名的图片广告，当然也是旅行者们最佳的“到此一游”照片拍摄地。

浪漫校园

再往校园深处走，除了能看到红砖砌成的芙蓉宿舍楼群之外，还能寻觅到一条通往厦大曾厝垵校区的隧道——**芙蓉隧道**。这条隧道原本只是平淡无奇的通路，但在充满浪漫情怀的厦大学子手下被赋予了新的意义。每年毕业季，学生们都会自发地在这条隧道两侧的墙壁上留下充满创意的涂鸦，表达离别母校的不舍之情。隧道深处还隐藏着小咖啡馆、自行车修理铺，甚至还有一个机器人研发中心。此外，厦大的**情人湖**以及**人类学博物馆**也是你不可错过的景点。尤其是情人湖，绕着它走一圈，不仅可以遇到“高大上”的高尔夫球场，还能看见停靠皮划艇的精致小码头以及一个植物园，有人在石头上用花瓣摆出“爱”字，这份浪漫，总让人仿佛回到那个白衣飘飘的年代。

厦门大学
沐昀 摄

鲁迅和厦大

厦门大学由爱国华侨陈嘉庚于1921年创建，凭借陈嘉庚强大的经济实力，厦门大学从成立之初就是一棵参天大树，林语堂、鲁迅、王亚南、卢嘉锡等民国学术大家都曾任厦大的老师，厦大也被称为“南方之强”。这其中，最为人熟悉和津津乐道的恐怕就是鲁迅和厦大的“情缘”。鲁迅于1926年9月来到厦门大学，在任期间，完成了著名的《从百草园到三味书屋》、《藤野先生》等文章。后来由于治学观念以及行为处事上的一些原因，他在厦大仅仅待了4个多月时间。他在厦门的一些生活点滴见诸于他与许广平的通信中，后被收录在《两地书》中。如今的厦大，到处都有鲁迅的痕迹：校内设置了鲁迅花岗岩雕像、鲁迅广场，他在集美楼内的住所被辟为鲁迅纪念馆，从《两地书》中摘出的“厦门大学”四个字一度是厦门大学学子毕业证书上的标准字体。

亮点速览

- **上弦场** 郑成功操练水军之地，建南大礼堂楼群是绝对的厦大地标。
- **海滨小道** 沿着通往海滨小区的小路走一走，闹中取静的你能体会到这座海边大学的独特气质。
- **芙蓉隧道** 你一定在哪里见过那个著名的“我爱你，再见”，一年又一年，厦门大学的毕业生用涂鸦让这条长长的隧道成为充满想象力的一景。

厦大掌故

杨晓惠

厦大创办之初，师生寥寥百来人，校主陈嘉庚却有把厦大办成万人大学的想法。通过向政府要地、买地，一口气圈了数千亩，版图已达今天的规模。这里曾是郑成功操练军队的演武场，四周荒冢遍布，怪石林立。陈嘉庚为了节省造价，摒弃洋人工程设计，就地开采石条作为材料。据说他会叫人在地上洒上石灰，用手中的拐杖画出草图，闽南土工匠们就照着这个草图盖房子，于是成就了“穿西装、戴斗笠”的嘉庚风格建筑。

厦大事实上的首任校长是林文庆，他受过高等西式教育，又是医学博士，但十足推崇儒学，特选《大学》中的“止于至善”作为校训。他每天从鼓浪屿坐船到厦大，第一件事是祭拜孔子像。林文庆经常组织复古、尊孔活动，引发了“驱林学潮”，导致欧元怀等九名教授带领三百多名厦大学生离校，在上海创办了大夏大学，也就是华东师范大学的前身。林文庆辛苦躬耕厦大十六载，他临终前捐给厦大的别墅至今仍静立在鼓浪屿的笔山路5号。

20世纪20年代的厦大名流云集，号称“半个北大”。林语堂、鲁迅、沈兼士、顾颉刚、孙伏园……一批大师接踵而至。陈嘉庚尊师重教，开的薪水高达400大洋，且从不欠薪。鲁迅在厦期间，与校长及几个教授理念不合，饮食气候不甚习惯，出门听不懂闽南话，总之怨念颇深，仅停留了四个月，愤而转去中山大学。现辟为“鲁迅纪念馆”的集美楼是当年鲁迅工作、生活过的地方，他在这里写下了《从百草园到三味书屋》、《藤野先生》等一批脍炙人口的作品。

抗战期间，厦大举校内迁长汀八年。长汀处地偏僻，师资匮乏，时任校长萨本栋时常写信向主政西南联大的梅贻琦要教授，汇集了周辩明、施蛰存、王亚南等知名学者。经过萨本栋的苦心经营，两届全国大学生学业竞赛，厦大均得第一，由此被誉为“南方之强”。而萨校长为厦大耗尽精

（左）厦门大学芙蓉宿舍；（右）芙蓉隧道里的涂鸦
（左）黄嵩 摄；（右）黄嵩 摄

力，患上严重的胃病和关节炎，校医甚至做了一件铁衫，助他撑腰上课。后来，年仅47岁的萨本栋病逝于美国，他与夫人合葬的墓园，默默隐藏在生物系楼前的小树林中。

厦大生日是4月6日，与清明挨着边，庆祝与哀思在这个校园独特共处。校庆活动前，师生与校友往往先齐聚嘉庚像，敬献花圈，表达缅怀之意。人类学家林惠祥之墓，掩于厦大后山不为人知的密林深处，也时有学生祭扫。林惠祥毕生研究文化人类学、考古学、民族史等，收藏巨量珍贵文物，最终无偿捐献给厦大并创办了人类学博物馆，这是中国大陆唯一的一所人类学专科博物馆，由徐悲鸿题写馆名。

木讷书生气的陈景润从中学辞职，上街摆摊卖烟，被王亚南校长知晓后，将他带回厦大安排在数学系资料室。在这里，陈景润埋头研究，发表的论文引起华罗庚注意，被要到中科院，最终把“哥德巴赫猜想”证明到“1+2”。从《百家讲坛》一炮而红的“学术超男”易中天也是校长陈传鸿挖来的，当时易中天还只是武汉大学的讲师。易中天刚到厦门时，买房缺钱，陈校长还把私人存款借与他。

景点

厦大周边

免费 南普陀寺 寺庙

（见64页地图；思明区思明南路515号；⏲4:00~18:30）这座闽南名刹位于五老峰下，毗邻厦大。它和浙江舟山普陀山的普济寺一样，主供观音大士，又地处普陀山之南，故名南普陀寺。虽然就规模而言和国内诸多大寺没法比，但始建于唐末五代的它，却是厦门香火最旺的寺庙。更让旅行者舒心的是，这是一座免费参观的寺庙，甚至还送你一炷清香。

寺庙外的广场是阿公阿嬷们歇凉的据点。莲花池里每当夏天来临总会盛开清新淡雅的莲花。没有莲花的日子里，池内的大乌龟、肥鲶鱼就客串做主角。人、植物、动物一起都得到了南普陀宁静力量的庇护。

农历的初一、十五、二十是南普陀香火最旺的时候。当地信仰佛教的人数众多，这是居士、信众们参拜的良辰吉日，你则应该尽量避开这些时间。偏爱凑热闹的话，就在寺庙举办法会时来好了。南普陀寺每年有4次大型法会，即农历正月十五至正月十七的拜三千佛法会、农历七月十五的盂兰盆法会、农历十月十五至十月二十一的普利法会和农历十二月初八至十二月十七的万佛法会。此时可以看见平日里难得一见的场景。

南普陀寺与厦门园林植物园以及厦门大学共享同一座后山——都是五老峰的一部分，登顶可观海天一线的美景，领略南普陀的门联“隔江太武拱山门”的含义。如果你有体力的话，非常推荐爬一爬这座并不太高的小山。值得提醒的是，如果你跨入了厦门园林植物园景区的范围，那可就要收门票了。此外，南普陀寺的素食十分有名，但素食馆价格不菲。口味清甜的南普陀素饼可做伴手礼带回去给家人朋友，比市面上的其他杂牌馅饼口感更加酥软。

南普陀毗邻厦大，因此所有到厦大站的公交车都能到南普陀寺，可以选择1路、15路、21路、45路等公交线路。

沙坡尾 街区

（见64页地图）在许多老厦门人的眼中，厦门岛最早的城区只有两片，一是“中山路”，二是“厦门港”。“厦门港”的范围大约是现在

厦门大学建南大礼堂

苏薇 摄

思明南路从演武路至大生里铁路一段，这一片区变化极大，如今只剩下靠海的“沙坡尾”还依稀看得出当年“厦门港”的模样。

“沙坡”在闽南语里就是“沙滩”的意思，顾名思义，沙坡尾指的就是一大段沙滩的末尾。20世纪80年代，沙坡尾一带还是能见到沙滩的。这里曾经是厦门最繁华的地带，每当黄昏来临，渔船归港、渔民收获、职员下班，小渔村热腾腾的生活气息就在这里呈现。街巷里飘荡着厦门人最爱的“酱油水海鲜”气息，家家户户在骑楼下摆起小餐桌，一锅白粥，几尾新鲜的酱油水海鱼，一大份海瓜子、腌黄豆和炒芥菜，是许多厦门人儿时的记忆。

广义概念的沙坡尾，从厦大医院一直沿着大学路往西走到看见成功大道的高架桥为止。这里有成片的低矮骑楼，带你回到厦门过去的时光。民族路92号慈爱老人养护院的旁边有一个生锈的铁门上写着“厦门沙坡尾”，这就算是沙坡尾的唯一标志了。推开铁门进去，可以看到沙坡尾的地标——避风坞。其实，从大学路2~150号之间的两层骑楼间的任意巷口走进去，都能看到这个避风坞。如今这个避风坞依然发挥着它的功能，你随时可以在这里看到各种颜色漂亮的闽南渔船，偶尔几只白鹭掠过，一派渔港的悠闲景象。但退潮的时候裸露出来的黑色淤泥以及难闻的气味，总会提醒人们这是一个被城市建设遗弃的角落。涨潮时候，海水将淤泥和腥臭覆盖，霞光中的沙坡尾，是摄影师偏爱的地方。

如今的沙坡尾已经自发地聚集起了一众小资青年在此开店，一个文创产业园区业已形成。当地政府也曾提出将沙坡尾改造成“海洋文化创意港”，只是迄今未见明显动作，不知道这个“正港”（闽南话，即正宗、地道）厦门味的地方，今后将何去何从。

从厦大西校门出去，找到大学路后，沿着这条路一直往西北方向走，一整片都是沙坡尾。

厦门园林植物园 植物园

（见64页地图；☎212 8577；www.xiamenbg.com；虎园路25号；门票40元，1.2~1.4米儿童半价；⏲10月8日至次年4月30日6:30~18:00，5月1日至10月7日5:30~18:30）这座被厦门人称为“万石植物园”的美丽公园和厦大只有一条隧道之隔。

别小看这座植物园，它可是属于“鼓浪屿—万石山国家重点风景名胜区”，也就是厦门目前正在“申遗”的核心景区。这座有着50多年历史的植物园，拥有6000多种植物，可以保证你在任何时候赏花观绿，夏日炎炎有热带雨林消暑，秋高气爽则可到新碑林的最高点俯瞰半个厦门岛。在厦门市评选的新二十景中，“万石涵翠”、“太平石笑”、“天界晓钟”三景都在植物园范围内。

但既然是植物园，看植物才是正经事。园内分为松杉、棕榈、仙人掌、多肉、蔷薇、沙生等多个片区，保证你大饱眼福。雨林世界雨雾弥漫，有点《阿凡达》的片场感，还藏着几幢美丽的老房子，掩盖在藤蔓之中，极为梦幻，值得你去找找看。

园区内不得行车，包括自行车。有观光巴士提供，单次5元/人，不限次数上下车10元/人。园区有6个入口，南面的2个分别连通南普陀寺和厦门大学。

57路和87路公交车可以抵达植物园站，这里是植物园通常意义上的大门。旅游2线可以抵达植物园东门站，两个站相距非常远，要

老铁路上走一段

在植物园的大门口，你会发现一个名为“厦门铁路文化公园”的地方。这是一段城市内废弃的老铁路，被打造成了一段直穿老城区的新“走廊”。从厦门园林植物园门口出发，往南往北都可行进。往北可以一直走到火车站，往南则可以一直走到轮渡。推荐往南的路线，沿路有许多怒放的三角梅，还可以经过一段长长的火车隧道。出了隧道就能听到海涛声了，轮渡就在不远处。

厦门沧桑

崔群

相传远古时期，厦门岛无人居住，常年只有成群的白鹭栖息，故有“鹭岛”之称。岛上有人类存在的历史，可以追溯到距今3000年的新石器时代晚期。据考古学家分析，大约两三千年前，厦门岛及其周围是我国南方族群的祖先——闽越族人活动较早的地方。

厦门有文字记载的历史始自唐朝中期，至今有1140多年。唐朝天宝年间，汉族人薛姓和陈姓从闽东的福安和闽南的漳州移民入岛，分别在洪济山下的南北麓聚族而居。现在厦门岛上保留有三座唐朝陈氏古墓，是这段历史的见证。岛南端著名的南普陀寺也是由当年移民的家庙传承而来。在此期间，厦门的曾用名有“青门”、“新城”、“嘉禾屿”等，行政级别很低，归属同安县。同安县则隶属泉州府。现在岛上靠近轮渡的一片繁华区域仍名嘉禾。

真正以“厦门”之名列入史册是明洪武二十年（1387年）的事。关于这个名字的来历，有好几种说法：一说为“国家大厦之门”；二说为“大夏之门”，意为扼守中华民族的南门；三说为“下门”的雅称，据说由当地渔民喊出，意指海潮进出之地。当年的厦门城是圆形的，共设有四个城门。清顺治七年（1650年），郑成功驻兵厦门。康熙二十三年（1684年）福建水师提督衙门移驻厦门。历史再推进，厦门小城便以抗击荷兰、收复台湾的前线和海外贸易扬名于世，1689年英国东印度公司的货船就是在厦门首次将中国的茶叶带回了英国。

鸦片战争后，厦门成为中国最早开放的五个通商口岸之一，迎来经济发展的一段小高潮。1902年鼓浪屿沦为公共租界。1914年（民国三年），厦门岛自同安县独立分置出来。1933年，名为思明市，后改为厦门市。现在的思明，则是厦门市一个重要的区。这段折腾的名称级别变化，大概可简单理解为，古之同安包含厦门，今之厦门包含同安。

（左）厦门又称“鹭岛”，白鹭是厦门“市鸟”；（右）南普陀寺一角
（左）CFP 提供；（右）沐昀 摄

1938年5月至1945年9月是厦门的沦陷期。新中国成立以后，台海两岸关于一个中国的对话使得厦门成为世界瞩目的焦点。这种对话的形式亦十分特殊，隔着浅浅的海峡，和金门两岛对峙，万炮齐发。这种军事对垒的局面，使得厦门成为“前线”之地，经济长期得不到发展。现时漂亮的环岛路那时出于保密的原因，还种着高高的大树，密不透风。岛内一些现在人口密集的区域，那时还都是菜田或者泥滩。

1980年，国务院批准厦门设立经济特区，面积仅是现在湖里区内的2.5平方公里。1984年邓小平南巡后，特区范围扩大到全岛，2010年范围扩大到了全市。随后，相继批准设立了海沧、杏林、集美三个台商投资区。旅游观光、港口、贸易、金融、电子成为主要产业，经济排名福建第三。

伴随着经济的快速发展，厦门岛内人口陡升，人口密集带来越来越多的城市问题。与此同时，岛外发展明显滞后，“岛内外一体化”被提上议程。借着杏林大桥、集美大桥、翔安隧道等交通动脉的打通，当地政府正努力实现岛内外发展的平衡。而眼下，厦门最IN的话题是打造“美丽厦门”，美丽的厦门急着要发展，但也不想失了“美丽”，这样的纠结与尝试，在厦门这座城市日日上演。

厦门岛

A
B
C
D
1
2
3
4
5
6
7
去85
66
50
65
13
70
海湾公园
76
筼筜外湖
白鹭洲公园
白鹭洲路
湖滨西路
83
湖滨南路
湖滨中路
后埭西路
64
87
禾祥西路
湖滨南路
禾祥西路
52
厦禾路
文屏路
故宫路
33
56
63
31
72
18
厦禾路
文园路
万寿路
84
36
44
25
鹭江道
2
48
思明北路
78
中山公园
公园东路
6
55
46
77
27
54
42
思明东路
新华路
公园南路
40
58
28
虎园路
86
69
60
45
同安路
万石岩水库
81
57
19
35
41
中山路
47
15
12
34
38
73
思明南路
7
23
82
镇海路
万石路
龙头路
24
鸿山公园
万石山隧道
钟鼓山隧道
22
53
演武大桥
成功大道
思明南路
5
鼓浪屿
复兴路
16
8
虎山路
49
62
9
71
74
思明南路
观海路
79
75
厦大水库
芙蓉路
61
80
30
演武路
厦门大学
大学路
51
1
厦
门
港

0 2 km
湖滨南路
凤屿路
湖滨东路
禾祥东路
厦禾路
东浦路
金榜公园
梧村隧道
盾山路
金鸡亭路
东山水库
东芳山路
成功大道
文屏路
万石路
东坪山
观音山
观音山路
文曾路
东坪山水库
西山水库
东排山
东排山路
黄厝隧道
东宅坑水库
后厝山
上李水库
龙虎山路
曾山路
塔头路
西宅水库
狮山
蝴蝶潭
日月潭
剑潭
白城隧道
环岛南路
37 89 88 3 10 11 4 26 67 21 17 68 39 43 32 59 29 20 14
E F G H
1 2 3 4 5 6 7

厦门岛

重要景点

厦门大学 D6

景点

1 白城沙滩 D6
2 第八菜市场 A3
3 东坪山 G3
4 胡里山炮台 E6
5 华侨博物院 C5
6 华侨新村 C3
7 江夏堂 B4
8 南普陀寺 C5
9 沙坡尾 C5
10 文曾路 F4
11 厦门园林植物园 E4
12 新街礼拜堂 B3
13 筼筜路（西堤咖啡馆一条街） B1
14 曾厝垵 F7
15 中山路 A3

住宿

16 7天连锁酒店（南普陀店） C5
17 海巢 H6
18 良筑 B3
19 鹭江宾馆 A3
20 马克客栈 G7
21 梦旅人音乐客栈 G6
22 四季小院客栈 C4
23 厦门海港英迪格酒店 B4
24 厦门卢卡国际青年旅舍 B4
25 野门公馆 B3
26 紫云乡设计酒店 F6

就餐

27 141海鲜大排档 A3
28 1980加料烧肉粽 B3
29 亚尖大排档 F7
30 Paradiso新乐园比萨店（大学路店） C5
31 阿矮海鲜大排档 C2
32 阿川海鲜店大排档 F7
33 阿玲面线糊 C2
34 必胜客海滨餐厅 A3
35 大中路沙茶面 A3
36 浮屿大同鸭肉粥 A3
37 洪记鲜粥 E1
38 黄则和花生汤店（中山路店） A3
39 佳福园海鲜酒楼 F7
40 佳味再添小吃店 A3
41 局口拌面 B3
42 赖厝埕扁食嫂 A3
43 懒人业余餐厅 F7
44 劳松扁食 A3
45 莲欢海蛎煎 B3
46 良山大排档 B3

看清楚自己究竟是要去哪个门。

免费 华侨博物院 博物馆

（见64页地图；☎208 5345；www.hqbwy.org.cn；思明区思明南路493号；⏲周二至周日9:30~16:30，下午16:00以后禁止进入，周一闭馆）博物馆院内绿荫葱葱，面向大门的位置，赫然可见一块巨石，上书"勿忘故国"。展馆的建筑延续了中西合璧的"嘉庚风格"。主楼的一至三层分别是华人华侨展、自然馆和陈嘉庚珍藏文物展。左侧楼常会不定期举办一些主题展览。华侨博物馆是陈嘉庚实践其教育系统工程中"全民教育"的重要一环，这里的一砖一瓦、一桩一件都是由侨胞和归侨捐款筹建、捐赠搜集而来的。不出意外的话，"猪仔"船、鲸骨架和三楼展示橱柜的独特风格会给你留下深刻印象。

华侨博物馆位于"厦门港"一片旧城的十字路口，从厦大南门出发，沿着思明南路步行10分钟左右即可抵达，或者乘厦1路、厦2路、15路、29路等多路公交车在博物馆站下车即可。

环岛路东南段

首选 曾厝垵 村落

（见64页地图）很多人都不知道怎么念这三个字，它的正确读音应该是zēng cuò ǎn，当地人却常念成zēng cuò ān。在闽南语中，"厝"是"房子"，也有"家"的意思。曾厝垵，就是"曾家村"。

它原本只是厦门岛海边一个非常普通的小渔村，然而曾家的列祖列宗们大概怎么也

47 鹭江宾馆中餐厅......A3
48 明月虾面......A3
49 木目心墨西哥餐厅（红犰狳）......B5
50 上海·上海......B1
51 舒友海鲜大酒楼（舒友VIP会所店）......D6
52 斯利美芒果冰......B2
53 乌糖沙茶面......B5
54 无名小笼包......A3
55 吴记煸豆干......C3
56 西门土笋冻......B2
57 油葱糖薄饼......A3
58 月华沙茶面......B3
59 曾记烧烤......G7
60 炸海蛎饼......B3
61 照强鸭肉海鲜......C5
62 紫竹园大排档......C5

饮品
63 32How......C2
64 KOI CAFE（禾祥湖中路店）......D1
65 MUSE......B1
66 Ritz......B1
67 Temple Café......F6
68 不见......H6
69 陈佳甜品......A3
70 古柏咖啡馆（筼筜店）......B1
71 黑糖......C5
72 水岸咖啡（溪岸路店）......C2
73 星巴克（鹭江道店）......A3
74 一茶......B5

娱乐
75 Real Live......C5
76 乐琪TheKey......A1

购物
77 阿吉仔馅饼店......A3
78 不在书店......B3
79 琥珀书店......C5
80 晓风书屋......C5

实用信息
81 厦门海后邮电支局......A3
82 厦门市第一医院......C4
83 厦门中山医院......C1

交通
84 第一码头......A3
85 东渡邮轮码头......A1
86 鹭江道轮渡码头......A3
87 厦门湖滨长途汽车站......B1
88 厦门火车站......E1
89 厦门梧村长途汽车站......E1

不会想到，在厦门旅游产业爆发后，这个渔村会摇身一变成为全国“最文艺的村庄”。大批小清新们涌进这里，姑娘们的打扮都出奇地一致：黑框无镜片眼镜、碎花长裙、海贼王草帽，再别几朵鸡蛋花。

曾厝垵是厦门最好的乡土样本，巴掌大的村庄里，曾氏祖宗的祠堂、基督教教堂以及闽南独有的妈祖、圣妈、三太子崇拜和小佛庙和谐共存。虽然拆改了大半个村，但是闽南典型的红砖大厝还是能偶尔见到。如果你嫌不过瘾，可以去看看装饰浮夸的曾氏宗祠，令人瞠目结舌的是，供着牌位的祠堂如今被改造成了咖啡馆。夏夜时分听着虫鸣在老宗祠的天井里来一杯美式冰咖啡，自然是颇有穿越感。

更多穿越的故事正在这个小村庄里发生：农民的自建房里藏的都是西餐馆、客栈和酒吧。聪明的商家们把这里改造成了第二个鼓浪屿。这种浓浓的商业气息说不清到底是好是坏。倒是半山腰上面朝大海的梦旅人旅馆常有来南方巡演的歌手，为这座村庄点缀了真正的文艺气息。虽然曾厝垵已然比较商业化，但本地村民还是十分朴实，指路非常热情。

如果要问正在急速失去原生态的曾厝垵还有什么最原生态的东西，大概答案就是海边的圣妈宫戏台了。戏台就在海滩边，椅子是整条的花岗岩石条。夜晚这里时不时就会上演当地的芗剧、高甲戏、歌仔戏，那些若无文字绝对听不懂的唱词，还原了这个厦门渔村的本来面目，听众以当地老人为主，这一幕总会让人想起鲁迅笔下的《社戏》。

29路、47路、112路公交车都可以从厦大方向抵达曾厝垵。注意不要误乘到厦大曾厝

环岛路
骑行游览

○起点：厦门大学白城沙滩

○终点：五缘大桥

○距离：约21公里

○需时：5~6小时（包含游览时间）

整条环岛路很长，但最精华的部分是始终伴着海水、沙滩的这一段。开车无法欣赏细节之美，步行又实在太耗费体力，于是单车就成了游览环岛路的最佳方式。

从❶**白城沙滩**出发碰到的第一个景点就是❷**胡里山炮台**（见71页），顺坡而下就到了❸**珍珠湾**，这里有一小片比白城沙滩更清静的沙滩。继续往前是❹**书法广场**，然后就到了最文艺的村庄❺**曾厝垵**（见66页），这时候你就可以看到圣妈宫戏台了，可以在这里歇脚，喝口水吹吹风。继续前行是一溜中高档的海鲜大酒楼。爬一小段坡后会经过一小段桥，这就接近位于礁石上的❻**白石炮台**了。白石炮台位于一个小坡的顶端，是拍照的好地方，可以拍到一小片海湾。经过一段长长的下坡后，会看到亚洲海湾大酒店。从这里开始就是黄厝的范围了。亚洲海湾大酒店边上就是❼**黄厝**

如果骑行足够深入，环岛路上也能发现这样的景致

黄嵩摄

海滩（见71页）。黄厝海滩风景极佳，也是环岛路上最美的海滩。继续踏上单车，沿着自行车车道骑到❽**“一国两制，统一中国”标语牌**下，“到此一游”留念后前往❾**国际会议展览中心**，途中还可以看到不少展示厦门国际马拉松赛的城市雕塑。骑行至此已达行程一半，约需2~3小时，大多数的旅客骑行到这里也就开始掉头往回骑。但如果你时间充足，不妨继续接下来的这段曼妙骑途。你将看到尚未大规模开发的处于较原始状态的美丽海岸线。

从会展中心开始，往前一直骑沿途都看不到海面。一直到❿**观音山**你会发现一片很好的沙滩。夏季这里会举办沙滩音乐节，喝啤酒吹海风听摇滚，青春的荷尔蒙在这里挥洒。观音山周遭有一些海鲜餐厅和酒吧可供歇脚。骑车继续往前两边都是大片的树林，当看到高高的⓫**五通灯塔**时，视野就会开阔起来。五通灯塔的脚下是灯塔公园，石雕上刻满了各国灯塔的样貌。再往前就是此行的终点——壮美的⓬**五缘大桥**了。它的脚下躺着厦门最美的海湾，运气好的话还能看到若干白海豚。或者骑去五缘湾湿地公园看看，这里是几只黑天鹅的家，还隐匿着一个巨大的水上迷宫，不妨找找看。

垵学生公寓的那些车，学生公寓和曾厝垵还有一定距离。

文曾路 道路

（见64页地图）如果说环岛路是厦门最美道路的话，那么**文曾路**会有点不服气。文曾路的两旁分别耸立着**东坪山**和**万石山**。道路穿行在青翠的山间，路中间还有一道花溪。花期来临之时，这里就成了一片花的海洋。根据时节，会绽放桃花、梨花，当然还有永远怒放的厦门市花三角梅。若是开车穿行在其中，你甚至会疑心自己是秋名山车神，身在电影《头文字D》的场景中。

文曾路上藏有一条百米**怪坡**，该坡上坡像下坡，下坡像上坡。花上一元钱，在路口租辆自行车就能亲身体验到它的"怪"：上坡不用踩车，车会自己向前走，下坡则需要用点力踩。沿着怪坡再向内前行约200米，就能看到**半岭宫**的山门，约15分钟能登临这处竟然已经有600余年历史的土地庙。文曾路怡情谷旁还有一个国内唯一的**萤火虫公园**（☎332 5101；免费；夏季19:30~21:30开门营业；必须预订），夏季会向小朋友免费开放，而大人只能沾小朋友的光才能去欣赏几乎在城市里绝迹了的萤火虫。

东坪山 山

（见64页地图）小小的厦门岛上不仅有山，而且有许多山。万石山、仙岳山、狐尾山……但最漂亮的还要属东坪山。这座山距离海岸线不到一公里，随急速上升的林道抵达山顶后，你能远眺大海。在山顶的小茶居中喝一盏乌龙茶，那种舒心悠闲的感觉，才是真正的厦门节奏。

开满三角梅的**梅海岭**每逢周末必定是水泄不通。本地人喜欢举家或与朋友们一起爬山，一起喝茶"话仙"（闽南语"聊天"）。出了梅海岭向北，有**东山水库**可以垂钓、宿营；向南则有**蝴蝶谷**，夏日时节能与蝴蝶一同嬉戏。山上还有很多农家乐，这里的土鸡鸭很香。一些颇具格调的民宿和餐馆开到了山上，但价位超乎常理的高。

很多骑行者把东坪山当作一处攀爬速降的练习场所，需注意往来的高速行驶自行车。

坐车到上李站后步行爬坡走上文曾路。2路、57路、87路、310路和旅游2线公交车都可以抵达上李站。

"怪坡"

CFP 提供

黄厝海滩

海滩

(见49页地图)黄厝海滩是目前整条环岛路上最天然、最干净的海滩。沙滩边上有大片草地,利用它们可以拍出不错的照片。

沿着黄厝海滩,有一段沿海的车行以及骑行专用道(汽车收费,自行车免费),沿着这段路走一走,是不错的享受。往前不远就可以看到"一国两制,统一中国"的大标语牌,这里是环岛路的标志之一,许多人会选择在这里拍一张"到此一游"的照片。有趣的是,海峡对岸的小金门岛上还立着一块"三民主义,统一中国"的标语牌与此对应。

坐车到黄厝海滨站才能找到黄厝海滩,18路、29路、316路公交车都可抵达。

白城沙滩

海滩

(见64页地图)白城沙滩是距离轮渡最近的沙滩,自然也是游客最多的沙滩。从厦大白城校门出来,过条马路就是白城沙滩了。这里虽然砂质不那么好,游客却常常爆棚。但如果你行程匆匆,白城沙滩会是你的不二之选,起码能做到管中窥豹。

胡里山炮台

古迹

(见64页地图;☎209 9603;思明区曾厝垵路2号;门票25元;⏲7:30~17:30)胡里山炮台在厦门东南端海岬的突出部,与厦门大学的白城校门仅一路之隔,紧邻白城沙滩。

炮台始建于清光绪二十年(1894年),耗费了2年零8个月进行建设。清末,清政府为了守卫厦门,在厦门港设置了包括胡里山炮台在内的8个炮台。其中,胡里山炮台的位置尤佳,东可支援白石炮台,西与曾厝垵炮台形成夹击,南与对岸的屿仔尾炮台相对,北可支援陆军阵营。地理位置突出,加上装备最优,使其有"天南锁钥"之称。为了装备炮台,清政府一共花了白银30万两购置并运来两尊德国克虏伯大炮,其中一尊现就在景区战坪区的东炮台,另一尊则在1958年的"大炼钢铁"中被熔化。30万两白银是什么概念呢?按照当时的市价,可供1万多农户整整过上一年。

算好潮时再下海!

若是在夏季访问厦门,那湛蓝的海水必定会激起你下海搏浪的冲动。但千万注意,到海里游泳可不比在游泳池游泳,不是任何时间都可以的。

尽管厦门海域属于内海,但海流也是变幻莫测,加上厦门多风,风助潮力,所以在下水前一定要确定潮汐时间。每年都有游客溺水或者爬上礁石被水围困的事情发生。通常,最好的游泳时间是满潮前的2~3小时和满潮后1小时。厦门地区的潮汐是典型的半日潮,也就是一天当中有两个高潮,两个低潮。简单的计算潮汐的方法:农历上半月,(农历日期-1)×0.8;农历下半月,(农历日期-16)×0.8。最高潮时加上12时24分钟为下一个高潮时,减去6小时12分钟为最低潮时。

如今,当年扼守厦门门户的8个炮台仅存胡里山一处,比邻的白石炮台已变身为海鲜大排档。也只有在胡里山炮台,你才能想起来这座城市在近现代史上一直处于中国的海战前沿,那段半殖民地半封建社会的历史,并不是只有在鼓浪屿才找得到踪迹。

胡里山炮台下有一个大的公交站场,是22路、48路、86路、96路、659路公交车的终点站。此外,2路、20路、22路、29路等公交车也经过胡里山。

中山路及附近

首选 中山路

街区

(见64页地图)大概全中国的城市都有一条叫作"中山路"的街道,往往这样的街道又都是这座城市的老商业街。不能免俗,厦门的老城区里也有这样一条中山路。这条路之于厦门,就像是南京路之于上海、北京路之于广州、江汉路之于武汉。

中山路东面连接**中山公园**,西头直通**轮渡**,坐船跨过鹭江,隔岸就是鼓浪屿。和其他商业步行街略有不同的是，中山路两旁全是骑楼。虽然这条街仅有千余米长，但已有近百年的历史，是厦门老市区的核心。民国时期的中山路是厦门当之无愧的CBD，现在目力所及之处皆为历史：有民盟早期领导人李公朴和作家郁达夫下榻过的天仙旅社、中国第一个供华人使用的基督教堂**新街礼拜堂**（见本页）、黄氏大宗祠**江夏堂**（见本页）等。可以说，整个大中山路片区就是厦门的发源地。

也正因如此，几乎所有厦门小吃都能在这个片区找到最正宗的店家，厦门的特产在这里也能一网打尽。由中山路延伸出去的"非"字形的老街上，汇聚了数千商家。吃吃喝喝一定要认清老字号，否则很可能吃到山寨版而大倒胃口。几乎每周末中山路上都会举办诸如"闽南民俗风情雕塑展"或是"台湾特色商品展"等路边展卖，建议无视其中一些冠以"台湾"和"闽台"字样的摊位，多是一些并不地道的所谓台湾小吃或商品。同时，还要提防中山路上的一些冒牌和尚，朝他们拍照或者接收他们递来的吉祥物和签名簿都是会被要求付钱的！

从厦大和火车站方向去中山路可以选择1路、20路、21路、22路、45路、48路公交车。凡有到轮渡站或海滨大厦站的公交车，也都可以视同抵达中山路，因为从轮渡站到中山路就是过个马路走5分钟的距离，海滨大厦站就在中山路的一头。坐BRT的话，到第一码头站后再坐BRT连接线（L字母开头的公交车，车站就在第一码头）到轮渡，过个马路就到了。

首选 第八菜市场 市场

（见64页地图）这个原本只有厦门本地人才会光顾的菜市场，不知何时成了游客们的心头好。可能是因为在老城区越拆越小的今天，唯有在第八菜市场还能体验到最原汁原味的厦门生活。在这里，闽南语终于是第一语言了；在这里，有数不尽、辨不清的各种海鲜产品；在这里，有土地庙也有基督教堂，人们在信仰的看照下过着日常营生。的确，这里就是体验厦门市井生活的最鲜活的窗口。尽管混杂腥臭，但却热力十足。大可以在这里买一些生鲜，回到旅舍的小厨房里自己做，或者请排档老板帮你加工吧。

沿着与中山路交会的镇邦路往北走，穿过大同路，一直走到与中山路平行的开元路上，就能看到热闹的第八菜市场了。或乘坐10路、11路、23路、25路、27路路公交车到开禾路口站。

免费 新街礼拜堂 教堂

（见64页地图；思明区台光街29号）隐匿在思明南路中华城东侧的新街礼拜教堂别看规模不大，颇不起眼，但这座始建于1848年的教堂是中国第一座华人基督教堂。现在的新街礼拜堂几经重修，自然已经没有了当年的模样，只有顶楼的大钟还是百年前的老物件，定制于美国。平常也是大门紧锁，只有在周日做礼拜时才开放。

免费 江夏堂 祠堂

（见64页地图；思明区钱炉灰埕2号文安小

影视作品里的厦门

如果你还没来厦门就想知道厦门长什么样，那么从影视作品里先睹为快是最好不过的选择。将厦门拍得最有风味的莫过于宁浩导演的电影《疯狂的赛车》。整部电影的背景都是取材于厦门，其中大部分的取景地都在中山路附近的老城区以及演武大桥。许多厦门的老字号都被纳入了镜中，包括标志性的老电影院——思明电影院。另一部以厦门为背景的电影是由Angelababy和赵又廷主演的《第一次》，几乎网罗了厦门所有最知名的景点，包括鼓浪屿、环岛路以及集美中学等。把这两部电影看完了之后，相信你已经大概知道厦门的样子了。

看匾识姓

以厦漳泉为代表的闽南地区有着非常浓厚的宗族观念。大抵是因为闽地多山，许多宗族文化得以传承至今。当你走在闽南的乡间，或者厦门老城区及城中村中，时常能见到房屋大门的门楣上写着四个大字，有时候是“紫云衍派”，有时候是“江夏传芳”，有时候是“颍川衍派”。他们可不是毫无意义的，明眼人一看就知道主人的姓氏。

“紫云衍派”和“江夏传芳”是黄姓家族，或称紫云黄和江夏黄。紫云黄代表其是唐代黄守恭的子孙后代，江夏黄则代表其是从江夏郡迁居福建的黄氏后代。“颍川衍派”是陈姓家族，先祖来自颍川。林氏门楣为“西河衍派”或“九牧传芳”，郑氏有“荥阳衍派”，王氏有“开闽传芳”和“太原衍派”，等等。饮水思源，牢记自己从何而来，是传统中国文化在闽南的体现。只不过这种古老的传统在高楼大厦林立的新城中早已消失殆尽。

学内）江夏堂是黄氏宗祠。福建历史上有“八姓入闽”，即林、黄、陈、郑、詹、邱、何、胡八大中原族群进入闽地。这座江夏堂是许多台湾和南洋黄氏的祖庙，雕梁画栋颇具风格。但大门不太好找，因为它切切实实地围入了文安小学围墙内。为了学生安全，参观这个祠堂需要找保安带路才行。不过，如果绕道从背后思明区老年大学的门口进入，则可以一路畅通地找到祠堂侧门。

其他区域

首选 华侨新村 街区

（见64页地图）华侨新村隐藏在厦门中山公园西门附近，是个闹中取静的好地方。位于华新路上的十余幢20世纪50年代的华侨老别墅是当年响应号召归国的华侨倾全家之力修建的，设计和用料都十分考究，许多漂亮的地砖都是当年从国外进口的。如今这些别墅大多被改造成了咖啡馆、书店和旅馆。在这里花上一个下午喝喝咖啡，看几页书，让自己和这座“慢城市”保持一致，会是愉快而难忘的体验。

从华侨新村附近的中山公园（免费）西门进去有一个**南音馆**，这里偶尔有一些小众乐队的演出，当然也会有南音表演。此外，附近的街道上还隐藏着许多最原味的厦门小吃，比如位于公园西门附近的**西门土笋冻**（见85页）和北门附近的**阿玲面线糊**（见85页）。

最快捷的方式是坐BRT到斗西路口站下车，从在厦禾路南侧的斗西路口走进去，看见中山公园西门时，你的右手边就是华侨新村了。

筼筜路（西堤咖啡馆一条街） 街区

（见64页地图）不知道厦门是不是咖啡馆密度最高的城市，但筼筜路绝对是厦门咖啡馆最密集的一条街，以至于人们更习惯叫它西堤咖啡馆一条街。这里的咖啡馆众多，不过多数大同小异，且换手率较高。挑一家你自己看对眼的进去就行了。

这里是厦门帅哥美女最集中的地方，在有阳光的冬日午后，露天的座位全部爆满。经常可以看到许多“超跑”停在一旁或轰鸣而过。

坐12路、26路、31路、36路、115路、136路车到滨北中行站下车，往湖边方向走5分钟就能看见咖啡馆一条街了。

五缘湾湿地公园 公园

（见49页地图）五缘湾是位于厦门东北角的一个美丽港湾，被厦门市政府定位为厦门“新会客厅”。海湾里停满了高级游艇，每当风和日丽的休息日，这些游艇帆船都会扬帆出海。

五缘湾湿地公园是目前厦门最大的公园，没有明显的边界，整个五缘湾周边的绿地

想拍小清新照片？So easy!

如果你想拍一些小清新照片回去和朋友们分享，以下几个地方是取景重地：

- **厦门大学** 通常大家会拍西校门进来左手边的囊萤映雪楼群，但大概不知道这些漂亮楼群背后的厕所窗户是个绝佳的背景。这里的厕所都在地下一层，因此透光的窗户刚好露出地面，都是齐身高。窗户本身是漂亮的蓝色玻璃，搭配闽南常用的红砖尤其上相，根本想象不到这竟是厕所的窗户。当然，恢弘的上弦场和建南楼群不可错过，站在居中的楼梯上带出半个看台的弧度十分经典。
- **南华路老别墅区和顶沃仔** 就在厦大附近，是挖掘咖啡馆细节的好地方。
- **黄厝海滩** 位于环岛路上，杂草、沙滩、远方的岛屿和星星点点的渔船能帮助你拍出海边大片。
- **华侨新村** 许多无人巷弄足够你摆上一阵POSE。咖啡馆里的收藏，可让你有无数道具。
- **第八菜市场** 台湾的老清新歌手陈升来厦门拍杂志封面，特地选择了这里呢。

大概都可以算作是它的一部分。公园里有长长的木栈道、淡水湖、芦苇地供鸟类栖息，甚至还有一个迷宫，值得你去探索一番。这里离市区传统景点较远，离机场较近。可以根据行程合理安排。在各主要景点乘坐厦门环岛观光旅游车至五缘湾湿地公园站。

节日和活动

厦门国际马拉松 马拉松

每年1月2日都会举办厦门国际马拉松赛。如果你这天正好在厦门，一定能在环岛路过上一个振奋的清晨。想要亲自挑战，提前在厦门国际马拉松赛官网www.xmim.org报名。

自2003年“厦马”创办以来，这个赛事已跃升为中国四大马拉松赛事之一，影响力也日渐扩大，每年都吸引许多境内外跑友前来参加，体会在“中国最美马拉松赛道”上奔跑的感觉。但若你无意参与其中，请尽量缩小活动半径，这天的岛内交通会有多项管制。

中秋节 传统节日

厦门历来“中秋大过年”。春节的厦门岛内冷冷清清，中秋节则十分热闹。这是因为中秋节厦门有一项非常特别和有意思的民俗活动——博饼。博饼通常从进入农历八月起一直延续到节后一周，但凡你属于某个或严或松的组织，都一定会在中秋节时被召唤博饼。许多商家也乐于在你购物或消费后提供体验机会，撞到就别错过。

草莓音乐节 音乐节

通常在观音山的沙滩上举办，时间会安排在学生的暑期中。如果你乐得在海风吹拂下赤脚在沙滩与歌手同嗨，请在大麦网等渠道上密切关注相关信息。

元宵节 传统节日

最热闹的元宵灯会场地是白鹭洲公园，每年农历正月十五，这里寸步难行，且会对附近区域的机动车限行。

九八投洽会 会议

每年9月8日举办的政府会议，与旅行者的关系就是尽量避开。因为机票、酒店价格暴涨且难以订到。

就餐

厦门本岛集中了全厦门最著名的食肆。闽

菜是八大菜系中最擅长海鲜烹饪一支，来了厦门当然不可不试海鲜。其中又以街头海鲜排档最为地道。除了海鲜大餐，厦门也集中了各种闽南风味小吃。因此，来到厦门，吃是一件非常重要的事情。

海鲜大排档是厦门最传统的餐饮文化。每家餐馆用的都是当日到港的海鲜，看料做菜，绝对保证生猛。各家的菜色和做法大致相同，以酱油水、油炸和清蒸为主要的三种形式。“酱油水”顾名思义就是用酱油和水来烧煮海鲜，适用于各种小鱼和贝类。喜欢吃夜宵的“夜饕”要早点霸位，这里有名的大排档生意都超好，去得晚的话，可供挑选的海鲜品种就不多了。旅行者要特别注意是否对海鲜过敏以及肠胃是否能够消受得起，带上止泻药，以防万一。

中山路及附近

首选 赖厝埕扁食嫂 小吃 ¥

（见64页地图；☎205 3368；思明区大元路8号；人均10元；⏲7:00~20:30）“扁食”是厦门和闽南一带特有的小吃，它是一种类似馄饨的食物，只是个头很小，讲究的是皮薄、馅嫩、汤鲜美。赖厝埕的扁食皮薄到可以看见馅料的纹理，用料新鲜又实在。搭配新鲜熬制的大骨汤，清甜可口。

厦门人一般的吃法是扁食和拌面一起吃。厦门拌面是用花生酱和当地特有的甜辣酱加上手擀细面一起拌成的，好的拌面可以使人满齿留香。一般而言，扁食做得好的小店拌面也做得很好，赖厝埕家也是如此。

这家店的创始人邱素华大嫂以前就在这一带挑着扁担叫卖扁食，街坊听见她敲着碗和汤匙的节奏声就会纷纷出来买上一碗扁食。扁食嫂已经过世，如今子承母业，扁食也像当年一样美味。位置有点隐蔽，在老八市附近。

首选 良山大排档 大排档 ¥¥

（见64页地图；☎204 0460；思明区开元路264号，近轮渡公交总站；人均60元；⏲17:00~22:00）如果不是有一双火眼金睛，你很可能就错过了这家隐藏在骑楼里的美味大排档了。早些年这家大排档甚至没有正式的店面，因为他们家的店面其实就是厨房。有顾客来了，就在骑楼下支起几张桌子，美味的排档菜就这样端上来了。招牌海鲜是白灼苦螺，除了传统的海鲜菜之外，糖醋肉、花菜煲和炒腰花是他们家拿手的几款非海鲜菜。现在他们家有了略微正式一点的用餐环境，不过你要是对环境要求比较高的话，恐怕还是难以接受。但是，如果来了厦门没有体会过环境不好的大排档，那也就不好意思跟人说你吃过厦门的大排档了。

首选 洪记鲜粥 大排档 ¥¥

（见64页地图；☎257 3777；湖滨四里47号之五，近四里菜市场；人均70元；⏲17:00至次

中华白海豚——厦门人的妈祖鱼

天气好的涨潮时分，在五缘湾、角屿等海域常能见到白海豚跃出海面，运气好的话，可能一次目击三五只。白海豚是厦门唯一的国家一级保护动物，幼豚为灰色，成年后则变成漂亮的粉红色，眼睛乌黑圆溜，相貌十分可爱。厦门人称其为“妈祖鱼”、“镇港鱼”，因为春季朝拜妈祖时，也正是中华白海豚大量出现在厦门海域的时候，而且每逢它们出现的时候，海面上总是风平浪静。从前渔民们若在海上作业时遇到中华白海豚，总要烧香叩头以求保佑。不过近年来由于水质污染、围海筑堤和围捕、误捕，厦门海域的白海豚数量减少。为此，厦门在火烧屿和五缘湾分别设立了白海豚养护救助基地。除了厦门，中华白海豚还会活动在广东珠江口和香港龙鼓洲一带海域，1997年香港回归庆祝活动的吉祥物正是中华白海豚。

不可不玩的非物质文化遗产

博饼其实是一种游戏，就是几个人（一般是四至十人）聚在一起，在一个大瓷碗里掷六粒骰子，根据骰子的不同组合，获取不同的奖项。相传这个游戏是郑成功的部将洪旭想出的，目的是在中秋之际宽解士兵们的思乡之愁。当年，他们的奖品还很应景，就是各种大小、馅仁不同的月饼，称为“会饼”。按照科举制度的头衔，设有“状元”一个，“对堂”（榜眼）两个，“三红”（探花）四个，“四进”（进士）八个，“二举”（举人）十六个，“一秀”（秀才）三十二个。

三百多年来，厦门人把这种游戏发扬光大，奖品也越变越高级，现在主打的奖品是各种日用品。每年中秋前后，厦门的超市、商场到处人头攒动，挤满为博饼购置奖品的人。很多餐厅和娱乐场所为了招揽生意，也会设置博饼的大碗供客人一试手气。如果有机会在中秋期间拜访厦门，一定能感受到这热闹非凡的气氛。

掌握以下攻略能帮助你从菜鸟变为博饼达人：一桌人，一般为十人左右，每人依次将六个骰子一起投入大碗。有一个红色四点的是一秀，两个“红四”的是二举，三个“红四”的是三红，四个相同点数的（“红四”除外）是四进。若骰子点数分别为一至六得对堂。状元则是四个“红四”或者五个相同点数。四个“红四”加上两个“红一”叫作“状元插金花”，是第二大状元，可以拿走状元和两个对堂。六个“红四”则是最大的，可以拿走所有的奖品。除此以外，游戏还可设置“追”的环节，即后来获得者向前一个获得者追饼，更加刺激。

日3:00）深夜里来一碗抚慰人心的热粥，是一件多么治愈的事情。洪记鲜粥秉承这样的理念诞生。店老板本身在城中经营着许多“高大上”的高级餐厅，本是为了招待自己朋友开了一家不起眼的大排档，没想到却一夕成名，成为饕客们竞相追捧的夜宵热门场地。特色的诏安猫仔粥里搭配的是各种新鲜的海味，炒几盘经典热菜，点上干煎野生鱼、蒜泥茄子、炸鱼卷还有传统的杂鱼酱油水和卤味，再来一瓶冰镇啤酒，抚慰的就是夜里那些不安的灵魂。

鹭江宾馆中餐厅 闽南菜 ¥¥

（见64页地图；☎202 2922；思明区鹭江道54号；人均60元；⏲8:00～14:00，17:00～23:00）老牌酒店，就在中山路口，轮渡对面。最大亮点就是坐在露天席位上吃早、午、晚茶，可将鼓浪屿尽收眼底，美味美景一把抓。食物以港式茶点为主，搭配厦门小吃。如果你想要一网打尽厦门所有小吃，并且找一个优越的用餐环境的话，那么鹭江宾馆是最佳选择。但你就无法要求这里的小吃都能够像小店那么专业美味了。另外，这里常年爆棚，要想坐好的位置就得早点去，还要加收15%的服务费。

黄则和花生汤店（中山路店） 小吃 ¥

（见64页地图；☎202 4670，212 5825；思明区中山路22-24号，肯德基对面；人均10元；⏲6:30～22:30）厦门有名的小吃老字号，经典产品自然是花生汤。“花生汤”顾名思义就是花生熬煮的汤，它是甜汤的一种，属于闽南传统甜品。黄则和地处中山路路口，位置优越，因此游客也非常多。旅游旺季时，需要排队买票、排队取餐、等座用餐，场面相当壮观。花生汤里的花生入口即化，加上一颗蛋搅散会更有滋味。如果还想吃点别的，记得把花生汤放在最后再吃，否则那种甜甜的饱胀感绝对会影响你的战斗力。只不过这里和所有开大店的老字号一样，基本都要自助服务。

佳味再添小吃店 小吃 ¥

（见64页地图；☎202 2357；思明区大同路49号；人均10元；⏲7:30～21:30）芋包和葱油粿是这里的王牌产品。这家店最早叫“吴再添小吃店”（和黄则和一样都以创始人的名字命名），可以说浓缩了整整一代厦门人的集体回忆。近几年，因为公私合营丢掉了这家老店的吴再添老先生重拾招牌，另开了一家“吴再添小吃店”，这才导致位于大同路的这家老店改名为“佳味再添”。不过，甭管叫什么名字，这家店经典小吃的味道倒是一直没有变过。芋包是用芋泥做外皮，里面包着由冬笋、豆干、猪腿肉等食材组成的馅蒸制而成，吃的时候蘸一点甜辣酱会更可口。葱油粿也是蒸的，在Q弹的碗粿中间有一点肉馅，并混合着葱油的香味，同样蘸一点甜辣酱会非常好吃。

佳味再添也同时有售许多传统小吃，如果想一网打尽的话，这里是老城区里不错的选择。只不过这里的环境不大好，挑剔的旅行者们可要纠结了。

劳松扁食 小吃 ¥

（见64页地图；思明区厦禾路202号，大同小学对面；人均10元；⏲7:00～13:00，16:00～19:00，节假日中间不休息）小店的门口有菜单，很简单：大碗扁食、小碗扁食、大碗拌面、小碗拌面。整家店也仅提供这两种经典小吃。这里是许多本地人解决早餐的好地方。可口的大骨汤做汤底，和其他连锁小吃店的清汤寡水是不可同日而语的。小店很牛，平常13:00之后就有吃不上的危险。不过大小长假他们会多做准备，以应对汹涌而至的游客。

明月虾面 小吃 ¥

（见64页地图；☎202 8139；思明区厦禾路180号，大同小学对面；人均15元；⏲8:00～20:00）虾面是厦门的又一种小吃。野生狗头虾熬制的浓郁虾汤配上野生新鲜小对虾，以及闽南特有的水面（碱面），鲜香扑鼻！他们家的叉烧炒饭和萝卜排骨鱼丸汤味道也是绝赞，真材实料，分量十足。还有一大看点就是他们家的老板，从他的打扮你就能知道什么是地地道道的闽南本土老潮男，几乎像是直接从闽南语本土剧里跳出来一般，是这家店的活招牌。

浮屿大同鸭肉粥 小吃 ¥

（见64页地图；☎239 8761；思明区厦禾路174号，大同小学对面；人均10元；⏲24小时营业）从明月虾面往轮渡方向走，不远处就是浮屿大同鸭肉粥。这又是一家传奇的小吃店，因为这家店有且仅有鸭肉粥这一样食物。厦门岛上有很多处大同鸭肉粥，浮屿这家店最早存在，也最正宗。鸭肉粥这种小吃形式特别，是在事先煮好的鸭肉粥里加入各种不同的配料制成的。粥并不是熬成糊状，而是米水分明。粥里会加上卤鸭的酱汁，因此粥底会有一点酱色。配料根据你的口味来搭配，老板会拿把大剪刀根据你的要求加入鸭腿肉、鸭胸肉、鸭胗、深海鱼、卤蛋等料，凡是和鸭有关的都是事先卤过的。当然，每加一种料价格也要往上加。不要忘记加油条，它是鸭肉粥的“绝配”且

万能的厦门甜辣酱

甜辣酱是厦门以及闽南一带特有的调味料，是闽南人餐桌上最常见的调味品。它没有老干妈之类辣椒酱的那种辣度，而是承袭了南方食物的温和，只有一点点的辣味，却带有更多的甜味，吃起来酸酸甜甜辣辣，但这些味道都只是刚好，不浓烈。

厦门的许多小吃都要配着甜辣酱来吃。厦门拌面里就有甜辣酱的身影，芋包、葱油粿、海蛎煎、炒面线、薄饼等小吃全都可以配甜辣酱，甚至是必须蘸着甜辣酱来吃。如果你在吃东西的过程中需要这种调味品的话，记得跟服务员说“来一个厦门辣酱”！

暗夜料理一条街

在厦门有一些小吃摊点或者排档是仅在晚上才会出现的。这些夜间出现的小吃摊点和排档往往成为城中老饕甚至是旅行者口中的传说。在思明北路和大同路交界的路口，每逢晚上10:00以后，会自发形成小吃一条街。其中以花生汤和酸笋面、虾面三大“名摊”为招牌。尤其是佘老太家的花生汤，花生熬煮得特别香绵可口，配上油条或者韭菜盒、三角糕之类的，绝对能抚慰你劳碌了一天的胃。如果还有余力的话，花生汤边上的虾面也是必吃的。

有许多当地人会在深夜时分特地从城市的各个角落驱车来这里吃上一碗花生汤或者一碗面，因此在这条暗夜料理街上饱尝美味也是最接近当地人的一种体验。

价格最便宜，但不是每次去都能遇到店家有油条的时候。最牛的是，这家不起眼的小店是24小时营业的，随时满足你的胃。

油葱糖薄饼 小吃 ¥

（☎137 9925 5946；思明区镇邦路65号前的街面上，陈佳甜品店门口马路；人均3元；⏲10:00~12:30，14:00~19:30）这是个不定时但定点出现的流动摊点，所以只能曲折地告诉你他的位置在陈佳甜品店的门口，但你也不一定能遇到他。老汉在此定点设摊已经有18年了，冬季和春季专营油葱糖薄饼和贡糖夹饼，夏秋卖豆花，无论哪种都超好吃。虽说一副扁担、两个木柜就能塞下他的全副家当，但这么小的摊点能够存活下来一定是有他的道理。顺便说一下，老汉很讲卫生，由于他的手要用来卷薄饼，所以找钱的事归客人自理。

1980加料烧肉粽 小吃 ¥

（见64页地图；☎203 2869；思明区中山路353号；5元/个；⏲9:00~21:00）粽子哪里都有，但厦门的肉粽相当特别，塞进了大量的馅料，以咸鲜、料多为特色。5元一个的烧肉粽，用料却有肉、虾、栗子、蛋、香菇、卤蛋。以至于许多厦门本地人到外地吃粽子都会大吃一惊：怎么粽子里只包着半个蛋黄或者完全空白？1980肉粽也是很多厦门人记忆里的粽子，不可不尝。如果再搭配一碗扁食汤或者沙茶面，美味就立刻升级。这种油腻腻的满足感到饭后很久还能回味。

大中路沙茶面 小吃 ¥

（见64页地图；☎205 8779；中山路49号，近和凤街；人均20元；⏲7:00~21:00）这家店曾经上过台湾的美食综艺节目，据说是综艺天王吴宗宪的最爱。但可以确定的是，它是厦门最有名的沙茶面店之一。沙茶的汤头比较浓郁，配料很新鲜，可以加豆干、瘦肉、鱿鱼、海蛎、鸭血等。他们家另外还有面线糊和薄饼（春卷的一种），也是厦门当地最有名的小吃品种，但并不是做得最好的。如果旅行时间有限，找不到最地道的那几家，在这里尝尝鲜也是可以的。

月华沙茶面 小吃 ¥

（见64页地图；☎298 4332；思明区镇邦路78号，民立小学对面；人均20元；⏲7:30~22:30）老城区的几家沙茶面几乎都是“专注沙茶面几十年”的，月华也不例外。小得几乎难以转身的店面，只能在门口支起小桌小凳，坐在街上吃几乎成为在老城区吃小吃的固定招式。月华家的沙茶面汤头相对大中、乌糖等家而言比较清淡，很受一部分年纪偏大的老食客们的喜爱。如果你受不了沙茶面的重口味，但又想试试，找月华就没错了。这家也卖加料肉粽，一颗五元钱。一碗面、一颗肉粽，基本上就能填满你的胃了。

无名小笼包

小吃 ¥

（见64页地图；☎207 6253；思明区横竹路35号；人均13元；⏰11:00~20:00）位于中山路附近的这家小笼包店是真的没有名字，骑楼下的老旧店面，母子二人守着这家无名老店，去光顾的大多是街坊邻居。按说小笼包并不是厦门的特色小吃，但是母子二人做出来的小笼包却深受街坊们的喜爱。皮薄如纸，内馅有满满的汤汁，个头小小的，但却个个是手工打造。两屉小笼包加上一盅枸杞猪心汤或排骨汤，是这家店有且仅有的产品种类。有机会的话你能看到那个气质绝佳的老奶奶在骑楼下仔细地切着猪心。据说她是20世纪50年代印尼归国的老华侨，看透了世事沧桑，当下恬淡全都浓缩在那碗清淡的猪心汤中。

莲欢海蛎煎

小吃 ¥

（见64页地图；☎203 5236；思明区中山路局口街局口横巷，近思明南路；人均10元；⏰10:30至次日1:00）海蛎煎是厦门最声名远播的小吃之一，由于它也是一道菜，因此所有主打厦门口味的餐馆都一定会有这道菜。莲欢海蛎煎是售且仅售海蛎煎的一家小店。看主厨大叔煎"海蛎煎"，绝对是件乐事：将青葱爆出香味，加入拌了番薯粉和水的海蛎，再加入打散的蛋液，等到鸡蛋两面金黄时，就可以出锅了。一定要蘸着厦门甜辣酱吃。主厨大叔很热心，会摆出各种POSE配合你拍照以及耐心进行"Q&A"的环节。

局口拌面

小吃 ¥

（见64页地图；☎8255 0851；思明区局口横巷23号，近莲欢海蛎煎；人均15元；⏰16:00至次日2:00）拌面虽然是他们家的主打产品，但是他们更有特色的是各式各样的汤，你可以在开放的档位上挑选你想要的料——猪肝、蛏子、花蛤、瘦肉、扁食……应有尽有。拌面的口味也算不错，花生酱和甜辣酱的配搭刚刚好。位置不容易找，从中山路和思明南路交界处岗亭背后的一个小弄堂口进去，会经过一个公共厕所，继续走，就能看到靠墙的路边摊。

炸海蛎饼

小吃 ¥

（见64页地图；☎158 5926 1787；思明区思明西路16号附近，南中广场对面；2元/个；⏰冬季14:30~20:00，夏季15:00~19:00，夏季经常随心休息）这是一个固定的小摊，虽无名无姓，却人气很旺。夫妻档，老板娘负责炸海蛎饼，老板负责排号收钱。通常，只要开张队伍就已经排上了，有的人甚至一口气买上十几个。附近嘴馋的写字楼白领们偶尔会拿这种高热量的食物过过嘴瘾。天长日久，负责收钱兼派饼的老板练出了一身绝技，能将十几个人的各种需求和前后次序牢牢记住，绝不出错。除了海蛎饼外，他们家也炸虾饼，也非常好吃。跟老板提需求的时候记得说是要虾饼，否则默认是海蛎饼的。你得掐着时间来，下午才开的摊，晚上很早就收了，还经常不出摊。

莲欢海蛎煎
苏薇 摄

面朝大海，吃鲜也尝新

陈文波

厦门背靠大山，面朝大海，从城市气质上说，兼具山的稳重和海的包容。但厦门又是一个岛，这又让厦门的性格多了一些纠结。易中天在厦门大学任教时就曾尖锐地批评过厦门人的“小岛意识”，他认为：“岛原本具有开放和封闭的二重性。因为岛所面对的大海，既可能是畅通无阻的通道，又可能是与世隔绝的屏障。”

在饮食方面，厦门也有“岛”性：一方面十分恪守传统饮食文化，另一方面也开放地接受外来饮食精髓。奇怪的是，口味很传统的厦门人近年也越来越能接受百花齐放的舌尖美味。

近代，大批闽南人到东南亚谋生，南洋饮食的特点是口味辛辣，菜肴使用大量香料。后来，华侨回国投资或定居，在厦门落脚的人将南洋的饮食习惯带到厦门，沙茶酱、甜辣酱大行其道，并逐渐融入到厦门人日常的饮食中，变成了厦门的传统味道。

另一条美味行踪来自闽南。厦门是个移民城市，现在的居民许多来自漳（州）泉（州）。于是土笋冻、龟糕印、蠔干粥，这些闽南的小吃也在厦门生了根，厦门还把这些美食列入了市里的非物质文化遗产。

传统饮食中，厦门人追求一种鲜的感觉，这个鲜不仅仅只是海鲜。老厦门人对季节和物候非常敏感。他们知道，一年中二十四节气该吃啥，也知道哪个市场上送来的海鲜是最新鲜的。他们知道：“一鯃二红魦，三鲳四马鲛，五鮸六加腊”，是海鱼的排行榜。他们当然知道，美食不一定只在豪华酒店里，寻常小巷，犄角旮旯里也隐藏着美味，就算旁边是公厕的煸豆干，老饕们依然能毫不顾忌地在一边大快朵颐。日常的沙茶面、冬粉鸭的摊子边，见到奔驰宝马这些豪车，也没什么大惊小怪的，就算发达了，依然还是最爱街头那一口味道。这个味道，用闽南话说，大概就是古早味。

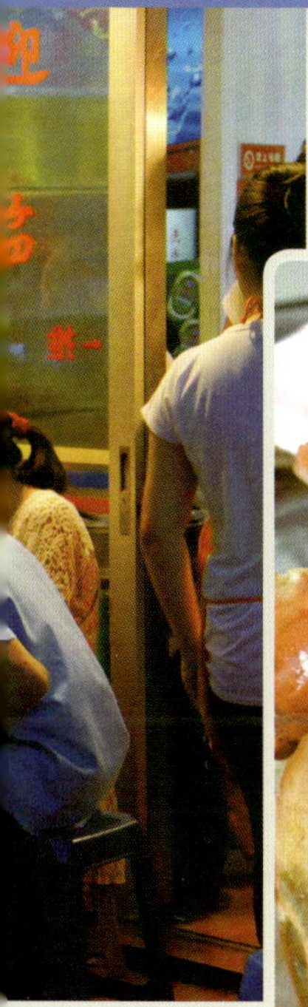

(左)傍晚在街边吃海鲜大排档的食客们；(右)蟹是饕客们饭桌上的主角之一
(左)黄嵩 摄；(右)黄嵩 摄

正如硬币有正反面一样，另外一个现象也在厦门出现——对流行菜系和时尚饮食的追求。从地域上划分，厦门应该是典型的闽南口味，口味清淡，不太食辣，但随着城市化的进程，大批新移民来到厦门，他们来自天南海北，也带来了各种口味。因此，现在的厦门，五味杂陈。

川菜流行的时候，满大街都是水煮活鱼；湘菜流行时，干锅肥肠、剁椒鱼头一统江湖。此后，泡椒田鸡、麻辣小龙虾、水煮小鱿鱼、猪肚鸡等各领风骚数个月。常有这样的厦门人，就算不太能吃辣，还是爱到川湘馆子去，他们会放着一杯茶一边涮着肉片减淡辣味，但另一边依然下筷如风。

当然，“高大上”的餐饮在厦门也不是没有市场，厦门人也不拒绝尝尝法国的红酒，巴西的咖啡，意大利的面条，美国的牛排。

也许在吃的方面，厦门吃货们已然突破了所谓的“岛民意识”。汽车的普及让他们觅食的半径扩大，穿过翔安隧道，去尝尝大嶝岛上的海鲜；过海沧大桥，这里的土笋汤其实也不错；还有同安的古早味，集美的姜母鸭……城市在扩大，人们口味的半径也在扩大。

乌糖沙茶面店门前总是大排长龙

黄嵩 摄

141海鲜大排档 大排档 ¥¥

（见64页地图；☎210 5442；思明区开元路141号；人均70元；⏲11:00~23:00）老城区里老牌的大排档，但是随着慕名而来的游客越来越多，水平也不断下降。不过141仍不失为在老城区里体验大排档的好选择之一。一般选择店家推荐的招牌菜是不会错的。在大排档吃饭千万别对环境和服务质量太讲究。

必胜客海滨餐厅 西餐 ¥¥

（见64页地图；☎203 3876；思明区鹭江道52号海滨大厦24层；人均65元；⏲10:30~22:30）并不是因为这家必胜客不提供比萨了，而是因为24层高的必胜客餐厅全球仅此一家。临窗的几个黄金座位只能排队，不能预订。知道为什么如此火爆？因为再没有其他地方能像这里一样在这样的高度隔海俯瞰鼓浪屿了。

厦门大学周边及环岛路

首选 **乌糖沙茶面** 小吃 ¥

（见64页地图；☎204 1658；思明区民族路68号；人均30元；⏲6:30~13:30）沙茶面之于厦门人就像热干面之于武汉人、拉面之于兰州人、小面之于重庆人。因此沙茶面几乎遍布厦门人集中的各个角落。许多离乡多年的厦门人回家最思念的就是那汤头浓郁的沙茶面。沙茶面最重要的是汤头，它是用鲜虾、花生、辣椒等数十种材料熬成酱汁后再稀释成汤的，再配上各种现场汆烫的新鲜食材。你可以选择鱼丸、猪肝沿（猪肝边上一块嫩肉）、瘦肉、肉羹、鱿鱼、鸭胗、大肠、米血（鸭血和糯米制成的米糕）……最经典的是加一块浸在大锅里的豆干，配上闽南的水面，一碗金灿灿香浓美味的沙茶面就诞生了。

厦门街头巷尾的沙茶面形式和内容都大同小异，最大的区别就是汤头，每家都有各自的味道和秘籍。乌糖沙茶面是公认的“厦门沙茶面兵器谱”上排名第一的店。每天中午去乌糖都能看到长长的队伍。他们家也非常牛，基本保持“过午不售”的架势，下午1:00以后去常常买不到。店家的说法是，他们只选取最新鲜的食材，卖光了就没了。不过值得注意的是，在乌糖一定要看准配料的价格再点，否则一碗不起眼的沙茶面吃到70块钱也是很容易的。

如果没在乌糖吃上沙茶面的话也没关系，许多小店的其实也不差。**四里沙茶面**和**欢欢沙茶面**也算是连锁沙茶面中口味不错的了，在老市区里比较容易寻觅到。

照强鸭肉海鲜 大排档 ¥¥

（见64页地图；257 3722；思明区大学路213号之1-4店；人均70元；9:30~14:00，16:30至次日1:30）其实在排档菜里也有一些细分的，比如在厦门常见到的一些附带熏鸭的排档，一般都是漳州龙海系的；有一些吃鱼生的，则是潮汕系的。照强就是龙海系排档的典型，所以叫鸭肉海鲜，将这两个看似风马牛不相及的东西结合在了一起。熏鸭自然是招牌之一，但是味道如何就见仁见智了。一些清蒸海鲜还是不错的，胜在鲜。如果吃不惯酱油水味道的话，尝尝他们家的清蒸鳐鱼、鱿鱼豆腐。

紫竹园大排档 大排档 ¥¥

（见64页地图；208 7133；思明区沙坡尾60-62号，近中华儿女美术馆门口；人均90元；10:00~14:00，16:30~24:00）大学路附近开了许多年的老牌大排档之一。当年靠一道水煮三鲜打出名气，不过现如今这道菜厦门几乎所有的大排档都会做了。不过紫竹园这么多年来还是维持了水平没有下降。他们家的炸排骨、姜葱竹蛏也都不错。

Paradiso新乐园比萨店（大学路店） 西餐 ¥¥

（见64页地图；209 7193；思明区大学路162号之7，近厦大医院；人均70元；11:30~23:00）真正的窑烤比萨，装修十分小清新。其中土豆泥、金枪鱼沙拉都是招牌，四种芝士比萨也深受食客喜欢，有一款名为“厦港小鱼”的是结合了当地风味的比萨，吃起来特别有中国风。另外他们家的烤翅也值得推荐。如果吃腻了大排档，可以来这里换换口味。

木目心墨西哥餐厅（红犰狳） 西餐 ¥¥

（见64页地图；256 4128；思明区大学路132号后面，沙坡尾内，近厦门渔监；人均90元；17:00~22:30）厦大附近外国人多，因此集中了许多厦门比较地道的西餐厅。这家餐厅主打墨西哥菜，用的都是好原料，墨西哥卷饼的味道正宗。但是地方有点不好找，找不到的时候最好提前给个电话，店家会出来带人。餐厅二楼有一个小阳台，天气晴好的时候可以眺望远方的海，当然前提是沙坡尾处于涨潮时。

亚尖大排档 大排档 ¥¥

（见64页地图；186 0609 8816；思明区曾厝垵181号之二；人均65元；11:00~23:00）在曾厝垵附近想吃饭的话，这家是不错的选择，原来在大学路上后搬迁至此。海苔饺和酱油水小鲍鱼是他们家的招牌菜。

舒友海鲜大酒楼（舒友VIP会所店） 厦门菜 ¥¥¥

（见64页地图；209 0188；思明区大学路188号，厦大白城校门口；人均200元；11:00~14:30，17:00~22:30）在厦门提起舒友几乎无人不知。20多年前，舒友也是大排档的样子，但今非昔比，舒友海鲜大酒楼早已跃身成为厦门高档海鲜酒楼的旗帜。至于口味和做法，当然不比大排档那么原始，多了酒楼的精致和干净。

更重要的是，位于厦大白城校门口的这家舒友的环境实在绝佳。它处于临海的一个小山包上，一侧包厢是无敌海景，脚下就是碧波荡漾的厦门湾，另一侧包厢则是厦门大学上弦场的无敌庭院风景。也怪不得这家舒友的价格比城中其他舒友的价格还要高出不少。如果是追求环境而且不差钱的话可以选择，记得提前预约。

阿川海鲜店大排档 大排档 ¥¥

（见64页地图；251 7991；思明区环岛路曾厝垵78号；人均65元；11:00至次日1:00）若干年前，阿川大排档还是直接把餐桌摆在沙滩上的最一线、最原始的大排档。如今出于环境保护的原因，沙滩上已经不可能再有大排档了。现在的阿川依然有露天的观景席位，入夜还能欣赏“海上生明月”的美景，因此人气超旺。海鲜依然是典型的厦门做法，如酱油水。游客很多，所以价格略贵，吃的是那份海边大排档的感觉。

佳福园海鲜酒楼 大排档 ¥¥

（见64页地图；☎251 3900，251 3911；思明区环岛路曾厝垵1号；人均75元；⏲10:00~24:00）就在曾厝垵的大榕树下，可以选择在室内吹空调，也可以坐在榕树下用餐。会点菜的话，性价比还算过得去。不过在大榕树下的位子确实很爽很天然。

曾记烧烤 烧烤 ¥

（见64页地图；☎848 8778，848 9969；www.05927.net；思明区环岛路曾厝垵220号；人均30元；⏲15:00至次日3:00）尽管曾厝垵的家庭旅馆开了关、关了开，但是曾哥的曾记烧烤10余年来屹立不倒，已成为曾厝垵的老字号。曾厝垵里客栈的老板们常会推荐你去这里吃，多少有些感情的因素。这里也有自助烧烤服务，营业时间为10:00~22:30，提供套餐，也可以只租用烤炉。

懒人业余餐厅 自贡菜 ¥¥

（见64页地图；☎251 0282；思明区环岛路曾厝垵57号；人均85元；⏲11:00~22:30）非常小清新的装修，一楼的几个座位就设在玻璃房的花圃中，二楼则可以在露天阳台上吹着小风就餐。菜式和装修风格形成鲜明对比，乃是堆满红红绿绿辣椒的四川自贡菜，一口下去口舌顿时沸腾。水煮酸菜鱼的分量非常惊人！好吃也要悠着点儿点单。

上海·上海 上海菜 ¥¥

（见64页地图；☎392 8008；思明区环岛路曾厝垵西边1号；人均70元；⏲9:30~23:00）又叫“白楼”，是环岛路边非常醒目和令人赏心悦目的一幢白色别墅，吊着法式的电扇，慢慢悠悠地转。环境很有特色，窗边落座，可以欣赏到环岛路的美景。顾名思义，这里主要供应上海菜，糖藕和狮子头做得很地道，夜晚的时候有苏州评弹表演，咿咿呀呀，时空就此转换。

土笋冻

苏薇摄

此“笋”非彼“笋”

土笋是什么？请确保你在看以下文字前已经品尝过土笋冻了，没吃就看或者边吃边看都属危险行为。

它不是植物，而是一种灰白色的肥肥的有点像蚯蚓的环节状小虫，因为长成了圆筒形，看上去有点像“迷你笋”，厦门人称其为土笋。又由于这种小虫生长在浅海滩涂里，广东人秉承实事求是的态度称其为“泥丁”。

好了，了解了土笋以后，进一步了解一下土笋冻是怎样制成的。土笋被人从泥沙里挖出来后先要静养一日，以便吐净腹中杂物。然后，小虫们被残忍地压破身体清除内脏，反复清洗去除腹中泥浆杂质后开始熬煮。三五分钟后，胶质溢出，便可连汤舀起，分装在小瓷碗中。顺便说一下，之所以土笋冻能有那种如果冻般Q的口感，就是因为土笋富含胶质。天气热的时候，放入冰箱1小时30分左右就能凝固。再加上酱油、北醋、甜辣酱、芥末、蒜蓉及芫荽、白萝卜丝等辅料，这道“厦门第一小吃”就制成了。

其他区域

首选 西门土笋冻 小吃 ¥

（见64页地图；☎865 0170，875 4760；斗西路33号；人均25元；⏲8:00~22:00）声名远播的西门土笋冻如今已鸟枪换炮，门面大了若干倍。土笋冻分为大粒、中粒和小粒三种型号，价格分别为30元、20元和10元一盘。淋上自制的蒜蓉酱料，加上腌制的酸爽萝卜片，鲜嫩脆口。此外，他们家的白灼章鱼也是一绝，很新鲜，吃起来有点刺身的感觉，不过价格也较贵。同时，他们家还出售一种桶装血蛤，绝对生猛，好这口的人有福了。

莲花公园煎蟹 大排档 ¥¥

（☎871 3682；思明区凌香路，近莲花影剧院；人均100元；⏲10:00至次日4:00）在厦门提起“煎蟹”二字，大部分人的反应都是位于莲花公园的这家老店。尽管煎蟹这种做法目前各大排档都有了，但引领这股风潮的正是这家老字号。煎膏蟹是招牌菜，厦门的螃蟹新鲜肥美，再加上快火过油煎炒，更是清香扑鼻。类似做法的椒盐皮皮虾也值得一试，再配上厦门传统的炒米粉就很饱了。

阿玲面线糊 小吃 ¥

（见64页地图；思明区溪岸路63号之1；人均10元；⏲7:00至中午12:00左右售完为止）面线是闽南特有的面制品，它比一般的面条还要细上许多，细得像线一样，因而得名。面线糊的吃法是在没有配料的面线上加入现点现做的食材。阿玲面线糊是一家不起眼的小吃店，却也是老字号。这里的面线糊只有早上有售（早点时间），中午之前就卖完，没了就没了，绝不多做。可以根据需求加入猪腰、小肠、鲨鱼丸等料，记得一定要点一份油条泡在面线糊里一起吃，绝配。

阿玲家下午会出售另一种厦门的名小吃：春卷（厦门人叫薄饼）。不同于油炸的那种，厦门的春卷是用一张薄薄的面皮卷起各种“杂烩菜”，包括青菜、笋、豆干、胡萝卜、海蛎等，再夹上海苔、芫荽和花生碎，抹上厦门甜辣酱。这是一道制备起来超级复杂的菜，往往需要准备一整天才可以做成，厦门人一般过年和春季才吃。

吴记煸豆干 大排档 ¥

（见64页地图；☎202 6521；百家村路57号；人均40元；⏲17:00至深夜不定）“煸豆干”是厦门特有的饮食文化，这三个字来自闽南语直译，其实本来是指三五好友闲来无事买上一两块卤制的豆腐干喝酒聊天。后来煸豆干演变成大家围着一个平底锅，用小铲子热情澎湃地煎各种东西，出现频率较高的食材有豆腐干、咸粿、海蛎煎和花蛤。至于吃得香不香，全仰仗掌勺人的手艺。每到夏季，小巷子里满满都是人，一锅接着一锅，生意比海鲜排档还好。附近的咸水鸭、熏鹅和芒果也好吃得很。

斯利美芒果冰 甜品 ¥

（见64页地图；☎228 5958，221 3246；思明区禾祥西路9-3号；人均20元；⏲10:00~23:30）炎热的夏季午后，在斯利美吃份芒果冰，那感觉就如同久旱逢甘霖。新鲜大粒的芒果搭配甜甜的果酱和浓香的炼乳，盖在被刨得绵绵的冰上，一份绝对是两人的量。可惜地方太"迷你"，"抢位子"的游戏常常上演。

阿矮海鲜大排档 大排档 ¥¥

（见64页地图；☎204 2003；思明区公园北路40号，近溪岸路；人均70元；⏲10:00~14:00，16:00~23:00）这是香港知名美食家欧阳应霁曾经推荐过的大排档，不知道这是不是欧阳先生在吃过许多大排档后对比得出的结论。这家排档隐藏在中山公园北门边上的民房里。从主街上只能看见大排档的店面却找不到门，想要进店的话要从边上的小巷进去才行。供应的依旧是大排档的传统菜品。只是如果你在中山公园附近玩累了想吃饭，美食家推荐的大排档或许是你不错的选择。

饮品

福建虽然是茶乡，但是细细寻觅起来，遍布厦门街巷的茶馆几乎都是为麻将和棋牌设计的，品茶反而成为配角。厦门人去茶馆都会自己带茶叶，因为觉得消费茶馆的高价茶实在没什么必要。倒是满大街的咖啡馆补了位，走到哪里都能找到品质不错的咖啡馆，它们无一例外都有良好的无线网络。

首选 32How 咖啡馆 ¥¥

（见64页地图；☎291 6511；思明区华新路32号，近中山公园西门；人均45元；⏲11:00~23:00，周末营业至24:00）32How咖啡馆隐藏在中山公园西门附近的华侨别墅中，装修相当文艺。馆内的家具许多都是真正的vintage老家具，时光仿佛倒流回了20世纪80年代。这家店主打产地咖啡，主张咖啡要原汁原味地喝，所以不备奶和糖。喝咖啡前店员会让你闻一闻咖啡豆的原香，并且跟你讲解一些当地咖啡的特色。这里的咖啡都用日本订制的骨瓷装杯，店内没有两个一模一样的杯子，架势十足，当然你也要小心别打坏了，否则可要照价赔偿。天气凉快的话可以在种满植物的院子里耗一个下午。

首选 陈佳甜品 甜品 ¥

（见64页地图；☎210 7490；思明区镇邦路65号；人均16元；⏲10:00~23:00）陈佳甜品店算是厦门甜品店中的老字号了，龟苓膏、香

芒果冰
CFP 提供

到厦门必吃的五种小吃

厦门的小吃多得实在是令人眼花缭乱，凭借有限的时间和精力尝遍几乎是不可能的，只能精选几样最具特色的小吃了。

第一名：沙茶面

如果到厦门只能尝一种小吃的话，那么非沙茶面莫属了。因为这种形式的面条在全国其他地方是吃不到的，也完全没有类似或接近的口味。如果只有吃一家店的机会，建议留给**乌糖沙茶面**（见82页）。

第二名：土笋冻

它的原材料常让很多人望而却步。其实完全没有必要担心，因为变成土笋冻之后，一切都化于无形了。厦门最地道的店是中山公园西门的**西门土笋冻**（见85页）。

第三名：海蛎煎

厦门所有与海蛎有关的美食都是基于小海蛎制作的。海蛎煎、炸海蛎饼、海蛎面线是厦门传统的三大海蛎食物。如果只有一个吃贝壳类食物的名额的话，海蛎煎当仁不让。躲在中山路局口横巷里的**莲欢海蛎煎**（见79页）可以向你展示这种美食。

第四名：花生汤

虽然快消厂商已经将其制成花生牛奶行销全国了，但是到了厦门还是要尝尝原汁原味的花生汤。只要不怕甜，就在中山路的**黄则和花生汤店**（见76页）来一碗吧，保证和你在罐头里吃到的不一样。

第五名：薄饼

薄饼实际上是一种超大春卷，是厦门独有的传统美食，来历可追溯到明代。薄饼这道小吃做起来实在太复杂了，也不太好标准化。厦门岛内的宾馆酒楼里可以点这道菜，中山路附近女人街上一家颇有名气的**阿卿春卷**也有出售，但都不地道。要说接近家里餐桌上的标准，厦门岛外的**招治薄饼**（见113页）和**舒唐餐厅**（见117页）可以让你一饱口福。

芋西米露和西多士是他家的招牌产品。香芋可不是芋圆，是实实在在的福建名芋槟榔芋熬煮而成的，非常绵密爽口。炒饭也是点击率颇高的餐品。

首选 黑糖 咖啡馆 ¥¥

（见64页地图；☎219 8726；思明区顶沃仔路39号；人均30元；⏲11:30~23:30）黑糖在搬到现在的位置之前是位于南华路上一幢华侨别墅里的，从那时候起就是厦大附近咖啡馆的翘楚，不仅在厦大学生中拥有极好的口碑，在城中一众文艺青年心里也是地位极高。可以说是黑糖确定了厦门岛内庭院式人文咖啡馆占主导地位的格局。一年一度的黑糖文学奖延续至今，厦门的咖啡馆虽然已经遍地开花，但是设立文学奖的还是很少见，大有和巴黎花神咖啡馆的文学奖媲美之感。同时，这也足以证明黑糖背后浓浓的书卷气和底蕴。现在的黑糖依然保持着很高的上座率，焦糖奶茶和提拉米苏是他们家点击率较高的两款产品。如果你在厦大附近想找一家咖啡馆落脚，这家历史悠久的老牌咖啡馆是最佳选择。

不见 咖啡馆 ¥¥

（见64页地图；☎596 3777；思明区环岛路溪头下路23号，近景州乐园；人均35元；⏲10:00~23:30）藏在庙背后的一栋白色三层别墅，每一层风格都不一样。三楼的天井有巨大的植物，落下满满的阳光。无论户外和室内，总有一个角落会是你喜欢的。这里也提供

新厦门人

杨晓惠

咖啡馆、面包店、茶叶铺、大排档，洋气与乡土在这里交融。文艺背包客、匆匆上班族、辛勤务工人员、闲适泡茶老人、自由职业者，各色人群在这里相遇共处。这就是厦门，一个新的移民城市。

三十多年前的厦门很小，中心城区特指轮渡、大同路、中山路、思明路一带，梧村火车站以外就属郊区，岛外的集美、海沧，更是地道的农村。1981年厦门被定为经济特区时全市人口大约100万。从那时起，外地迁入人口逐年增长。现在，1500多平方公里的土地上汇集了370多万的常住人口，据2013年厦门人口计生部门报表显示，外来人口已接近本地人口。

厦门的城市移民主要来自福建省内，拥有共同的闽南语系和便利的交通往来，相邻的漳州、泉州成为厦门最大的移民来源地。福建人有钱了，首个念头常常是先来厦门买套房。莆田人、三明人、龙岩人以及江西人也大量涌入，扎根厦门。厦门大学、集美大学等高等院校每年都产出不少外省毕业生留厦就业。“来了就不愿意离开”的国内外游客选择蜗居下来，也是一道独特的风景。

新厦门人给厦门带来了丰富的多元文化，他们不仅令菜谱上增加了酸辣粉和东北饺子这样的内容，鼓浪屿上各具特色的别墅很多也出自他们的巧思。如果没有他们，曾厝垵远没有现在这么精彩，可能仍是一个单调的小渔村。新厦门人对海洋的热爱也许还要超过那些日日看海的本地人，他们变成了对环境最关心的族群之一。新厦门人的滋长，还让厦门的“普世”语言变成了普通话。

恬静的海岛城市，四季如春的海洋性气候，环境优美整洁，随处可见的小资、小清新情调……剥离掉这些旅游的标签，厦门其实是一座各方面都比较均衡的城市，这或许才是吸引新移民的真正原因。文化底蕴有限，文艺气息十足。面积不大导致去哪儿都近。没有一线城市的繁华、多元，但也属沿海开放发达城市。城市管理难说有多么科学、规范，总算是多了几分容忍少了些许戾气。偏安在

（左）人民体育场前“话仙”（厦门当地话，意为“聊天”）的老人；
（右）新一代的厦门人也受到岛上浓浓的音乐氛围滋养
（左）黄嵩 摄；（右）沐昀 摄

东南一隅，新移民与原住民的融合中逐渐沉淀出一种温和的城市性格。2007年PX事件中，这种温和却爆发出巨大的能量，新厦门人强烈的公共精神尤为突出。

过去十年，厦门的房地产开发如火如荼，房价一路高歌猛进，涨幅在全国名列前茅。高房价、高租金、高物价，相对较低的收入，有限的就业选择，打碎了一些年轻人定居厦门的梦想，他们只好选择返乡或者另择它城。没有多少大型跨国公司，没有国际性组织机构，就业空间的天花板让人才望而却步。同时，随着人流的不断涌入，根据厦门市人民政府网公布的数据，厦门本岛的人口密度大大超过香港，岛内每平方公里居住1.39万人，为香港的两倍有余，几乎达到承受的极限。机动车保有量也突破了百万辆，高峰堵车成为常态，居住舒适度受到严重挑战。

逃离？留下？新厦门人在彷徨、纠结的同时，生活始终在继续着。而一波又一波的人还在到来，新的面孔依旧在寻找机会。

一些简餐，牛肉面挺不错。

一茶 茶馆 ¥¥

（见64页地图；☎208 6636；大学路70号，沙坡尾避风坞内；人均40元；⏲13:30~22:30）门口摆着两张小小茶椅，引人一探究竟。入内也并不大，两三茶桌，一两茶人，但奉的都是一碗碗好茶。在渔村里泡茶，正经闽南味。

Temple Café 咖啡馆

（见64页地图；☎209 6780；思明区环岛路曾厝垵61号；人均25元；⏲11:30~23:00）红砖绿瓦、富丽堂皇的曾氏祠堂而今被改造成了一家古典与前卫混合的咖啡屋，另取了一个动人的中文名字——"轻尘别院"。这里提供比萨、汉堡、意粉及各类中国食物，还有红酒和咖啡。可能因为餐食价格便宜的原因，味道也提不起劲。建议点一些便宜的饮品，感受下气氛就好。有趣的是，尽管用作商业用途，祠堂依旧肩负着举办曾氏家族重大会议的功能，曾厝垵村的传统庆典仍在这个祠堂中举行。

古柏咖啡馆（筼筜店） 咖啡馆 ¥¥

（见64页地图；☎509 2279；思明区筼筜路3-2号；人均45元；⏲6:00至次日2:00）筼筜路上咖啡馆一条街的咖啡馆大多来了又去，去了又来，隔一段时间就能看到装修换店家。换过了好几茬之后还一直屹立不倒的店真不太多，古柏就是其中一家。古柏的老板是台湾人，整家店的设计也是走比较现代化风格的。出品的咖啡质量还不错，咖啡豆大多原产自南美。如果你在咖啡一条街上无从下手的话，可以选择古柏试试看。

水岸咖啡（溪岸路店） 咖啡馆 ¥¥

（见64页地图；☎202 1821；思明区溪岸路121号菲特利酒店附属楼；人均45元；⏲10:00~24:00）位于中山公园北门附近，紧邻着大公园，种满了植物，满眼绿意。装修复古有趣，芝士蛋糕味道不错，有许多口味特别的特调咖啡。紧邻中山公园内湖的座位非常适合慵懒地喝喝咖啡聊聊天。有时候还能见到来这里拍婚纱照的情侣。

星巴克（鹭江道店） 咖啡馆 ¥¥

（见64页地图；☎211 6731；思明区鹭江道18号新领荟广场1-4楼M1单元；人均35元；⏲7:00~24:00）之所以推荐这家星巴克完全是基于以下两点：这家店是全中国最大的星巴克咖啡馆；这家店的位置得天独厚，就在轮渡码头附近，四楼露台风光无限，可以远眺美丽的鼓浪屿。虽然口味是标准化的，但胜在位置佳。

首选 **KOI CAFE（禾祥湖中路店）** 奶茶 ¥

（见64页地图；☎220 8057；禾祥西路791

遍寻古音

厦门文化艺术中心（体育路95号）的广场上，每周六或者周日晚上7点，当地著名的**金莲升高甲剧团**（www.xmjls.com.cn）都会免费为观众演出，一般演出时长1.5小时，大戏2.5小时。虽然是免费，但是品质非常高，有滚动字幕，不愁看不懂。另外在曾厝垵村口、环岛路靠海一边的**圣妈宫**也偶尔会有歌仔戏表演，真正幕天席地的场所。如果对歌仔戏别有偏好，可关注**厦门歌仔戏研习中心**（www.xmgzx.com）的网站演出公告。南音是闽南独有的特色，在厦门，它的聚合场所是中山公园西门内一座融合闽南古典园林风格的历史风貌建筑——"中山南音阁"。**厦门市南乐团**（www.xmnyt.com）有时会在这里演出。有时中山路女人街路口的小戏台在周末会有免费的南音演出，固定演出在鼓浪屿的**海天堂构**（见135页），这里可保证你不会扑空。

沙坡尾的茶铺

234STUDIO 提供

号；人均20元；⏲10:00~22:30）其实是来自台湾的品牌，招牌产品是红茶玛奇朵，甜度和冰都可以随自己口味选择，奶泡绵密，口感极佳。除了这家在全市各处都有分店，味道都一样。

首选 Ritz 酒吧 ¥¥¥

（见64页地图；☎511 5901；思明区湖滨北路10号新港广场1楼；人均100元；⏲18:00至次日2:00）城中最热门的酒吧之一，主打单一麦芽威士忌。装修相当有特色。周末经常爆棚。这里的威士忌品种相对来说比较齐全，冰块也都是手工凿的。手工调酒是这里的一大特色，大可尝试一下。周末或者假日，这里偶尔会请一些知名DJ巡演。

MUSE 酒吧 ¥¥¥

（见64页地图；☎510 5330；思明区官任路酒吧街中段；人均100元；⏲18:00至次日2:00）位于官任路酒吧一条街上的MUSE酒吧是这条路上最早的一批优质酒吧之一。装修颇有风格，老板也很热情，服务态度很好。去这个酒吧的大部分是城中年轻白领和老外。

娱乐

厦门的夜晚，绝不应该躺在酒店的床上按按遥控器度过。你可以去**海湾公园**见识缤纷的夜生活，这里聚集了酒吧、夜总会、大酒店和小烧烤，甚至还有一个游乐场；而**槟榔路**酒吧一条街风情万种，派对动物丛生。如果想找个稍微清幽的地方泡吧，马哥孛罗酒店（Marco Polo Hotels）背后走路5分钟即达的**官任路**，是你不可多得的选择。

乐琪The Key 酒吧

（见64页地图；☎220 4000；思明区湖滨西路海湾公园内5-7号；人均100元；⏲20:00至次日3:30）厦门的酒吧大多会找菲律宾的乐队来表演，乐琪酒吧也是如此。它大概是目前岛内乐队气氛最好的酒吧了，而且还可以坐在海边优哉乐哉。

闽南大戏院 剧院

（☎400 880 2281；www.mndxy.org；会展北片区展鸿路87号）硬件一流的剧院，几乎每周都在上演各种歌剧、舞剧、大型综艺演出以

CFP 提供

“俗又有力”的“在地美学”

王琦

用闽南俚语“俗又有力”来描述闽南的民间手工艺大概再恰当不过。市井却生命力丰沛的地缘性格长期滋养自耕田者（漳）和讨海人（泉厦）的社会，这种“靠天吃饭”的生产方式注定这里宗教和具有浓厚地方性的民间信仰兴盛。也因此，“俗又有力”所代表的俗艳的地域美学得以在宗教建筑、木雕、石雕、彩绘、戏曲、刺绣、绘画等领域被广泛使用。

西晋末的“八姓入闽”（史称“衣冠南渡”）为福建带来了中原地区的先进工具、技术和大量劳动力。佛教在彼时的传播，也开始影响制陶、石木雕等工艺。入唐后，社会稳定和经济发展共同促成宗教高度发达，庙宇的大量营造为工艺发展提供了有利条件。海上贸易的拓展又促成了文化流通。宋元时期则是闽南社会经济文化发展的稳定时期，社会文教的推行使得文人阶层日渐活跃。儒学与佛教禅宗相融所形成的程朱理学深刻影响了当时致精、致雅、致纯的成物造器观，也促使手工艺行业的专业化逐渐形成。而明清及近代的闽南社会则在 “禁海”与“开海”、封闭与开放间反复，一方面要抗御外来侵扰，另一方面，殖民势力的商业、文化渗透又无孔不入。

既有文教制度、传统和封建的宗族意识，以及自觉或不自觉接收的外来文化的共同作用，又有宗教、知识阶层、手工艺者、工艺雇主（明清时期，许多地方的雇主与工匠的实际保持“七分主人三分作”的承包关系，雇主的作用可见一斑）的共同参与，闽南的民间艺术实际上是多元文化的杂糅共生，只是这种文化特征长期以来被常民生活所吸纳、消化，逐渐形成我们今天所看到的“俗又有力”的“在地（台湾说法，即当地）美学”。图为漆线雕。

及交响乐、室内乐、合唱等演出。

Real Live 现场音乐

（见64页地图；新浪微博RealLive_厦门；☎135 3777 4700；大学路沙坡尾60号艺术西区内，紧靠中华儿女美术馆；⏲19:00至次日1:00或2:00）躲在艺术园区的深处，藏在厚实的仓库门后，进去后别有洞天，环境几欲让人高歌："闪开！让我们歌唱！"这里几乎每天都在上演各种现场音乐。

TD唱片 现场音乐

（新浪微博@TD唱片；☎522 2130；仙岳路4666号万达广场1159-1160号；⏲10:30~22:00，周末延至22:30）浓浓的文艺空间，融合了唱片、书籍、文创产品和饮品。每个周末晚上都有免费观影和免费现场演出，点杯特饮，就能舒舒服服地打发一个晚上。

购物

有人会说，除了馅饼，厦门好像没有什么好带回家与人分享的礼物。其实不然，厦门能买到很多好手信。比如，吃的喝的就有各种茶叶、海产干货、青津果、花生酥、肉脯，甚至还有古龙牌香菇肉酱；物品则有珠绣、漆线雕、造型可爱的风狮爷等。厦门的商业片区各具特色，比如顶沃仔深具校园情节，八市则有化不开的市井风情，而传统的步行街中山路可以把想到的东西一网打尽。

中山路 步行商业街

置办手信，中山路是最佳选择。首推厦门的传统名吃——馅饼。不要在中山路主街的饼店里买馅饼，那些所谓有故事的馅饼店多半是商人的自我创作。推荐前往不远处小巷里的**阿吉仔馅饼店**（见64页地图；思明区大元路37号，近鹭江影剧院），这是厦门传统的老字号饼店，店面不大，已有几十年的历史。中山路上许多装修精良的饼店就是从他家拿货，再转手以巨贵的价格出售。

其次是茶叶。厦门街头遍布大大小小无数的茶叶店，有连锁的，也有独立的。但除非你是懂茶的行家里手，否则很难买到上等的好茶叶，建议在中山路**天福茗茶**之类的连锁店买一些不太贵的铁观音、岩茶等品种足矣。

此外，还可以买造型可爱的风狮爷。风狮爷是闽南特有的神兽，可爱的造型加上镇风驱邪的寓意，很适合买回去送给亲朋好友。

琥珀书店 书店

（见64页地图；☎251 6707；思明区中华儿女美术馆一楼左侧靠海；⏲10:00~22:00）这是厦门文化人常去的独立书店。主要出售学术、社科书籍，一般的畅销书在这里几乎难觅，落地玻璃、质朴摆设，同时也出售一些木质和陶瓷手工艺品，有花茶幽茗，价格也不贵。不定期会有一些读书沙龙在此举办。

不在书店 书店

（见64页地图；☎205 0813；华新路13号花园别墅；⏲10:00~22:00）号称中国最文艺的独立书店。不过说实话，你很难区分它到底是书店还是咖啡馆。环境非常不错，布置得也很温馨，推荐二楼阳台的位置。下小雨时在那儿听雨喝咖啡，看一本好书，是很好的选择。

晓风书屋 书店

（见64页地图；☎219 9598；大学路162-5号；⏲13:00~22:00）晓风书屋是厦门最老牌的独立书店，提起它，厦大师生都充满浓浓情意。目前在厦门有两家店。厦大的这家店主营学术、社科书籍，二楼有二手书卖，运气好可以淘到一些很不错的画册。

厦门岛外

“世界上最遥远的距离，不是生和死，而是我在岛内，你在岛外。”这样一句调侃流传在厦门人口中，多多少少能听出一点厦门岛内和岛外的建设差距。如果说厦门岛内是“小清新”之地，厦门岛外则有点“大老粗”的架势。然而，这个“大老粗”也正在慢慢变化着，不仅好好地保留了原生态的趣味，数个地方也逐渐露出新城的容颜。岛内的高房价把年轻人逼至岛外定居，他们为岛外带来了新兴的趣味，一个创意园区，以及一些有情致的小店。

如果你在厦门岛内游腻歪了，想要体味一下农家乐或者爬爬山，可以拿出半日、一日来在岛外走走。集美学村的嘉庚建筑属集大成者，没有游人熙来攘往。同安是个古城，有许多历史古迹，几家“好料”的小吃隐藏在破旧的巷弄里，吃饱了还能去泡个温泉解乏。海沧有大名鼎鼎的青礁慈济宫，亦有天竺山国家森林公园，还有质优的温泉等着你。而翔安，除了“英雄三岛”带来“战地前线”的感怀，更多的是招徕肠胃的海鲜。如果你在厦门预备了充裕的时间，那不妨分配一点时间去看看岛外的世界。

岛外海边劳作的渔女

沐昀 摄

南靖土楼民居的屋顶
沐昀 摄

1 集美学村探嘉庚
2 "英雄三岛"
3 泡汤之旅
4 北辰山
5 尽尝美味小吃
6 玩不尽的农家乐

厦门岛外亮点

1

集美学村探嘉庚

爱国华侨陈嘉庚不仅兴建了厦门大学，还在自己的老家集美兴建了幼儿园、小学、中学、师范学院等，在整个集美形成了一个规模庞大的学村。如果你是一个建筑爱好者，看到集美中学和南薰楼一定十分震撼，漂亮的学校一砖一瓦都极尽用心，学村边上的鳌园便是陈嘉庚落叶归根的所在。图为集美学村。

行前参考

- 学村的夜景非常美，虽然看不到白天的色彩，但趁着夜色、吹着湿咸的海风走一走，感觉也挺好。
- 历史城区内博物馆众多，可选一个星期一以外的日子前去。
- 归来园门口的龙舟池里每年端午节都会举办热火朝天的赛龙舟。

（上）南薰楼前的石狮
（下）集美中学精美的建筑

细赏集美学村建筑

黄庄巍，厦门高校建筑学者，国家一级注册建筑师

集美学村有哪些建筑特别值得关注？

尚忠楼群，集美集岑路1号，包括尚忠楼、诵诗楼和敦书楼，为早期南洋殖民地式建筑。允恭楼群，集美嘉庚路1号，包括即温楼、允恭楼、崇俭楼和克让楼，为早期中西合璧式建筑。南薰楼群，围绕龙舟池布置，包括延平楼、南薰楼、黎明楼和道南楼，基本为20世纪50年代兴建的较为成熟的中西合璧式建筑。此外，集美幼儿园、陈嘉庚故居、归来堂亦值得一去。若时间充裕，可到陈氏族人聚居的大社村逛逛（陈嘉庚故居东侧），会有不少原生态的有趣发现。

嘉庚建筑的看点是什么？

嘉庚建筑创造性地在大型公共建筑中结合了西洋古典式、南洋殖民地式、闽南建筑等诸多风格，主要看点有：尊重地势的规划布局、中西合璧的整体建筑风格、殖民地式（敞廊式）或西洋古典式屋身、闽南式屋顶与燕尾屋脊、极为精湛的闽南石作与砖作工艺、带有鲜明时代烙印的建筑装饰物。此外，从早期到后期的嘉庚建筑，你可以看到其从模仿到创新的持续发展过程。

一些近年新盖的嘉庚建筑是否也值得一看？

应该说，一个时代的建筑反映一个时代的特点，老嘉庚建筑的美感，是基于那个历史阶段的工艺和材料，以及漫长岁月的积淀。现在“新嘉庚建筑”的出现，是为了保护集美文教区整体风貌，同时更是对陈嘉庚先生的致敬，但若硬要使用70年前的工艺和材料来复古建造“假古董”，既不合时宜也不可能实现。嘉庚建筑的核心精神是基于闽南地域特色的不断创新。

“英雄三岛”

“英雄三岛”这个名号可不是当地人或游客们的口口相传而已，它们可是正儿八经由中央军委命名的三座岛屿，分别是大嶝岛、小嶝岛、角屿岛。这三座岛是厦门距离金门最近的岛屿，因在1958年的“金门炮战”中作为最前线而成名。如今的三岛上除了一个战地观光园之外早已没有了战争的痕迹，取而代之的是最原汁原味的渔村风情。

2

GETTYIMAGES 提供

3

泡汤之旅

厦门岛外的同安和海沧两个区都有丰富的温泉资源，如果你是在冬天来到厦门，花上一天时间好好地泡一泡温泉洗去旅途的尘埃会是不错的回忆。同安的翠丰、盛之乡，海沧的日月谷都是当地人泡汤的优选去处，质量值得信赖。

4 北辰山

北辰山是岛外许多景色优美山峰的代表。作为同安最出名的山，北辰山有著名的十二龙潭瀑布。尽管现在这道瀑布的水量日趋减少，但“瘦死的骆驼比马大”，这里仍然是厦门境内唯一有像样瀑布的地方。再加上山下供奉着闽地香火极旺的开闽圣王，北辰山成为岛外最著名的登高和“拜拜”目的地便毫不奇怪了。

CFP 提供

沐昀 摄

5 尽尝美味小吃

距离城区越远，美食常越地道。厦门岛外的小吃不仅风味更加原始，且常令食客们发出“料足、料真、更大碗”的惊呼。不论是老饕们口口相传的同安大肠血、碗仔粿、卤鸭、卤鹅还是郭台铭点名要食的集美鸭肉面线，抑或是翔安渔村里的农家海鲜排档，岛外的美食像一种神秘的存在，不谙门路的人不易寻得味觉路径，但知道的人了解那才是真正的美味所在。图为厦门传统节日必吃的薄饼。

6 玩不尽的农家乐

和中国大部分大城市一样，城市的郊外诞生了许多吃住玩合一的农家乐。厦门的农家乐基本都集中在了岛外，鱼塘、开心农场和农家菜是农家乐“三宝”。顶上人家、怡轩阁、丽田园、草木炊烟等都是厦门眼下比较红的农家乐。如果你想像当地人一样休闲的话，不妨试做一日农人。

行前参考

食宿

- 岛外的吃不成问题。小吃比岛内更地道，海鲜也更新鲜美味。
- 大快朵颐前要掂量下自己的肠胃是否能消受得起，带上止泻药有备无患。
- 住是个问题。除非是去温泉酒店度假，否则不建议在岛外的其他地方留宿。

当地交通

- 纵然有BRT帮忙，岛外的部分景点，尤其村庄仍做不到公交方便的抵达。
- 很多时候，公交+面的（摩的）是出行的标准套餐，记得打车要找的士还价。
- 为了减少一些交通方面的折腾，在当地报个一日游其实是好主意。
- 大的温泉度假村基本都有自己的专线摆渡车，可在岛内一些交通枢纽集中搭乘。

危险和麻烦

- 岛外不“禁摩”，所以得注意无所不在的飞驰的摩托车。
- 岛外有些无名山看起来不起眼，但却很容易迷路。
- 有些地方手机信号不大好，城镇还好，乡村就难说了。

带什么

- **靠谱的GPS** 如果你去拜访一些小村庄很可能会用到。
- **防蚊液** 山里多蚊子，这里的蚊子个头小但相当厉害，不想痒到闹心就做好防护吧。
- **好穿的鞋** 不用我们再废话了，你是出来玩耍的，高跟鞋和磨脚的鞋都放在家里吧。

（左）青礁慈济宫；（右）集美西亭村是一座以宗祠为中心的闽南传统村落
（左）CFP 提供；（右）苏薇 摄

不要错过

最佳温泉

- **日月谷温泉度假村** 服务优质，汤品多种，装修品质也属上乘。（见112页）
- **翠丰温泉** 占据着“汀溪温泉”，是厦门最早成名的温泉酒店之一。（见112页）
- **盛之乡戴斯温泉度假村** 50多个汤池，恭候您的光临。（见112页）

最佳餐馆

- **味友鸭肉面线** 传说是台湾首富郭台铭来厦门指名要吃的地方，最不可错过的当然是招牌鸭肉面线了。（见116页）
- **一刻汤包** 现点现包，皮薄汤鲜。搭配的酸笋豆腐汤也不可不试。（见113页）
- **招治薄饼** 薄饼是“最厦门”的小吃，招治家的薄饼是薄饼中的佼佼者。（见113页）
- **老船长渔船** 试过在渔船上吃海鲜吗？没有的话，就去老船长家试试吧。（见116页）

最佳乡村

- **德安古堡** 古堡、溪水、田里自由生长的蔬菜，还有一两头老黄牛。（见107页）
- **荏畲村** 畲族聚居故地，探秘蝴蝶谷。（见107页）
- **野山谷** 杜鹃、桃金娘开满峡谷，恍似进入花海。（见107页）

集美学村

大多数人因为拜访过厦门大学而记住了陈嘉庚这个名字，也许你已经看过校园西门“穿西装、戴斗笠”的囊萤、映雪、同安、集美、群贤五楼，也赞叹过与上弦场交相辉映的建南楼群，而你想不到的是，嘉庚建筑的集大成者默默伫立在老先生的家乡集美，与厦门隔海相望。1985年美国时任总统尼克松来到厦门，一下飞机就直奔集美，他赞美集美中学是他所见过的世界上最美的中学。百年流逝，桃李依旧。陈嘉庚埋骨于此，九泉之下，想必心安。

免费

学村24小时开放，各景点开放时间不同

从厦门岛内到集美学村最快捷的方式是乘坐BRT快速公交1号线到嘉庚体育馆站下车，再换乘L22路连接公交车到龙舟池站，市内有多路公交车直达

嘉庚建筑

不用太靠近，远远地就能望见南薰楼巍峨挺拔的身姿，它一定牢牢掠住你的视线。主楼高达15层，扼守着浔江西岸的制高点；左右护楼七层，如鸟翼后展，成排铺陈。建筑全部用细纹花岗岩打造，绿瓦飞檐，气势恢宏。楼顶有一个俏皮的中式八角亭，另有集美二字，使其成为集美的标志。南薰楼楼名取自诗经："南风之薰兮，可以解吾民之愠兮"，不难想见陈嘉庚的寄寓——"教育立国、科学兴民。"如果你仔细观察龙舟池旁的道南楼，会发现每一条墙砖花纹都有所不同，漂亮的配色，精细的雕琢掩在绿色植物中，真让人艳慕身在其中的学子。

稍往侧面走走，就是平楼，在海水游泳池整齐的石砌看台顶端有一个非常不起眼的石柱寨门，掩映在茂盛的古榕树之下，岩石旁架着一门铁锈斑驳的明朝古铜炮，这就是延平故垒遗址，又称为"国姓寨"。这里曾是郑成功的部将——提督刘国轩在集美建设的营寨，与厦门大学所在的演武遗址互为犄角，扼守厦门，是厦门的重要海防设施遗址。陈嘉庚请石匠在石寨门旁的巨石上刻下"延平故垒"四个大字，并在1953年重建被日军炮火轰毁的延平楼，将其当作集美小学的校舍。现在这里立着的是红砖绿瓦的4层大楼，原来的海滨悬崖用花岗岩砌成石阶，可以当作海滨游泳池的看台。许多人路过这里都会在此歇歇脚。

鳌园

（门票30元；⏲6:00~20:00）整个鳌园由门廊、集美解放纪念碑、陈嘉庚先生陵墓三部分组成。原本这里不过一个荒岛，由于三面环海，探出的沙石堤岸与陆地相连，犹如一只伸向大海的海龟头，故名"鳌头屿"。

1949年10月，陈嘉庚到山东济南参观广智院，深以为院内陈列的文物书画、动物标本以及河流水利等模型能够寓教于游，便决心在自己家乡建造一座更好的博物馆。鳌园是陈嘉庚在集美整个宏伟蓝图中的第一项计划，其执行者是惠安工匠陈坑生。惠安以石雕闻名，便有了现在园内巧夺天工的石雕博物馆。而乱石滩中最高的那块石头，被陈嘉庚拐杖指点，安置上了高约10丈的集美解放纪念碑。鳌园在1957年才基本完工，4年后便迎来了他的规划师和主人——陈嘉庚的落叶归根，如今嘉庚先生就安葬此处。

归来园

归来园内有归来堂，乃陈嘉庚生前故居所在地。陈嘉庚生前曾希望建一座"取其坚固雅致，能传之久远，并期后辈不忘家乡之义"的宅院，让海外亲友、华侨归来时有留憩之处。但由于资金都以建设学堂之用为先，他直到1961年病重住院期间才开口吩咐拨出3万元盖一间小祠堂，未能遂愿见其成。在周恩来的关心下，此堂得以在陈嘉庚逝世一周年时竣工。漂亮的白色墙体，绿瓦盖顶，将嘉庚风格一以贯之。

亮点速览

- **南薰楼** 这是集美的标志性建筑，也是嘉庚建筑的集大成者。
- **龙舟池** 20世纪50年代这里就是一年一度赛龙舟的举办场所，这一池水更是历届集美学村学子们最怀念的地方。
- **鳌园** 撇去陈嘉庚先生的历史不说，单是看看闽南一绝的石雕也值回票价了。

陈嘉庚纪念馆
CFP 提供

景点

同安

首选 北辰山 山

（☎723 2155；同安区五显镇北山岩；www.bcsly.com；门票30元；⏲周一至周五8:30~16:30；周末延至17:00）话说"先有北山，后有同安"，北山就是北辰山。北辰山脚下的广利庙供奉着"开闽王"王审知，每年农历二月十二王审知忌辰的前后5天，广利庙前都有庙会。往上走，便见瀑布从山顶泻下，山体被冲刷成一条峡谷和12个大小不一的水潭，这里就是北辰山最主要的景点十二龙潭。一定要爬到最高处牛岭峰，在这里远眺被阳光照射如明镜一般的竹坝水库是对你辛苦爬山两小时的至高奖赏。需要提醒的是，牛岭峰确实有牛，所以要小心脚下的牛粪。如果你还愿意帮助带些垃圾下山安置就再好不过了，不然这个制高点恐怕迟早要被垃圾占领。北辰山山脚设有烧烤处，每天16:30收摊，租金不菲。

在厦门SM广场、火车站等公交车站，逮住任何前往同安影视城或同安小西门的公交车都可以坐，如610路、617路、70路、79路，票价3元，车程约一个半小时。下车后再转乘12路公交车或租面的到北辰山，面的的价格是5元/人，路程12公里。或乘坐BRT至同安城南站转602路至北辰山景区。自驾游可从同安一中路口转入五显镇。

免费 梵天寺 寺庙

（同安区大轮山南麓；⏲4:00~19:00）梵天寺是福建省最早的佛教寺庙之一，与福州鼓山涌泉寺、莆田广化寺、泉州开元寺、漳州南山寺同为福建沿海一线的名寺。寺庙的古建筑在1918年的一场大火中焚尽，只有一座宋代钟楼和朱熹等人的题刻幸免于难。现在依山而建的恢宏庙宇都是1993年以后的新作。厦门市内乘坐79路、355路、356路、362路、610路、618路公交车至梵天寺站，行程1小时。

同安孔庙（同安博物馆） 博物馆

（☎731 7857，731 7857；同安区南门里74号，第一实验小学内；免费；⏲周二至周日上午8:30~11:40，下午14:30~17:10）同安孔庙是同安的文化标志，庙内的兴贤育才牌坊与小学的气氛相得益彰，这里还陈列着200多件从全区各地收集的石雕、碑刻，当地人幽默地称其为"同安兵马俑"。乘坐610路、615路、619路等公交车至同安第一实小站下。

芦山堂（苏颂故居） 名人故居

（☎712 2883；同安区大同镇城区西北隅葫芦山南麓洗墨池23号；免费；⏲6:00~20:00）眼前的故居是1911年重建的，用花岗岩和红砖铺墙，颇有闽南特色。堂上挂着的"苏氏大宗"和"芦山堂"两方匾额是数学家苏步青所题。从厦门岛出发可先乘车至同安小西门，转乘18路公交车，或乘三轮车或摩的，约5分钟可至。

同安孔庙
CFP 提供

“无所不通”的苏颂

苏颂（1020~1101年），字子容。苏颂先生82年的人生经历可谓励精图治。23岁时与王安石同榜中进士，出任江苏江宁县令，为官之初就清正廉明。34岁时，升任国史馆官员，有机会接触皇家藏书。这下不得了，他不仅抓紧时间遍览群书，还每天坚持背诵2000字，回家后默写保留。在此期间，完成了药物学巨著《本草图经》二十一卷，虽现已不存，但能通过后辈李时珍在《本草纲目》中对其的借鉴一窥其貌。苏先生在仕途上第一次栽跟头是在熙宁三年（1070年），原因是三次拒绝草诏提升李定为御史的制书，结果丢了乌纱帽。重返政坛后，第二个跟头栽得更大，1079年因陈世儒案锒铛入狱。狱中他还心疼隔壁牢友苏轼，写下“遥怜北户吴兴守，诟辱通宵不忍闻”的诗句。73岁高龄时，苏颂官至右宰相。

按照现在的标准，苏颂还是一位大科学家。除了通晓药物学外，他还运用自己在天文、数学、机械学上的复合知识，复制出东汉张衡的水运仪象台。制造这样一个高12米、宽7米，像三层楼房一样的巨型天文仪器，他仅仅用了两年时间。下一个能够复制出这个仪器的人出现在800年以后。《宋史•苏颂传》中这样评论他：“经史、九流百家之说，至于图纬、律吕、兴修、算法、山经、本草，无所不通，尤明典故。”

莊畲村 古村落

同安汀溪的莊畲村虽然以畲为名，村中却没有畲族人，但据说史上确为畲族聚居之地。现在这里留存着一个极小的猎王庙，传说是畲族人上山打猎前要祭拜的。从猎王庙出发溯溪而上，经过八卦殿，可通向蝴蝶谷。以前谷里有几万只蝴蝶，一脚下去便会惊起蝴蝶无数。不过蝴蝶们经不起游客骚扰，现在纷纷迁飞离去。谷中有两处瀑布，夏季的时候很凉快。莊畲村只能自驾或者包车前往，到同安后走同南公路，快到丽水云天时左拐进入一条通往古坑村的县道，依照路牌沿水泥路前行。

德安古堡 历史建筑

离开热闹的厦门都市来到这片宁静得仿佛不在人间的地方，仅仅需要1小时的车程。同安五峰村的德安古堡能让你最大限度地了解自然和古朴这两个词的含义。除了宏伟的古堡遗址，你能看到倒塌的砖块、溪水、田野里生长的蔬菜，偶尔还有一两头黄牛。历史上，古堡所在的澳溪村因为富庶被朱熹称为“安乐村”，但也招来土匪和窃贼频繁光顾，村民为抵抗这些人便联合修筑了古堡。现在，井内、田边、湖边、中庄四座城堡中，仅后两座保存尚好。如果到此地也一定要品尝当地的农家菜，爆炒岩葱、光鱼等颇受欢迎。厦门市区自驾到同安后，向汀溪方向行驶，走同南公路，路边有指示牌“德安古堡”，全程约100公里，路况良好。采用公交方式并不方便。

金光湖 湖泊

（☎755 7555；www.xmjgh.net；同安区莲花镇内田村；门票30元；⊙9:00~16:30）这里是厦门为数不多的原始次生林之一，被称为“闽南的西双版纳”。林内处处都是“金毛狗”、灵芝草、风鼓草、绞股蓝等名贵中草药。还有一处上万平方米的叠水池可供沐足。到内田村要看一棵千年重阳木，树心中空，一口气可以装下五六个人。从厦门火车站乘79路、610路、617路公交车至同安汽车站，转乘357路公交车至金光湖景区，距厦门22公里。

野山谷 峡谷

（☎755 1777，755 1666；同安区莲花镇小坪村，同安往安溪方向过龙门隧道1公里；门票A线50元，B线80元；⊙8:00~17:00）野山谷以

“混搭”厦门话

施水液

绝大多数介绍厦门的文章都会告诉你，这座城市，通行的是闽南方言厦门话。但是和中国其他绝大多数的城市一样，现在的厦门更通行的其实早已是全国通用的普通话。即使是土生土长的厦门本地人相互交流的时候也越来越多地开始使用一种混搭普通话的厦门话。

混搭是时尚界、潮流界的流行概念。在时尚界和潮流界，混搭作为一种风格乃至设计理念有着不计其数的拥趸。然而，不同风格、不同元素的混合搭配在语言的领域里并未收获广泛的认同。“鸡母屎，半乌白”，闽南人用这么一句十分生活化的俗谚，表明自己对语言不“纯洁”的态度。

纯洁，是就语言的完整性、独立性、和谐性而言。混搭普通话的厦门话无法令人接受的原因，首先就是它在听觉上的“不和谐”。厦门话所属的闽南方言作为“古汉语的活化石”，在语音、词汇和语法等诸多方面都和现代汉语的代表普通话有着可以说是不可同化的差别。譬如“鸡母”、“乌”这样的词汇，是古汉语在现代闽南方言里的遗留，而现代汉语普通话对应的日常说法是“母鸡”、“黑”。如果一个闽南人将这句俗谚说成“母鸡屎，半黑白”，那么，别的闽南人肯定要抱怨、嘲笑他这句话实在是“有够母鸡屎的啦！”

然而，会有“混搭普通话的厦门话”这样的现象也实属无奈。在普通话作为现代汉语共同语的现在，包括闽南方言在内的大多数现代中国方言都无法与普通话的强势地位和作用竞争。逐渐失去造词能力，缩减使用范围，以致不得不从普通话中大量吸收词汇，甚至不再吸收而是直接夹杂普通话成分，混搭普通话，也就成为历史趋势、理所当然。这也是为越来越多的有识之士所周知的。然而，绝大多数人不知道的是，即使不混搭普通话的“纯洁”的厦门话，自身也是“混搭”的产物。

厦门是作为通商口岸后才逐渐发展起来的新兴城市。它原属同安县，同安县又原属泉州。这座

（左）厦门街头随处可见的沙茶面其实混搭了“南洋味”；
（右）现代大楼和传统渔船的混搭也是城市一景
（左）黄嵩 摄；（右）黄嵩 摄

城市现在所谓的本地人主要来自邻近的泉州和漳州。这座城市的闽南方言也因此是在泉州、漳州两地方言的基础上融合而来。时人称之为“漳泉滥”，意思是厦门话“不漳不泉，又漳又泉”。只是因为三地的闽南方言共同性大于差异性，所以当时的厦门话不仅没有因为“混搭”而深受诟病，反而因兼容泉、漳两地口音，而成为闽南方言的代表。

语言就像河流。闽南方言源出古汉语，又随着北方先民自中原南渡，不断带来上古、中古等不同时期的汉语，与底层原住民的古百越语混搭成具有悠久历史，语音、词汇多层次叠加，文白读音纷繁复杂的闽南地方语言。在经过漫长的历史过程之后，又随着闽南地区百姓迁移的脚步与马来语、英语、日语等外语产生了交流，混搭了一些外语的成分，比如来自马来语的“雪文”（肥皂）、来自英语的“奥屎”（outside）、来自日语的“阿莎利”（做事干脆）等，并成为分布于中国东南沿海、通行于中国台湾、流行于东南亚各国的跨地区、跨省界、跨国门的具有较大影响的国际语言。语言因混搭而兴，也因混搭而衰，这大概是这个时代不可逆转的趋势吧。

峡谷地貌为主要特色，收费高的门票徒步的路线更长，可达4个小时。便宜一点的门票路线长5公里，徒步约2.5小时。沿途可以看到各种植物和瀑布等景观。4月份是野山谷最美丽的时候，此时杜鹃、桃金娘等鲜花开得漫山遍野。去野山谷可到湖滨南路长途汽车站的厦门旅游集散中心乘坐直达车。

海沧

青礁慈济宫 祠堂

（☎688 1186；海沧区青礁村岐山东鸣岭；⌚5:30~17:30）青礁村是北宋民间医生吴夲（音tāo）修道、炼丹、行医的地方。贫农出身的吴夲不仅医术高明，而且医德高尚，看病不取分文。在宋明道二年（1033年）发生的瘟疫中，他挽救了漳、泉两地许多百姓的性命。吴夲死后，百姓为了纪念他便在他原来炼丹的地方修建了一座龙湫庵，后被宋孝宗赐庙号为“慈济”，成了现在的青礁慈济宫。慈济宫建成后，香火太旺，人们只好又在吴夲的老家另建了一座白礁慈济庙。青礁、白礁也成了东宫、西宫。去青礁慈济宫可在厦门市区内乘451路、460路、801路、803路公交车到慈济东宫站下。白礁在龙海市角美镇白礁村。

天竺山国家森林公园 森林公园

（☎631 4873，638 0836；www.xmtzs.cn；海沧区东孚镇西北部的天竺山林场；门票30元；⌚7:30~17:30）天竺山最美的时候是飘着蒙蒙细雨的时刻，青山朱石倒映在天竺湖、两二湖、皓月湖的碧水中，一派安宁美满。唐朝第十三代皇帝唐宣宗李忱曾在此修度三年。林场相传曾是郑成功打败清将陈锦的战场，因此每年农历七月二十至二十四，都会有很多人来此参拜。岛内可乘坐854路或者805路公交车至天竺山公园站。

翔安

大嶝岛 岛屿

（☎709 5201；翔安区大嶝岛；大嶝岛战地观光园门票40元；⌚8:00~18:00）位于厦门翔安区的大嶝岛与临近的**小嶝岛**和**角屿**一起被称为“英雄三岛”，三座小岛一字排开列于金门岛的北面，距离金门岛最近处不过2000米左右。三座岛屿在1949年收复，1958年金门炮战时作为解放军对台的前沿阵地，从此经历了长达21年的炮火洗礼。

现在，面积最大的大嶝岛上开发了**“英雄三岛”战地观光园**，内有当时对台宣传用的世界最大喇叭和战地坑道。相对其内容而言，40元的门票实在太离谱，更何况这里还是爱国主义教育基地。距离战地观光园3公里的地方，有**厦门市对台小额商品交易市场**，琳琅满目的台湾特色商品真假莫辨，需谨慎购买。有观光车互通上述两地，报价5元/人，可以还价。租自行车环岛也许是个不错的方式，交易市场门口就有租车的地方，租金10元/小时，环岛一周约11公里。

保生大帝巡游
CFP 提供

CFP 提供

摩登的厦门，穿越的庙会

蒋亦凡

在厦门参加庙会，是一种穿越的体验。“庙会”这个词在闽南的语境里仍然和“庙”有关系，指的是与神明有关的仪式性活动，而不像别处，“庙”不见了，只余节日里的集市。

农历三月十五是医神保生大帝生日，如果你去到岛外的海沧与漳州交界的白礁村，就有机会在保生大帝的祖庙慈济宫见识到漳州村庄的进香团：人群穿着古装，以旗幡、锣鼓开道，中间是长达数十米的“蜈蚣阁”，盛装的幼童们坐在一条木制巨龙里，由大人们扛着前进，再往后是数不清的轿子、马匹，最后是一尊尊大大小小的神像。拉出这么大的阵仗，是为了去白礁祖宫求得香灰，带回去为本村的“下级”慈济宫增添神力，为村庄祈福，年年如此。进香完毕后，队伍回到本村，仪式进入高潮。一队村中术士提着铜炉里刚取得的香灰，挨家挨户驱邪祈福，另一些则通过仪式化身为乩童——沟通人神的灵媒，随后攀上辇轿代表神明的意志指挥队伍绕村游行。这支新的队伍最终在村中的慈济宫前停下。香灰在这里被分配给村庄的各个角头，人们在此为来年进香的安排而掷筊问神直至深夜。

神明和宗族，支撑着传统闽南人的精神世界，而游神赛会是这两种力量的同时闪现。闽南的民间信仰是个庞杂的体系，一方面主要来自宋朝以来民间的“造神运动”，很多神都曾经是凡人，或因品德高尚，或因死后“灵验”响应求告，而被活着的人奉为神明。保生大帝生前就是一位名叫吴夲的仁医，他辞官不做，悬壶济世，后来在采药中失足坠崖而死，因此被敬奉为医神。另一方面，民间信仰也吸收了道教和佛教的神明体系。数以千百计的神明，规范着闽南人的道德观。图为白礁慈济宫前热闹的保生大帝巡游。

大黄鱼“珍稀”记

翔安盛产海鲜，有一个叫刘五店的地方，是大黄鱼的故乡。大黄鱼曾是中国近海最主要的经济鱼类之一，上海人习称“大金条”，因为营养丰富且味美广受人们欢迎，导致被大量围捕。人们发明了一种“巧妙”的方法围捕野生大黄鱼：先在中间两艘大渔船张好网，再用二三十条小船在大船前围成半圆圈，所有船上的人一起敲打绑在船帮上的竹板，让黄鱼头骨中的两枚耳石产生共振，大鱼小鱼一起死，一网打尽，这种灭绝式的捕捞方式在20世纪50年代曾被福建水产局当作“一种近海的先进作业”在全省推广。20世纪80年代后期，野生大黄鱼已经基本绝迹。如今在厦门的一些大排档里还能找到大黄鱼制成的菜肴，但一份往往动辄要数千元，大黄鱼的珍贵程度可见一斑。

从厦门去大嶝岛，可在厦门火车站乘坐直达专线，每天8:00~19:00逢整点发车；双休日可在湖滨南路厦门旅游集散中心和梧村汽车站购优惠票乘坐大嶝旅游购物直通车到战地观光园，早上8:00~9:30，30分钟1班。自驾游从厦门岛过翔安隧道和大嶝大桥至大嶝岛，行程约25分钟。在大嶝码头乘船可前往小嶝岛，一般17:00以前有船，退潮时无船，单程6元/人。小嶝岛以休闲娱乐为主，可以体验“讨小海”的乐趣。角屿作为军事基地，如今不对游客开放。

节日

保生慈济文化旅游节 旅游节

每年农历三月十五是保生大帝的诞辰，这一天青礁慈济宫会举办盛大的庆典。

端午节 传统节日

划龙舟，那是必须的。地点就在集美龙舟池，是已有几十年传统的老节目。

活动

温泉

厦门岛周边蕴含着大量的地热资源，因此也孕育了许多温泉度假村，是旅行者一扫疲惫的好地方。许多日本人和韩国人也会不时组团专门至此泡个通透。如果时间允许，应尽量避开周末，此时不仅价格会涨，池内也常常挤满许多前来放松身心的本地居民。这些温泉度假村常有网上团购打折，多多留意。

首选 日月谷温泉度假村 温泉

（☎631 2222；www.riyuegu.com；海沧区孚莲路1888号，近高速路林后出口；不含住宿188元/人，周五至周日228元/人；⏲10:00~24:00）上百个露天温泉泡池，东南亚风情的园林很漂亮。在轮渡客运码头售票点的巴士停车场有免费穿梭巴士。每天10:00~24:00每隔1小时1班。已购门票者须出示门票，到达温泉再购票者须先交纳20元，再在购买门票时抵用。自驾者从厦门市区出发，经海沧大桥往东孚方向抵达日月谷温泉。温泉票常有优惠团购，可以留意。

翠丰温泉 温泉

（☎715 9999；www.trithorn-resort.com；同安区汀溪街777号；温泉 工作日168元/人，法定假日188元/人；⏲周一至周五13:00~24:00，周六和周日10:30~24:00）就汤池区而言，面积没有日月谷温泉大，种类也没有那么丰富，但十二星座池和小鱼池还是很受客人喜欢。在岛内的梧村汽车站有免费穿梭巴士，10:30、12:30、15:30、17:00均有班次。

盛之乡戴斯温泉度假村 温泉

（☎721 8989，721 8955；www.sig-resort.com；同安区大同街道朝元路1168号；温泉周一

至周四100元/人，周五至周日120元/人；⏲周一至周四10:00~24:00，周五至周日10:00至次日2:00）50多个泡汤池，也有室内游泳区。可在厦门岛内乘坐BRT至城南站，再乘坐温泉度假村的穿梭巴士抵达；公交车可乘610路、617路、621路、625路、厦55路、厦56路、厦57路、厦59路至同安小西门站，再转摩的往汀溪方向，摩的价格为4~5元。

就餐

同安

首选 一刘汤包 小吃 ¥

（☎136 0600 6598；同安区第三医院阳宅小学旁；汤包5元/笼，豆腐汤5元/碗；⏲8:30~18:30）当地人公认的同安第一汤包，所处的街道并不是特别繁华，但门口总是停满了车，所以很好找。汤包味道鲜美，再加上配有酸笋的豆腐汤或者排骨炖罐。记得一定要找老板娘要一点老酒加在炖罐里，好味道一定让你忘不了。

碗仔粿 小吃 ¥

（☎731 1813；同安区同新路23号；1.5~3元/个；⏲6:00至售完为止）在同安众多的小吃中，最具特色的当属碗仔粿。刚出炉的碗仔粿略带温热、晶莹油亮，中间夹着肉和荸荠，随着价格递增还可以加入鹌鹑蛋、海蛎干或香菇等更丰富的食料。但口味的关键还是配料：辣椒酱、蛋白酱、葱头油、蒜泥和醋可以依据个人口味调配，用竹签划开粿，再蘸佐料，方便又独特。不过，吃碗仔粿要赶早，店家通常是早上开卖，10:00以前就售完了。

招治薄饼 小吃 ¥

（☎702 2296，139 5008 1309；同安区祥福花园1号楼，中行隔壁；薄饼3元/个；⏲9:00~21:30）同安作为薄饼的发源地，如果没有一两家像样的薄饼店，那真是枉费其名。位于同安车站旁的招治薄饼店装修得古香古色，薄饼做得非常地道，另外在这里还能吃到同安封肉、油饭（糯米咸饭）、五香等当地风味菜式。

淑婷饼店 小吃 ¥

（☎703 5372；同安区凤山路华福楼106号；马蹄酥6.5元/盒，馅饼8元/盒；⏲6:00~21:30）马蹄酥发源于古同安，始制于清代道光年间，

一刘汤包

黄嵩 摄

当代艺术中的“闽南系”

王琦

闽南，这个在很多人眼里仍固守着宗族传统、崇尚“安身立命”生活哲学，并始终远离政治文化中心的地方，大概很难让人将其同离经叛道划上等号。但从20个世纪80年代开始，西方文化的渗入所带来的艺术反思以及随后掀开的崭新的中国当代艺术篇章，“闽南人”在其中确实扮演了相当重要的角色。20世纪90年代，艺术圈里甚至还出现了“福建话是中国当代艺术的工作语言”的说法。

回顾这段历史里的“闽南人”，无法避开20世纪80年代将“中国绘画史和西方现代艺术简史在洗衣机洗两分钟”（黄永砯作品，1987年）的黄永砯和厦门达达，一个后来被认为是中国最重要的当代艺术家之一，一个则是当时中国最极端最叛逆的艺术运动群体。而同一时期，泉州和福州的刘向东等人也在进行着各自的艺术试验。到了20世纪90年代中后期，已旅居海外的黄永砯和蔡国强在国外持续发声。更为年轻的邱志杰、吴美纯则在国内策动了一系列重要展览，先是1996年杭州的录像艺术展，然后是1999年在北京芍药居一个民居地下室里开始的“后感性”。据说在那个时候，大家开始有意识地塑造“闽系艺术家”的概念，在那段时间里，他们共同为一个政治、文化的边缘地区树立了自己的当代艺术立场。

杭州、北京甚至日本、欧洲的学院教育和艺术环境为这些走出去的闽南人的思想和创作提供了丰厚土壤，但无论是黄永砯沉默如谜的艺术语言里透露出的与禅宗玄术的暧昧关系，还是邱志杰年少时在漳州所积累的深厚的传统文化造诣，你仍不难从中发现地缘文化对他们造成的微妙影响。

然而有趣的是，闽南艺术家们在外异常活跃的同时，在福建本土，当代艺术很大程度上仍是一个陌生、新鲜的词汇。尽管在20世纪90年代也有过几次重要的学术展览（如1996年的《单称陈

（左）祖籍泉州的艺术家蔡国强的个展“九级浪”用了来自家乡的木船；
（右）黄永砯作品
（左）CFP 提供；（右）CFP 提供

述——福建当代艺术展》和1997年的《漂移：中国当代艺术联展》），但与热闹的、紧张的、到处是机会的艺术圈相比，福建毕竟只是一个资源匮乏、信息闭塞的“净土”。

这种对于艺术圈，对于北京、上海的依赖感因为后来艺术市场的成型而越发紧密。所以多数人选择生活在外面，更接近好的策展人、艺术空间、美术馆，也更接近市场和藏家。当然，他们也偶尔回福建，这里有他们的创作素材、相熟的各种材料加工坊和老朋友。

这些年闽南本地也陆陆续续出现了一些画廊和艺术空间，年轻艺术家和策展人也开始活跃起来。以厦门为例，从较早的“你好网际”到保持着与欧洲艺术家和学院紧密交流的欧洲艺术中心，再到近两三年活动频繁的集美国际影像中心、平等艺术中心、集盒艺术营，以及一些依托于其他场所的替代空间。它们或者依靠国外基金会补助或私人资助，或者有一些政府或学院的资源背景。不管抱持何种初衷，这些艺术空间的确带来了更多当代艺术的资讯和展览，但大多因为资源不足，又比较缺乏与外界的联系，关注度和影响力其实仍非常有限。

因为“形肖马蹄”、质地酥脆而得名，厦门人通常佐茶而食。位于同安南门桥头的淑婷饼店算是素马蹄酥的后起之秀，很受当地人欢迎。

阿呆盐鸭店 小吃 ¥

（☎722 3025；同安区东山路23号；40元/只；⏲11:00~21:30）盐水鸭是南京的特产，姜母鸭是台湾的经典，两种做法结合在一起就构成了同安当地声名赫赫的阿呆盐鸭。阿呆盐鸭黄黄的，带着老姜和麻油的香味。每天中午才出炉，总是有人在排队。

凤岗大肠血 小吃 ¥

（同安区祥平街道凤岗的大榕树斜对面；人均6元；⏲9:00~12:00）大肠血是地地道道的同安风味小吃，虽然名字听起来有些吓人，不过吃起来会让你忘乎所以。大肠非常有嚼劲，猪血据说有排毒的作用。这家店四周围着一大片帐篷，环境不是很好，但是很多人开车前来就为吃上一碗。需要自己排队取食，所以可不要傻坐着等人端到你面前。

集美

首选 味友鸭肉面线 中餐 ¥¥

（☎集美店615 0008、668 8889，海沧店653 6889；集美店位于集美同集路90号、集美检察院旁，海沧店位于海沧区青礁慈济宫脚下；人均60元；⏲9:00~22:00）传说富士康董事长郭台铭来厦门参访的时候，味友鸭肉面线是其唯一亲自点名品尝的餐馆，可见这家老店名声之显赫。住在厦门岛内的饕客也常常为了吃上一碗鸭肉面线驱车跨海前往品尝。味友会将煮好的面线和鸭肉汤分别呈上，由客人自行将汤淋入面线，目睹面线瞬间吸收汤料精华的过程。鸭肉汤中的药材会随季节的变化调整，春夏清淡、秋冬醇厚。价格也算公道，汤加面一共才43元，足够4个人吃的量。当然，味友同时也提供其他大排档口味的菜品，其中的软壳虾和芋头猪脚不可不尝。

老船长渔船 大排档 ¥¥

（集美避风坞，BRT后田站；人均70元）在渔船上吃大排档是最特别的体验了，这些聚集在避风坞里的渔船，每天都从渔民那里获

油葱糖薄饼

黄嵩 摄

海沧大摩纸的时代书店

黄嵩 摄

取最新鲜的渔获，用当地最本土的做法烹成美味。而且能够坐在渔船上把酒临风，自然是非常得意的一种享受。除了老船长外，这里的大排档大部分大同小异，找一家顺眼的都可以吃。

舒唐餐厅 大排档 ¥¥

（☎668 9188；集美大桥桥下，近第二医院，紧急医疗救援中心对面；人均60元；⏰11:00~14:00，17:00~22:30）舒唐餐厅最大的招牌就是其口味实在的薄饼。作为到厦门最不可不尝的小吃之一，在外面要吃到有如家里味道般的薄饼非这家莫属。其他菜式同样很不错，小海鲜都很新鲜甘甜，特别是鱿鱼和沙虫。

购物

岛外商业并不发达，但是在海沧有一个大的商业综合体叫阿罗海城市广场，里面有一家书店非常值得一逛。

大摩纸的时代 书店

（☎689 5100；海沧滨湖北二路70号B263-268单元，近梦露影剧院；⏰平日12:00~24:00，周末10:00~24:00）挑高9米的空间从天到地铺满书，鸟巢一样的椅子、平整舒适的木桌，还有现磨的咖啡和饮料。落地玻璃窗让整个空间明亮舒适。更赞的是，书价比对当当网当日售价，你既可以享受书店里现翻书的快感，又能得到网购的实惠。

鼓浪屿

一条500米宽的鹭江将鼓浪屿和厦门相隔，隔出了截然不同的两种气质。曾经的鼓浪屿闲适而安逸，有着渔舟唱晚的朴素浪漫，也有从“万国建筑”透出的洋气。后来，有情人携爱情而来，寂寞者将其视为原乡，筑梦人在此标榜个性，它华丽转身为文艺栖息地，小岛变得越来越包罗万象。

有多少人真正读懂了鼓浪屿？有人匆匆一瞥，发现它根本不是乌托邦，失望离去；有人觅到了它矜持的一面，来了就不走了，归隐在一片瓦一间屋里。真实的鼓浪屿并没有美得惊心动魄，也非超凡脱俗，它其实很生活化，只是在柴米油盐中加了一点清新淡雅，但只这一点，就已经让都市人如沐春风。

不到2平方公里的鼓浪屿，囫囵吞枣走一圈可以很快。但若想深入它，可能给你一周甚至更长的时间都不够。耐下心来，晃晃悠悠着去找寻，在那悄无声息的角落缝隙里，有着藤缠树、枝绕墙的缠绵悱恻，有着寻常巷陌关不住的繁花似锦，转角不期而遇的一栋老别墅，推门而入就是一段传奇，一把追忆随之肆虐而来，能不爱上它吗？

鼓浪屿教堂

沐昀 摄

鼓浪屿上写生的少年
沐昀 摄

1 文艺情怀
2 天风海涛日光岩
3 洋房穿上中国风
4 漫步鸡山路
5 八卦楼里的风琴古韵
6 迷巷
鹭江道
水仙路
鹭
江
钢琴码头
三丘田码头
观海园码头
鼓浪屿环卫码头
鼓浪屿内厝澳码头
鼓浪屿别墅码头
海天堂构
中华路
日光岩
八卦楼
笔山路
鸡山路
燕尾山
笔架山
兆和山
骆驼山
环鼓路
三明路
鼓新路
福州路
龙头路
泉州路
中华路
海坛路
安海路
永春路
晃岩路
田尾路
漳州路
鹿礁路
复兴路
观海路
福建路
港后路
内厝澳路
兆和路
康泰路
西苑路
鼓声路
0
200 m

鼓浪屿亮点

1

文艺情怀

鼓浪屿不是国内唯一标榜文艺的旅行目的地，但绝对最有底气说这句话，它的文艺细胞是经百年沉淀、自然而然散发的优雅。这里，文艺情怀俯拾即是，它不追求孤傲超脱的避世精神，而是以一种更近人情的方式，悠然自得地融于城市生活中。

行前参考

- 别被高跟鞋拖累了，多走走你才能领略鼓浪屿真正的魅力。
- 摆起清高的姿态，不轻信网络炒作，不扎堆，拒绝喧哗。
- 留意挂着“历史建筑”牌子的老屋，但别私闯民宅。

发现鼓浪屿的美

DD，从模特转身为摄影师的新岛民

为何会把家安在鼓浪屿？

我是鼓浪屿的媳妇，其实我和老公之前都在厦门岛工作，也可以像大部分岛上的年轻人一样住在对岸，但我们更喜欢这里的简单和安静，它不具备都市的动感与活力，但温暖得细水长流，所以就把家和事业都迁过来。鼓浪屿对我们来说，不仅是居住环境，更是一种生活方式。

鼓浪屿什么时候最美？你会建议旅行者什么时候来？

夏秋两季最美，天空蓝得很纯净，岛上满是盛开的三角梅、凤凰花、木棉，老别墅也随之生动起来了。有三个时间很适合体验鼓浪屿：清晨、夜晚和雨后，非常安静又安逸，很适合散步。清晨在鸟鸣中醒来，推开门，阳光、微风都是淡淡的，空气里混合着植物的清香和老建筑沉淀了岁月的年轮味。入夜后的鼓浪屿，伴着清风明月漫步于巷子，喧嚣过后尽是脚边的花香和树梢摇曳的动人旋律。而雨后一扫浮躁，感觉回到了游客爆棚前的旧时光。

请推荐一件鼓浪屿最文艺的事？

鼓浪屿的文艺根植于深厚的文化底蕴，它已渗透进岛民的日常生活，我觉得林语堂先生"生活的艺术"就是最好的诠释。对我来说，最文艺的事就是每周六、周日去我母亲家（中华路97号）欣赏一场原生态的家庭音乐会，这是一群由五六十岁的老岛民组成的电吉他乐队，音乐很棒很纯粹，他们中有一对是夫妻，几十年来，一个制琴，一个弹琴，犹如神仙眷侣。他们欢迎外人参加，旅行者可以去体验下，但请不要打扰他们。

（上）鼓浪屿上的猫
（下）鼓浪屿老别墅里的下午茶

天风海涛日光岩

攀上鼓浪屿的最高点——日光岩，万国建筑化作青葱绿叶间的片片红屋顶，脚下是浪漫，对岸是繁华。凭栏远眺，晴空万里时厦门岛、金门岛、大担、二担举手可揽，烟波浩渺中的海天一色又是另一番诗意。你也会发现，看海不见得要亲近它，远观更显天地之广阔。选在清晨或傍晚时分去，不为日出日落，只贪恋霞光云影中专属一个人的海风。图为日光岩。

2

3

洋房穿上中国风

鼓浪屿上的别墅，中西合璧的风格中向来西是主流，海天堂构偏要让东风压倒西风。它仅是借用了洋别墅的支架，然后将一切可以修饰的地方都融入了中国风，重檐斗拱、飞檐翘角、雕梁画栋的风头大大盖过了欧式回廊、西洋拱窗等元素，建筑玩起了“穿西装戴斗笠”的混搭。它还是岛上唯一按中轴线对称布局的建筑，说它是别墅，更像是宫殿，再细究，里面还有亭榭，而南海观音居然与圣母玛利亚同体，还有更颠覆的吗！图为海天堂构。

何望若摄

漫步鸡山路

鼓浪屿上最安静的路之一，离繁华很近，却完全两种气象。有4条小径可以进入它，终点都是最高点"八十耄耋之年"的安献堂，红瓦小坡折屋顶的林屋和著名钢琴家殷承宗的旧居都坐落在此，基督教墓园更为清幽的环境增添了一份庄重。沿途绿树成荫，老榕树的根须肆意蔓延，头顶树梢不时婆娑起舞。漫步在此，与你如影随形的只有蝉鸣鸟叫和蝶舞翩翩，流浪狗、流浪猫都懒得看你一眼。图为鸡山路。

黄嵩摄

沐昀摄

八卦楼里的风琴古韵

在你尚未踏上鼓浪屿时，八卦楼的红色圆顶已在向你招手了。鼓浪屿上的别墅几乎都有一段传奇故事，可都不如这里悲情，它见证了一位理想主义者的执着和幻灭。这栋命运多舛的别墅，历经风雨后重获新生，另一位华侨的收藏梦想得以在此安置，世界各地最珍贵的管风琴成了它的新主人，不时奏响的悠悠古韵是对八卦楼沧桑往昔的最好追忆。图为八卦楼里的风琴。

迷巷

不迷路焉能发现鼓浪屿的美？岛上的路如毛细血管般四处蔓延，手绘地图绘不尽各条枝桠，GPS也很模糊，七弯八绕了很久，你以为终于找对了路，猛一抬头发现同一路名其实有多条归属者。不必受限于那些被标出的景点，心急火燎地挨个赶赴，鼓浪屿的万种风情从不轻易示人，它隐匿在寂寞长巷中，静候有缘人。甩开各种指路工具，放任自己走入你缠我绕的羊肠小径中，也许下个路口便遇见了真实的鼓浪屿。图为鼓浪屿一隅。

行前参考

住宿

- **尽早下手** 这是一座只有旺季和更旺季之分的岛屿，每间民宿的房间都不多，先定先得是硬道理。

- **住进老别墅** 相对于岛上为数不多的几家星级酒店，建于老别墅内的民宿或精品酒店更有风情。

- **值得奢侈** 别嫌贵，它值得你奢侈一把。可以少去几个景点，把开支的大头放在住宿上。

餐饮

- **很棒的西餐** 在老洋房里品一份精致的西餐，是鼓浪屿上最好的就餐体验。

- **找对咖啡馆** 避开拥挤嘈杂的店铺，那些庭院深锁、主人有点高傲也有点孤僻的咖啡馆才值得你为它蹉跎一把时光。

带什么

- **舒适的鞋** 不要因它很小和很文艺，就蹬着高跟鞋而来，坡很多，请用舒适的鞋搭配裙角飞扬。

- **防蚊液** 如果是夏季来，务必带好驱蚊水，不然你的胳膊、腿都会成为蚊子的大餐。

危险和麻烦

- **注意潮汐时间** 海滩没有救生员站岗，玩水时要特别小心，切记涨潮时不要上礁，退潮时不要下海。

- **留意天气预报** 6月至9月是鼓浪屿的台风季节，台风来袭时渡船会停运，春天如遇雾锁鹭江也可能停航，给自己一个后备方案，避免望岛兴叹或被困岛上。

（左）鼓浪屿上的民宿廊道；（右）鼓浪屿红墙老屋与古榕树
（左）CFP 提供；（右）沐昀 摄

不要错过

最佳住宿

- **鼓山栖** 门外人声鼎沸，门内遗世独立，这里非请勿入，主人、宅子、住客都是大隐隐于市的同道。（见212页）
- **李家庄休闲咖啡旅馆** 漂亮的清水红砖别墅，院内绿树掩映，公主房、少爷房、老爷房……你选择哪个身份入住？（见212页）
- **巢庭1919** 浓郁的怀旧风格，每间房都精心设计，离码头很近。（见212页）
- **鼓浪屿卢卡国际青年旅舍** 价格上很青旅，但入住体验、设计品质不输民宿。（见212页）

最佳餐饮

- **褚家园咖啡馆** 大大的花园，不过三两张桌子，和风微抚的午后，独享一份清静。（见146页）
- **林记鱼丸** 普通的8颗鱼丸，简陋的就餐环境，但却值得你在艳阳高照下大汗淋漓地来上一碗。（见145页）
- **黑猫餐厅** 能带你穿越百年来到万国租界社交场的西餐馆。（见145页）
- **菜园子咖啡馆** 主打的蜗牛是国宴级别，意大利面也常让人念念不忘。（见144页）

最佳别墅

- **亦足山庄** 精雕细琢却不匠气，最具细节之美。（见131页）
- **八卦楼** 岛上最醒目的地标差点成了烂尾楼。（见130页）
- **黄家花园** 昔日“中国第一别墅”，气派无人能敌。（见140页）
- **黄荣远堂** 赌来的别墅，最富传奇色彩。（见135页）

菽庄花园

面朝大海，背倚日光岩，占据着岛上绝佳地理位置，将大海引入私家花园的杰出之作，既有闽南园林的亮丽，又具江南园林的秀美，说不清是海陪衬了园，还是园点缀了海，明明是人对自然的再造，却不着痕迹地浑然一体。园内钢琴博物馆展出的近100架来自世界各国不同时期所生产的钢琴，距今已有一两百年历史，堪称亚洲之最。鼓浪屿套票上的5个景点，最不该错过的就是菽庄花园，有关华侨富商回归的故事、琴岛的由来，你都能在这里找到答案。

见132页地图

港仔后路7号

门票30元

6:30~20:00，钢琴博物馆开放时间：8:15~17:45，一馆免费讲解时间：9:00、10:00、11:00、13:30、14:30、15:30、16:30，二馆免费讲解时间：9:30、10:30、11:30、14:00、15:00、16:00、17:00

鼓浪屿上没有公共交通，从轮渡码头步行至此15~20分钟，你也可以在三丘田码头坐观光电瓶车过来，车费40元

历史

菽庄花园的建造者林尔嘉出生于台湾的林本源家族，家族不仅财力雄厚，其父林维源还官至四品。《马关条约》签订后，清政府下令驻台官兵回大陆，林维源遂率全家定居于鼓浪屿。

1905年，林尔嘉继承家业，并出任厦门保商局总办兼商会总理，在他的推动下，厦门的电话、电灯、自来水等公共事业以及对外贸易都有很大发展。

功成名就后的林尔嘉因思念儿时生活的台北板桥故居，决定在鼓浪屿上如法炮制一座，以解思乡之情。1913年，林尔嘉聘请能工巧匠正式开工，以其字“叔臧”的谐音命名为“菽庄花园”，还花了1万银元的润笔费请当时的“大总统”徐世昌题写“菽庄”二字。

藏海与补山

菽庄花园由藏海园和补山园两部分组成，各造五景，巧用了藏和借的建筑手法，形成以园藏海、以海拓园、以园饰海、傍山为洞、以石补山的景象。

踏入园中，海浪声已近，却不见海，一堵横墙挡住视线，跨过墙眼前豁然开朗，这是第一藏。真正的藏在于四十四桥，桥下有闸门，将海水引入私家花园，隔出内池和外池，令汹涌的海浪止步。临海的山坡、礁石也被充分借用起来，围地砌阶，造飞檐凉亭，使原本狭窄的海湾获得海阔天空的视野。

补山园是典型的江南园林，园内小桥流水，曲径通幽，亭榭飞檐翘角，假山是利用多色砂亘岩、砾岩的垒石补山，又按地支的子、丑、寅……开出形状各异、错落有致的十二洞天。

钢琴博物馆

钢琴博物馆内展出的名贵钢琴大多由出生于鼓浪屿的旅澳收藏家胡友义先生捐赠，馆内有免费讲解，但不能拍照。

一馆展品很多已经停产，你能看到“舒维登”用乌木和象牙制成、起吸汗作用的琴键；馆内历史最悠久的“克莱门蒂”，它琴弦细、音量小、容易走音；发音原理与钢琴不一样、属拨弦乐器的“舒楠”，它声音细腻，类似古筝、竖琴；6.5尺高的“布罗德伍德”因在演奏者和观众间形成了一道屏障，仅流行了50年就停产了；同样已停产的还有世界上体积最大的“齐克宁”。还有两架“傻瓜钢琴”，演奏者不需要懂乐理知识就能使用，一架靠手摇，里面10首曲子是早就设定好的，意义等同于播放器；还有一架属自动、半自动两用型，运用了纺织机的原理，靠脚踩弹奏。免费讲解结束后会演示这两款钢琴。

二馆主要介绍了钢琴内部构件的演变，墙上挂着5架不同年代钢琴的内部构件琴弦列架，从19世纪初的木制琴弦开始，到融入铸铁成分，再到19世纪末期全部由铸铁成分做成。钢琴展品中有用于海上航船的“奥舍”，它的折叠琴键大大节约了空间；为拿破仑三世定制的贵气的“普莱耶尔”；还有一架纯摆设的拐角钢琴。

亮点速览

- **藏海入园** 四十四桥凌波卧于海上，桥外波涛汹涌，桥内一池碧波。
- **钢琴演奏** 钢琴博物馆二馆讲解结束后会使用“布鲁斯纳”钢琴演奏《鼓浪屿之波》。
- **观复博物馆** 收藏家马未都创办，麻雀虽小五脏俱全，展品以古典家具、陶瓷、银器为主。

菽庄花园
CFP 提供

景点

鼓浪屿景点套票（100元）包含日光岩、菽庄花园、风琴博物馆、皓月园、国际刻字艺术馆5处，比分开购票可节省35元。但请不要将脚步局限于此，鼓浪屿还有历经沧海桑田的老别墅，有巷陌深处的宁静悠远，离开拥挤的人群，往深处走一走，误闯误撞往往会有意外收获。

日光岩 山

（见132页地图；门票 60元；⏲日光岩 10月至次年5月5:30~21:00，6月至9月5:00~21:30；百鸟园 10月至次年5月8:30~17:45，6月至9月8:30~18:15）该景点分为日光岩和琴园两部分，共有4个入口，你可以从晃岩路的正门先进日光岩，结束游览后从西林门出，20米开外便是琴园。

日光二字是“晃”字的拆分，它原名“晃岩”，传说是1647年郑成功到此，觉得它的景色胜于日本的日光山，便改其为“日光岩”。踏入山门首先是**日光岩寺**，寺庙占地面积不大，却是弘一大师闭关8月之地。

日光岩92.7米的高度不难攀登，一路上行会经过郑成功屯兵之所龙头山寨、中秋博饼雕像、郑成功操练水师的水操台等景点。登上顶峰凌空耸立的40多米高巨石，狭小平台上鼓浪屿360度全景一览无余，你会发现鼓浪屿岛上建筑几乎全为红色屋顶，鹭江对岸的厦门岛也尽收眼底，若非烈日炎炎，在此吹吹海风也是很舒坦的事。

日光岩下来后往西林门方向走，旁边有个**郑成功纪念馆**（⏲8:30~17:00，周一闭馆），图文详述了郑氏家族和郑成功的传奇人生，还有当年的关防、漳州军钢等珍贵的原件。纪念馆建在西林别墅里，是岛上有名的历史建筑，欧式的风格，正面四根凹槽式罗马柱，柱头是爱奥尼风格和科林斯风格相结合，而屋顶飞檐、钩栏等又是中国传统古典风格。

出西林门，往左侧山坡上走一小段就是**琴园**，也叫百鸟园，园内引进了来自世界各地的近百种珍奇鸟类。这些漂亮的鸟儿通常以一声刺耳的鸣叫作为见面礼，让你猝不及防。孔雀是园内最不受铁链束缚的动物，它们自在地踱步，不时从你头顶扑腾而过，对于游人早已见怪不怪，还很乐意为你将其艳丽的羽毛打开，满足你的拍照欲望。在9:30、10:30、11:30、14:00、15:00、16:00有鸟艺表演，如果你带了孩子，鹦鹉滑梯、推车、前滚翻、做数学题等驯鸟表演都会让他们很兴奋。百鸟园对面的电影院在9:00、10:00、11:00、12:00、13:00、14:30、15:30、16:50会放映《天风海涛鼓浪屿》。

日光岩的日出并不惊艳，不过提早或稍晚进入的话门票半价（冬季7:30前和17:30后，夏季7:30前和18:00后）。

风琴博物馆（八卦楼） 博物馆

（见132页地图；鼓新路43号；门票 20元，

日光岩寺
CFP 提供

发现细节之美

虽然很多别墅门口挂着“重点历史建筑”的牌子，但多数为铁将军把门，深入不得，改成高级酒店的豪宅又非人人消费得起。不过别懊恼，其实门楼、廊柱、窗等外部细节已非常精彩，别匆匆而过，往往漫不经心的一瞥便是惊喜。

若问我们调研期间看了那么多别墅最喜欢哪栋，则非**亦足山庄**莫属。建筑主体很简约，清水红砖配凹槽式四角墙柱，窗套分单拱或双拱两种。精彩的细节在门楼，繁复而精美的浮雕几乎霸占了每一处，巴洛克风格的门廊双柱上刻有花卉浮雕，门楼后是古希腊风格的雕塑照壁，刻有大小盾形浮雕，两侧立烛台状的灯柱，再往里以大石阶过渡，石阶两侧的短墙上又有缠枝浮雕。你很难想象这样一栋豪宅，面前的巷子却极为狭窄，能否把它找出来就看你的缘分了。

杨家园的4栋相挨着的别墅在细节上各有不同，第一栋杨家园酒店门楼的浮雕很像简化版的亦足山庄，建筑主体上的浮雕非常别致，柱头是典型的科林斯式；第二栋鱼骨博物馆的门头最高耸，有如一顶皇冠，别墅的上下两层窗框造型不同，一楼为圆拱、二楼为尖拱，窗楣雕塑也都各自精彩；第三栋杨山尊府的门头直接将建筑年代1935年镌刻了上去；第四栋未做修饰，最为朴实，如今是私人民居。

观彩楼是秀外慧中的典范，它没有宽广的庭院和华丽的门廊，看点在两根铰链状的门柱，用闽南特产的“泉州白”花岗岩整根做成。中华路上**花廷咖啡简餐**（见144页）对面有一栋老别墅，窗框设计成了猫头鹰状。**许家园**（鹿礁路38号）层层向上递减的楼顶也很有特色。

逢半点有免费讲解；⏲8:40~17:30）全岛最醒目的建筑，现在也是风琴博物馆的所在地，即使你对风琴完全不感兴趣，就冲着这栋能令富商林鹤寿倾家荡产的老别墅，也值得购票进来一窥究竟。所谓八卦楼，并非从周易八卦中来，而是因其红色圆顶有八条棱线，圆顶下开八方二十四向的窗，圆顶矗立于八边形平台上，因此得名。

20世纪初，林鹤寿决定盖一栋规模、景观、设计都超过外国领事馆、教会、洋行的大别墅，要有伊斯兰风格的红色圆顶、类似古希腊海拉女神庙的82根大圆柱、陶立克柱式和爱奥尼克柱头、古罗马教堂常用的内部十字形走廊等。别墅于1907年开工，但因建材都需要从海外采购并进行特别加工，巨大的开支消耗了林鹤寿大量财产，工程时断时续，他深知若就此放弃不但丢尽面子也会影响他在金融界的信誉，骑虎难下时他用钱庄担保，又变卖台湾的部分家产，将毕生积蓄投进梦想的无底洞中，苦苦支撑了13年，别墅终未能竣工，林鹤寿最终避居海外终生未回。新中国成立后，八卦楼得以凤凰涅槃，造梦者却没机会一睹芳容。

风琴博物馆中的所有藏品都由旅澳华人胡友义先生捐助，搜集于英国、德国、美国、澳大利亚等，有管风琴、簧片风琴、手风琴、口风琴。

展馆中央是个庞然大物——诺曼•比尔，它高达6米，共有1350根音管、32个音栓，有3层手键盘和1层脚键盘，管风琴的所有零件都彻底曝露在了你面前，但若非风琴行家，没有解说员的帮助你看到的就只是一堆铜管。奇妙的是，这架“巨无霸”经解体后漂洋过海来到鼓浪屿，重新组装后竟与八卦楼的十字形中庭完全匹配，鉴于世界上的管风琴都是定制的，没有两架一模一样的管风琴存在，你用天造地设的一双来形容琴与别墅的关系也不为过。

鼓浪屿

A
B
C
D
1
2
3
4
5
6
7
环鼓路
燕尾山
燕尾山生态公园
鼓浪屿环卫码头
兆和路
兆和山
兆和路
22
73
三明路
23
三明路
内厝澳路
鼓新路
59
笔架山
风琴博物馆
（八卦楼）
内厝澳路
笔山路
笔山路
鼓新路
4
康泰路
鸡山路
31
38
28
39
30
71
56
5
29
安海路
西苑路
中华路
1
24
14
37
27
11
43
骆驼山
泉州路
永春路
鸡山路
见放大图
52
21
鼓声路
35
13
日光岩
6
晃岩路
美华海滩
3
鼓浪屿别墅码头
港后路
港后路
港后路
港仔后浴场
8

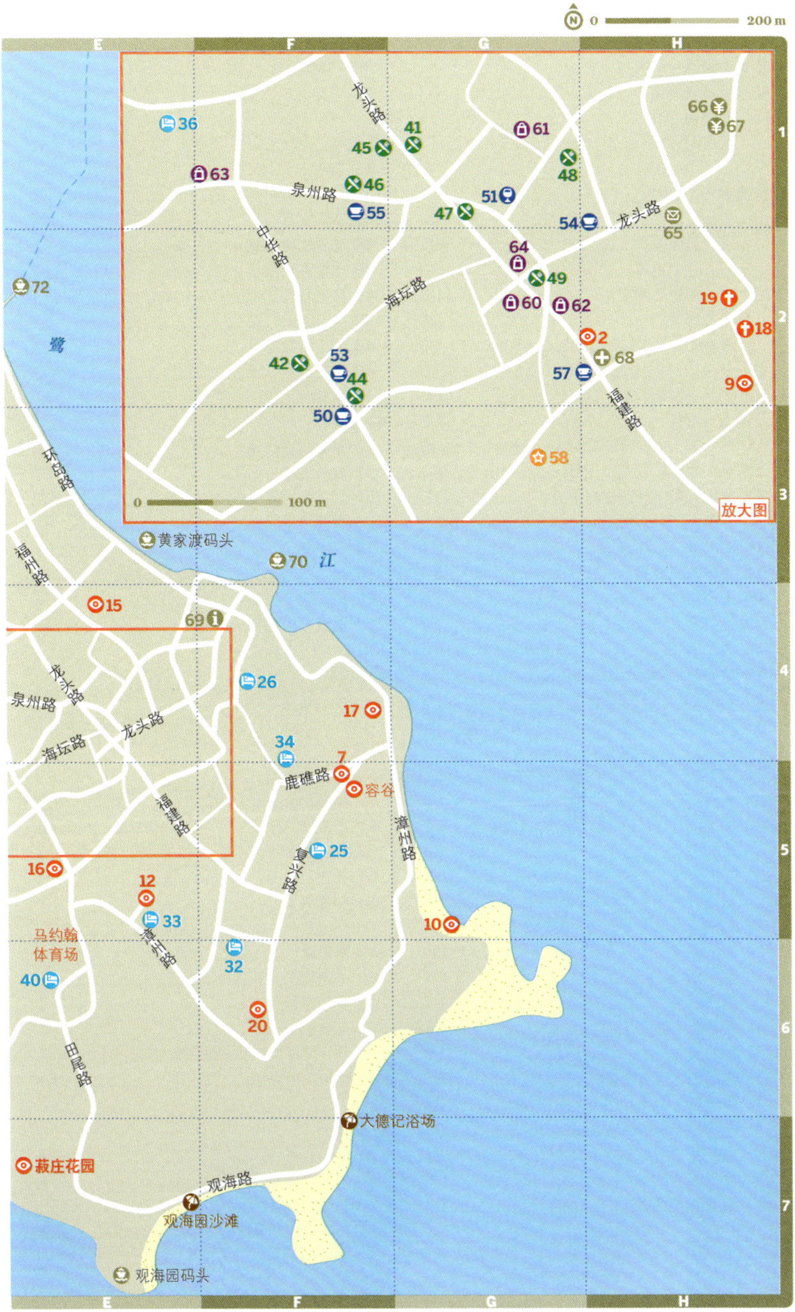
0 200 m
E
F
G
H
龙头路
泉州路
中华路
海坛路
福建路
放大图
0 100 m
72
鹭
江
环岛路
福州路
黄家渡码头
70
15
69
26
17
34
7
鹿礁路
容谷
漳州路
25
复兴路
16
12
33
马约翰
体育场
32
40
20
10
田尾路
大德记浴场
菽庄花园
观海路
观海园沙滩
观海园码头
36
63
45
41
46
55
47
61
48
51
54
65
66
67
64
49
60
62
19
18
2
68
42
53
44
50
57
9
58

鼓浪屿

重要景点
风琴博物馆（八卦楼）......D3
日光岩......D5
菽庄花园......E7

景点
1 安献堂......B4
2 百年鼓浪屿......H2
3 贝壳梦幻世界......C6
4 东方鱼骨艺术馆......D3
5 番婆楼......D4
6 福音堂......D5
7 复兴堂......F5
8 国际刻字艺术馆......D6
9 海天堂构......H2
10 皓月园......G5
11 金瓜楼......D4
12 廖家别墅（林语堂新娘房）......E5
13 琴园......C5
14 三一堂......D4
15 厦门海底世界......E4
16 厦门货币文化馆......E5
17 世界名人馆......F4
18 天主堂......H2
19 协和礼拜堂......H2
20 毓园......F6
21 珍奇世界......D5

住宿
22 巢庭1919......D2
23 船屋......D2
24 德林苑......D4
25 复兴公馆......F5
26 鼓浪屿国际青年旅舍......F4
27 鼓浪屿卢卡国际青年旅舍......C4
28 鼓浪屿鹭飞国际青年旅舍......D4
29 鼓山栖......D4
30 黑檀......D4
31 科林斯大屋......C4
32 筌曲酒店......F6
33 李家庄休闲咖啡旅馆......E5
34 林氏府......F4
35 厦门鼓浪别墅酒店......A5
36 小茉莉......E1
37 鑫雅琪公馆......C4
38 杨家园度假酒店......D3
39 杨桃院子......D4
40 中德记......E6

就餐
41 189......G1
42 菜园子咖啡馆......F2
43 黑猫餐厅......D5
44 花廷咖啡简餐......F2
45 老宅沙茶面......F1
46 林记鱼丸......F1
47 龙头路北仔饼......G1
48 厦门畲家小吃......G1
49 叶氏麻糍......G2

饮品
50 褚家园咖啡馆......F3
51 好久不见音乐主题酒吧......G1
52 咖啡康塔塔......C5
53 老巷豆饮......F2
54 马拉桑......H1
55 磨......F1
56 树兰花下......C4
57 滋滋书颠咖啡馆......G2

娱乐
58 鼓浪屿音乐厅......G3

购物
59 金兰饼店......B3
60 BabyCat私家御饼屋......G2
61 鼓浪屿菜市场......G1
62 黄胜记金香肉松饼......G2
63 糖猫......F1
64 新四海......G2

实用信息
65 邮走厦门......H1
66 中国银行......H1
67 工商银行......H1
68 厦门大学附属第一医院鼓浪屿医院......H2
69 鼓浪屿游客中心......F4

交通
70 钢琴码头......F3
71 内厝澳码头......A4
72 三丘田码头......E2
73 环岛电瓶车乘坐处......D2

寻一处清静之地

离开拥挤的龙头路商业区，往更深处、更高处走走，你会发现鼓浪屿的美从来没有改变，它寂静恬适依然。

绿树成荫的**鸡山路**非常清静，两边藤蔓爬满墙，百年老榕树盘根错节，树根已将触须伸向自己的领地之外。你可以从内厝澳路或林屋旁的小巷进入鸡山路，也可以从美华浴场旁卢赣章雕像旁的巷子进入。

同样清幽的还有**笔山路**。跟着导游走，你能欣赏的别墅就只是复兴路、福建路、鹿礁路那片区域，其实这条路上有鼓浪屿最漂亮的几栋别墅，包括亦足山庄、观彩楼、林文庆别墅、春草堂。你可以沿笔山路一直往**鼓新路**走，这段路稍显漫长与寂寞，但有鸟鸣虫唱和蝶舞蜂飞相伴。位列鼓浪屿十大别墅之一的汇丰银行公馆（鼓新路57号）也位于这条路上，它孤悬高崖、面海而立，建筑呈丁字形，有三面回廊，历史极其辉煌，如今却与华丽搭不上边，爱德华门廊已经残破无比，唯有一株320岁高龄的榕树相伴，旁边有几户民居，都是清一色的平房。

如果你还在找更安静的地方，那就去**燕尾山生态公园**吧，这里维持着大自然的原貌，遒劲的参天古树，遮天蔽日的树丛，与人头攒动的鼓浪屿商业街相比恍如隔世。即使烈日炎炎，燕尾山也很凉爽。

馆内还有架很像梳妆台的风琴，别被上面所刻的龙和梅兰竹菊给误导了，它的产地不是中国，而出自一位越南设计师之手。与钢琴博物馆的钢琴一样，风琴也有手摇式和脚踏式，讲解中会演示全自动风琴的演奏。

免费讲解非常详细、专业，建议听一下。

首选 海天堂构和黄荣远堂 历史建筑

（见132页地图；门票88元，每半小时有免费讲解；⏲8:30~17:30）除套票涵盖的5个景点外，这是最值得你购票参观的景点，它们占据了鼓浪屿十大别墅中的两个席位。

海天堂构建于1921年，是鼓浪屿上唯一按照中轴线对称布局的别墅群，由5幢洋楼组成，开放参观3幢。中楼最独特，主人黄秀烺从洋人手里购得中楼后，在保留西式回廊的基础上又为其套上“中式宫殿”，檐角饰以花卉或吸水蛟龙，飞檐翘角、重檐斗拱的中国风抢去了古希腊柱式、西式门窗的风头。二楼中央竖立着一尊手持船舵的南海观音像，但当你转到其背后，却成了身穿披肩的圣母玛利亚背影。观音头上的藻井是条木材质的八边形藻井，井壁绘有各种花鸟图案。你踩在脚下的地板、楼梯都是建造时从台湾运来，90多年来仍完好如初。

中楼如今也是“万国建筑博览馆”，逢半点的讲解可以让你了解鼓浪屿上近两百年的历史和别墅主人的故事。这里也陈列了很多珍贵的老物件，例如中国最早的汽水瓶和20世纪二三十年代的老式饮水机等。

进门右侧的那栋别墅有非物质文化遗产南音和布袋木偶戏的表演，从早上9点至下午4点半各演出7场，每场20分钟，南音和木偶戏交叉进行。南音是闽南的传统戏曲，有“御前清曲”之称，也是中国现存最老的乐种之一，词曲清丽婉转，旋律缠绵深沉。

海天堂构对面的**黄荣远堂**建于1920年，是鼓浪屿上最漂亮的别墅之一，建筑是欧陆风格，园林是中式的，中西合璧，非常精彩。别墅前廊4根通高古希腊陶立克式圆柱，平台钩栏是欧式钢花纹饰，三楼又有中国式的镂空女儿墙。仔细看建筑两侧并不对称，左侧为方，右侧为圆，窗的设计也各不相同，有半月形、平直形、弯弧形等。园中水池假山、两亭一榭、

万国建筑博览馆

鼓浪屿上有1000多栋别墅，挂牌历史建筑的有300多栋，其中80栋被列入重点风貌建筑。这些欧式的、中式的、气派的、残破的老别墅沉淀了历史和时间，记录了鼓浪屿自19世纪中期以来本土文化相继与西方宗教文化、租界文化、华侨文化融合的过程，构成了中西合璧的独特气质。

如今岛上最原汁原味的闽南本土建筑只有中华路上的两栋——大夫第和四落大厝，是清朝嘉庆年间同一家族的延续产业。厝在闽南语中是房屋的意思，落代表几进式，四落大厝便是四进式宅。两栋建筑的屋檐一个为马鞍式、一个为燕尾式，都是短屋矮墙的红砖房，有左右拼接护厝、彩绘漆金等。

1844年，英国领事馆在岛上建了第一栋别墅，接着，西班牙、法国、美国、日本、荷兰、丹麦、意大利等国领事馆也陆续进驻鼓浪屿，不足2平方公里的鼓浪屿上汇聚了13个领事馆，鼓浪屿从封闭的渔村变为万国租界。在这些入侵者中，以英国人的势力最强，还兼任洋行老板，参与到本地事务中，同时英国人也对鼓浪屿的公共事业有很大贡献。太平洋战争后日本赶走了各国领事，独占鼓浪屿，但英国文化的影响依然无处不在。就建筑本身而言，日本领事馆可算翘楚，3栋清水红砖的拱券宽廊英式风格建筑结合了中国传统坡顶，女儿墙和廊沿压条下是用闽南土陶烧制的花瓶装饰，第二次世界大战后，这里曾被用作厦门大学教工宿舍。

其实更早将西洋文化带入鼓浪屿的是西方传教士，鸦片战争前天主教已在厦门设教区，并踏上鼓浪屿传教。1863年岛上第一座教堂协和礼拜堂建立，由英国和美国教会的传教士用英语布道，也就是说这座教堂最初是完全为洋人服务的。20世纪后岛上教堂日益增多，越来越多的本地居民也成了教徒。西方教会还创办了岛上第一所幼儿园和最早的救世医院，建有怀仁、毓德、英华等20多所

(左)俯瞰鼓浪屿;(右)鼓浪屿上的教堂
(左)GETTYIMAGES 提供;(右)GETTYIMAGES 提供

学校，对岛上的教育和医疗事业贡献很大。

20世纪前洋人所建的别墅并没有刻意追求豪华，大多小巧别致。民国前后，落叶归根的传统思想促使发迹于海外的华侨纷纷回归，他们在鼓浪屿购地建房。这期间鼓浪屿上豪宅如雨后春笋般涌现，并开始追求奢华、气派。这些别墅大多在整体的欧式风格上加入中国传统特色的细节，廊柱通常为古希腊的陶立克、爱奥尼克、科林斯三大柱式或更复杂的古罗马柱式，浮雕以巴洛克风格为主，也会出现中式麒麟，有些门廊会采用中国歇山顶，也不乏瓦片屋顶。别墅的主楼为主人起居和待客之用，副楼多用作厨房，主楼内大多有内外两个客厅，拱券内还有一个内阳台连接客厅。让人惊叹的是那时的别墅已经配备了浴缸、抽水马桶等现代设施，更先进的如杨家园有一套供水系统，可用来洗衣、浇花、消防等。除了安居乐业，华侨对经济的贡献也很突出，岛上有数十家工厂、上万工人，是当时厦门民族工业的摇篮。

如今，很多老别墅仍是私宅，很多已人去楼空多年，有的别墅迎来了新的主人，被改造成旅馆、咖啡馆，也仍有很多归隐的别墅在等待“认领”。新主人若能读懂房子的过去，在尊重历史、不破坏风格的前提下让它焕发第二春，不失为保护再利用的好方法，也不致辜负其曾有的华彩。

修竹婆娑，极富中式古典趣味。建筑内部不能进入参观，只能在园内走一圈拍外景。

关于这栋别墅还有一段有趣的故事，它的主人本是菲律宾华侨施光从，有一次他与黄仲训一起乘船出洋，途中以玩牌解闷，黄以家产押注，施以别墅押注，结果施光从输了，别墅就此易主。

天主堂 教堂

（见132页地图；漳州路44号）天主堂建于1916年至1917年，是整个福建最重要的教堂，素白的外墙典雅大方，尖顶直冲云天。这是一座典型的哥特式单钟楼建筑，整体布局分3部分，前面为方形的三层楼，三层分别用作入口、歌经楼和钟塔，中部为长方形主殿，后面是半圆形的祭台。因地形所限，祭坛没有放在传统的东端，而是移到了北侧。柱子断面是梅花状，柱头设计是爱奥尼克式飞卷。哥特式尖塔艺术渗透进每一细节，尖拱尖窗、门楣窗棂，连镂空女墙都是尖形。每周日早上8点开始是天主堂的弥撒会，也开放给旅行者参观。

天主堂的所在地曾先后是西班牙领事馆和法国领事馆，如今与天主堂共用一个大门、紧邻天主堂的白色尖顶房就是原西班牙领事馆。

与天主堂相对的**协和礼拜堂**（见132页地图）是岛上最早的教堂，这是座新古典主义风格的教堂。米色的墙上高高刻着“1863”，代表了它的建造年份，门前立有四根廊柱，大门左右两侧刻着《圣经》中的“十诫”和“爱的箴言”。

协和礼拜堂最初为西方教徒专用，由英、美传教士用英语布道，后来也开放给岛上家世显赫、懂英语的华人做礼拜。1919年，林语堂与夫人廖翠凤在此举办婚礼，如果你逗留片刻，便会旁听到一波又一波的导游向客人讲述着林语堂撕毁结婚证以示婚姻不靠证书维持的浪漫故事。如今这座礼拜堂也当仁不让地成为新人拍婚纱的热门首选。

协和礼拜堂有固定的开放参观时间（周三至周六9:30~11:30和14:30~16:30，周日下午14:30~16:30），周日上午9点开始的礼拜时间也可以进入参观。

将教堂搜罗到底

清朝时，西方传教士便踏上鼓浪屿，传教并建教会，除了本页已提到的天主堂和协和礼拜堂，岛上还有6座教堂——三一堂、复兴堂、福音堂、安献堂、讲道堂、四纵松礼拜堂，今天的它们有些依然承担着传授福音的功能，有的已转身成为养老院或旅馆、民居。

三一堂（见132页地图）是1928年由美国归正教派下的厦门新街堂、竹树堂和英国长老会派下的夏港堂共同出资修建的，名字意为三堂合一。该教堂的造型为罕见的十字立体式，墙身以红砖砌成，黄瓦屋顶居中矗立着八角钟楼，顶部高耸十字架，教堂内部采用无柱钢梁拱券的屋架。每周日早上9点的教友聚会和周六下午2点至5点，三一堂会敞开大门接受参观。

尖顶建筑**复兴堂**（见132页地图；复兴路2号）是鼓浪屿上唯一一座新中国成立后建的教堂，红色砖墙镶以白色边框和窗框，顶端红色十字架庄严而神圣。周五下午3点和周日上午8点半是教友聚会时间，可进入参观。

福音堂（见132页地图）建成于1903年，建筑材料都是从国外进口，主体建筑为灰白色，正门有四根蓝色方柱。福音堂曾在“文革”中被用作厂房、宿舍，后与三一堂合并，如今是厦门百合园托老院。建于1934年的**安献堂**（见132页地图；鸡山路18号）为少见的平屋顶，采用花岗岩材质，以条石堆砌，风格简洁明快，这里曾经是美华女子学校，现在是美华老人疗养院。

三一堂

CFP 提供

皓月园 公园、纪念馆

(见132页地图；门票15元；⏲5:30~21:00)这是座为纪念郑成功而建的公园，票价很实诚，看点确实不多，面海向东而立的郑成功雕像是最惹人瞩目的亮点，剩下来就是沿观海长廊走走，去海边踏踏水了。关于巍峨的郑成功像，厦门人深信：自1985年此像屹立海边后，台风从此便绕道而走了，顶多用尾巴轻扫一下。郑成功像高15.7米，用625块泉州白花岗岩雕刻而成，雕像深入岩层3米，配备防雷设施，可抗12级强台风、8级以上地震。雕像不远处还有个皇帝殿，相传曾是郑成功临海誓师的地方。

毓园 公园、纪念馆

(见132页地图)毓园是为纪念著名的妇产科大夫林巧稚而建的园林。林巧稚20世纪出生于鼓浪屿，她终生未婚，在医疗技术落后的年代，她曾接生5万个婴儿，挽救过无数濒危的产妇，在国内外医学界享有很高声誉，也深受鼓浪屿人的爱戴。园中有一座林巧稚的汉白玉雕像、一双托着出生婴儿双手的雕像，还有一座内设林巧稚生平图片展的**林巧稚纪念馆**(免费；⏲8:30~17:00)。

廖家别墅(林语堂新娘房) 历史建筑

(见132页地图；漳州路44号)这栋隐藏在漳州路小巷子中的英式别墅很不起眼，文学巨匠林语堂在此成婚，它也因此常被误认为林语堂故居，实际上它正确的名字是廖家别墅，林语堂迎娶的便是廖家二小姐廖翠凤，所以这栋楼又称为林语堂新娘房。

如今的廖家别墅因年久失修，斑驳陈旧得只剩下一个躯壳，屋前长长的石阶上爬满青苔，别墅有部分坍塌，内部雕花木门残缺。二楼写着"危房"，一楼尚有一户人家居住着，据悉这栋楼已"被认领"，将进行翻修，也许它未来会以旅馆、咖啡馆或纪念馆的形式重获新生。

廖家别墅有点难找，沿**马约翰体育场**对面的漳州路走进去，看到50号门牌时拐进旁边一条逼仄的小巷子，巷口通常有个卖鱼丸、饮料的小摊。巷子深处靠右的别墅就是林语堂新娘房，有门牌。问路如果问林语堂故居也许当地人并不知道，直接在漳州路上问44号

鼓浪屿十大别墅

被列为鼓浪屿十大别墅的八卦楼、海天堂构、黄荣远堂、杨家园、黄家花园、林氏府、荣谷、金瓜楼、番婆楼、汇丰银行公馆散布在鼓新路、鹿礁路、安海路、福建路、泉州路上，相距都不太远。十大别墅中有5栋我们已在景点里细述过，这里主要介绍另外5栋。

黄家花园是当年印尼糖王黄奕住买下英商德记洋行而建的别墅，分为南楼、北楼和中楼。中楼有开阔的四面回廊，前为双向步阶，后为弧形宽廊，廊柱为剁斧凹槽，内部楼梯、扶栏采用意大利白玉抛光大理石，光可鉴人，如此的华贵为它赢得了“中国第一别墅”的称号。如今南、北二楼为**中德记酒店**，本书调研期间中楼处于维护中，也许未来你有机会进入内部欣赏。

同样气派的还有**林氏府**（见132页地图），台湾富商林维源定居鼓浪屿后，购入英国人所建的别墅，称为“大楼”，并在旁边建“小楼”。小楼于1915年毁于火灾，重建时又在大、小楼之间建了一座外立面为八边形的别墅，取名“八角楼”，门前双旋台阶，正门方柱拱券，三栋楼间有联廊相通，形成S形。林氏府如今是岛上的高级酒店，最便宜的房间也在千元以上。

依山面海的**容谷**（旗山路5-7号）是经营木材生意的菲律宾华侨李清泉的家，容谷的名字源于门口有一株百年榕树、别墅又由山石打造宛如山谷。庭院内的步道小径用花岗岩卵石铺成，主楼正面4根通高罗马式石柱，柱头为爱奥尼克式。遗憾的是这里不开放参观，别墅深藏在树影婆娑的园林之后，任你站在门口挤眉弄眼也不过窥其一角。

金瓜楼（见132页地图）因两个镶着金边的南瓜穹顶而得名，其大胆的用色和奇特的造型颇有点今天的土豪气息。主体建筑呈巴洛克风格，门楼采用中国歇山顶，重檐翘角，梁柱、门楣饰有花卉、植物、禽鸟浮雕。如今这里是私人住宅，但只要你视力不差隔墙就能欣赏个八九不离十。

拥有岛上最高大门楼的**番婆楼**（见132页地图）是晋江富商许经权供其母颐养天年而建造的别墅，二层红砖圆拱回廊式建筑，有着华丽的洛可可特色，又融入了中国传统建筑元素，侧墙很独特地做成了假山。欣赏番婆楼最好的角度是隔壁的鼓山栖，不过番婆楼几经转手，又遇主不淑，如今它残破得令人惋惜。

在哪儿，便能得到正确指引。

贝壳梦幻世界 博物馆

（见132页地图；鼓声路5号；门票98元；⏲8:40~17:30）鼓浪屿上的这个新景点总长不过250米，结合了静态展览和互动体验，采用很多高科技手段，趣味性很强，很适合小朋友，但为了还原海底世界，里面很多地方光线很暗，所以怕黑的话还是谨慎入内。

进入展厅首先是一个小型的贝壳展览，所有展出的贝壳搜集自美国、菲律宾、澳大利亚周边的海域。这是个会让你大开眼界的地方，很多极为罕见的、珍贵的贝壳品种展现在你面前，有张牙舞爪的维纳斯骨螺、如天使之翼的海鸥蛤，也有形如象牙、洋葱、胡萝卜、驴耳朵、蜘蛛等的贝壳，你还会见到捕捉难度极大、现在已禁止捕捉的地图宝螺。

静态展结束后，是一系列高科技演示和互动环节，例如多彩的海底世界、利用光影投射出渔民一天的生活、音乐剧场、深海美人鱼等。在模拟潜水艇区域，故意将内部的地板设计成倾斜状，走在其中确实会有眩晕感。彩贝倒影区是供拍照的，地面绘成水下世界，有一面倾斜的镜子照着，被拍者躺在地上对着镜子拗出各种造型，形成与水母嬉戏的“仿真”效果，不过只有好哄的小朋友才会快乐地“上当”。最后的天幕影院比不得《海洋》纪录片的真实感和丰富性，但身处“鲨鱼环绕”的模拟世界还是能让人小小激动一番的。

贝壳梦幻世界是由防空洞改造的，头顶不时有水珠滴落，地上很湿滑，走路要小心，也要保护好相机。

百年鼓浪屿 博物馆

（见132页地图；福建路62号；门票60元，每隔20分钟有免费讲解）虽吵吵嚷嚷全是举着小旗子的旅游团，但它还是有看点的。博物馆所处的位置是新中国成立前华侨银行的旧址，建于1931年。小小的二层楼别墅中共设15个展厅，有领事馆区、教会、洋行、会审公堂、洋人住所等，以大量老物件还原了百年前鼓浪屿的生活风貌，例如1879年德国人发明的不插电、使用氨水的冰箱，当年英国领事馆的办公桌，银行遗留下来的保险箱、金库大门、汇票等，还有“万国租界”时期洋人使用过的银制餐具等生活用品，比较有趣的有例如洋人的刮鞋器、比现在大得多的保龄球、带有镜子的中式雕花大木床，穿梭于此，就像一位百岁老人在翻箱倒柜地向你倾吐尘封已久的往事。你还能在这里了解当时鼓浪屿商人下南洋的路线。

厦门海底世界 水族馆

（见132页地图；门票90元；⏲4月至10月8:00~18:00，11月至次年3月8:00~17:30）半小时就能逛完这个不大的水族馆，这里分四大展馆：企鹅·淡水鱼馆、鲸豚标本馆、海洋馆、海底隧道，镇馆之宝是一只长18.6米、重48吨的抹香鲸骨架标本，这是迄今为止中国发现的最大的抹香鲸骨架。海洋馆中可看到八爪鱼、石头鱼、巨型苏眉等热带、亚热带鱼类。在80米长的海底隧道里，你将身处一个传送带上，水母、小鲨鱼、各种热带鱼等在你头顶四周的水箱中畅游。海底世界每天有4场海狮表演，分别是9:30、11:30、14:00、16:00，鉴于这里本来就看点不多，建议掐准时间进去，至少值回点票价。

东方鱼骨艺术馆 博物馆、历史建筑

（见132页地图；门票25元；⏲8:30~18:00）

鼓浪屿人家

GETTYIMAGES 提供

鼓浪屿
步行游览

- **起点**：日光岩
- **终点**：菽庄花园
- **距离**：5公里
- **需时**：6小时

赶在旅游团入侵前，早上先去❶**日光岩**。从郑成功纪念馆的大门出，左手斜坡上的❷**琴园**也涵盖在门票内。参观完再走回来，藏于深闺的❸**林屋**正对着郑成功纪念馆的大门，顺着林屋旁的鸡山路进去。

接近山顶时，留意右侧庭院深锁的❹**殷承宗旧宅**。路尽头是美华老人疗养院，前身是1934年建的❺**安献堂**。沿右侧下坡路走，两边是❻**基督教会墓园**。前面的丁字路口左转，一路只走下坡路，不久就会到达人声鼎沸的内厝澳路，这里分叉很多，右转走30米后路口是❼**树兰花下咖啡馆**，左转50米就是笔山洞。

别进笔山洞，顺着它右侧的台阶上去，绕过笔山公园大门，沿笔山路拾阶而上。右侧第一栋是❽**林文庆别墅**。前面的❾**观彩楼**小而别致。左侧是❿**春草堂**，花岗岩砌成的廊柱凹凸感很强。沿观彩楼旁的台阶下去往右一转，

在鼓浪屿上步行，处处可见巨大榕树

CFP 提供

⑪**亦足山庄**精雕细琢的正门赫然眼前。

继续往前走，留意左侧一条不起眼的巷子，顺着下坡，走不远有个分叉，走右边的巷子，不久你便到达安海路，右后方是⑫**三一堂**。一路沿安海路往下，左侧是⑬**番婆楼**，隔壁是⑭**英华楼**。一路下行，经过4栋风格不同的⑮**杨家园**。鼓新路上左转行百米是⑯**风琴博物馆**。参观完这里你可以穿越全岛最喧哗的龙头路（虚线所示）或者到海滩去。

⑰**原日本领事馆**的红色别墅群首先出现在你左侧，绕过它后，眼前豁然开朗，米色的⑱**协和礼拜堂**和素白的⑲**天主堂**彼此相望。沿天主堂旁边的巷子走入，不久就会到⑳**海天堂构**，对面的㉑**黄荣远堂**非常漂亮。走出巷子后转右，斜对面是红色的㉒**怡园**。在前面的丁字路口右转，对面有条复兴路，进去走一段清净的路。你要在音乐学校的体育场外绕走3/4，走右侧的下坡路，经过漂亮的㉓**李家庄咖啡旅馆**。再往前行，有条不起眼的巷子，遗世独立的㉔**林语堂新娘房**就在里面。

回到漳州路上继续下行，会看到马约翰体育场，左转，尽头便是原来的㉕**黄家花园**、如今的中德记酒店。出中德记，沿右侧的巷子走，前面不远处下个坡就是终点㉖**菽庄花园**。

老岛民谈鼓浪屿

两位从小生活在鼓浪屿上的老岛民向我们谈起了鼓浪屿的过去和当下。

收藏家李培国住在鹿礁路上一栋掩映于龙眼树中的清水红砖别墅里，门口标着“重点历史建筑”。李先生不无自豪地告诉我们，屋里的百叶窗、楼梯、地板、地砖都已近百岁，仍没显老态，买下这栋楼后只是为它们新上了一层漆。回忆起儿时的鼓浪屿，他说当时受西洋文化的影响，大多数家庭会让孩子学钢琴，傍晚家家户户都飘出悠扬的钢琴练习声。如今，当年的世家子弟们已经飘零四散，随着老别墅主人及其后代移居海外或迁居厦门岛，鼓浪屿上别墅的空置率一度非常高，2000年后很多已风雨飘摇。近年来旅游业催生了大量由老别墅改造的旅馆，李先生认为只要新主人能尊重历史，尽量保持原有风格，不失为合理的保护利用方式。“房屋的基本功能是居住，如果任由其沦为危房，以残破来彰显沧桑不是对房子的尊重。”

被誉为蜗牛专家的董启农先生也是鼓浪屿家庭旅馆商家协会的副会长，他认为鼓浪屿从来不是不食人间烟火的伊甸园。自五口通商以来，鼓浪屿便已热闹，商业文化也是它不可分割的一部分。2003年岛上游客不足百万，10年来翻了10倍。老岛民们虽然对外来文化与商业大潮一贯包容，但更希望来人能读懂、融入这里。

艺术家利用从各地搜集来的鱼刺、鱼骨、鱼眼等，创作出“海魂”、“渔港晨曦”、“蝶恋花”等主题的或抽象或写实的作品，可谓变废为宝的创意之举。不过讲解员仅用3分钟就带你参观完了3个房间，你还没消化完这一幅展品，她已进入下一幅的讲解中，对于一间收费参观的艺术馆，显然诚意不够。这里也有一些主人收藏的老家具，它的价值并不输于鱼骨创作，既然买票进来了，就看个够本吧。

艺术馆设在鼓浪屿十大建筑之一的杨家园里，清水红砖配凹槽廊柱的建筑比鱼骨展更有看头。

就餐

鼓浪屿是最饿不着你的地方，无论何时饥肠辘辘，百米之内必有填饱肚子的小吃摊或餐馆。龙头路附近吃东西的地方最多，但耳边充斥着如复读机般的商家吆喝声，菜品质量不高，要尝本土菜不如花8元钱买张船票过岸吃。不过，西餐与老洋房是完美搭配，就餐环境、味道都可圈可点，不要计较它有点小贵，来到“万国租界”不开开洋荤更待何时？

岛上很多旅馆都有自助厨房，你可以去菜场上采购，然后自己下厨、大快朵颐。

花廷咖啡简餐　　西餐 ¥¥

（见132页地图；☎251 6520；中华路14号；人均80元；⏲8:30~22:00）这家店的简餐做得相当有水准，色香味都到位了，秘制沙茶鸡肉饭（48元）的料很足，鸡肉嫩酱汁浓郁，奶油蘑菇汤香浓。下午茶可以试试招牌苹果派（45元）和漂浮咖啡（45元），都配着冰淇淋球。

菜园子咖啡馆　　西餐 ¥¥

（见132页地图；中华路27号；人均100元；⏲9:30~20:00）主人是被称为“蜗牛之父”的蜗牛研究专家，这家店才开了一年时间，口碑早已在美食家中口口相传。招牌菜“法国拿破仑蜗牛”（68元）曾入选钓鱼台国宾馆国宴；一定不要错过混合着淡淡白兰地香和芝士味的意大利面（60元），如果你爱西餐，它一定令你满意。一楼的露天花园中飘散着夜来香味，图安静可上二层的阁楼。多亏了这家店，鼓浪屿在美食上终于也有了发言权。

林记鱼丸 小吃 ¥

（见132页地图；泉州路54号；鱼丸15元；⏲8:30~20:00）龙头路附近叫鱼丸的店很多，只有这家最好吃。林记鱼丸并没有正规的店铺，只是在一栋老房子的院子里摆摊，沿泉州路往龙头路方向走，看见一块醒目的红色匾额，进门左右有两个卖烧卖、春卷、土笋冻的铺位，此时你就会听到前方有个老阿姨的声音朝你招呼："林记鱼丸在这边哦，不要走错了。"一碗鲨鱼丸有8颗，你也可以加粉或面（20元）。

龙头路北仔饼 小吃 ¥

（见132页地图；北仔饼5元/个）连厦门本地人都对它赞不绝口，它曾经也有门店，但终因承担不起每年上涨的租金而变成了流动摊位。北仔饼分甜和咸两种口味，甜的是花生馅，咸的是葱花猪肉馅。摊位很好找，从泉州路走入龙头路，在粒粒香肉燕皮扁食门口，有个蓝色的铁皮桶，旁边摆着一块牌子"龙头路北仔饼"，主人是个老奶奶。

黑猫餐厅 西餐 ¥¥¥

（见132页地图；☎206 6158；永春路14号；人均150元；⏲10:30~20:30）这家高级的西餐厅将"黑猫舞场"的故事套用了过来，轻柔的爵士乐、昏黄的柔光将怀旧铺了一地，刹那间以为一头扎进了旧时洋场的歌舞升平里。果木烟熏牛小扒皇（148元）和果木烟熏T骨牛排（158元）是这家店的特色，还有口味很特别的黑猫香肠，甜品可以尝尝心太软蛋糕配冰淇淋（48元）。虽然很贵，不过它在本地人和游客中口碑都很好。这家集怀旧、经典、奢华于一身的餐馆也常被电影导演看中取景。舍得花钱的话，来这里吃上一顿，欣赏下百年古董家具，不会让你后悔。

厦门畲家小吃 小吃 ¥

（见132页地图；龙头路108号；人均15元；⏲8:00~24:00）开了近10年的老店，有肠粉、鱼丸汤、白灼章鱼、沙茶面等，也有简单的炒菜，你可以试试畲族特有的畲族乌饭（8元），将黑糯米、芝麻、枣子放在小小的竹笼里蒸熟后吃。这家店的烧仙草（8~20元）味道也不错。

叶氏麻糍 小吃 ¥

（见132页地图；龙头路；麻糍10元）鼓浪

鼓浪屿馅饼

黄嵩 摄

负责任的旅行

不大的鼓浪屿上，生态维护成本很高，为了这座小岛的美丽，请不要使用一次性餐具——烧烤摊产生的大量快餐盒子、签子实在是严重的污染。

鼓浪屿禁止机动车通行，旅游业催生了电瓶车环岛游，但只能走马观花。最低碳、有效的游览方式其实是步行，能深入最富风情的小街巷，体验鼓浪屿的精髓。

岛上住宿条件参差不齐，如果入住的旅馆还不具备插卡取电的设施，请在离开房间前务必确认已关闭空调等电器。

并非每栋老别墅都已作商用，切勿私闯民宅，请尊重主人。

屿上最有名的流动摊位，麻糍有两种味，将花生末、芝麻碎、糖粉混合在糯米团里，外面再滚上一层芝麻粉，吃起来糯糯的，甜而不腻。据说叶氏麻糍的大名由来已近百年，小摊前始终排着长队，以前是即做即卖，现在摊位上摆的都已是成品，掏钱就可拎一袋走，价格也与时俱进着，做麻糍的老奶奶有了年轻的“助理”帮着张罗生意。买上一份麻糍，并没有为你准备牙签叉着吃，手抓吧。

189 大排档 ¥

（见132页地图；龙头路；人均20元）入夜后龙头路小吃街上的烧烤摊依次拉开摊位，这家店门口队伍最长，不和对岸比较的话，口味也的确算这条街上的翘楚了。海蛎煎（10元）、酱爆鱿鱼（15元）、炒米粉（15元）都是他们家最热门的菜，你也可以试试。一口咬下去占主导的是面粉，还是腥香鲜美的蛤蜊，是你辨别海蛎煎做得好坏的最简单标准。

老宅沙茶面 小吃 ¥

（见132页地图；龙头路215号；沙茶面25元；8:00~18:00）老板打着鼓浪屿原住民的旗号，声称味道最地道。沙茶面的料很足，味道也还过得去，你也可以试试老味酸梅汤（10元）和白灼鱿鱼（45元）。

海鲜大排档 大排档 ¥¥

傍晚，**鼓浪屿菜市场**（见132页地图）里卖剩下的海鲜摊摆到后面的沿街，旁边原住民的加工摊位也很合时宜地现身了。虽然鼓浪屿上的海鲜比厦门岛贵很多，不过对于来自内陆的人来说已经很便宜了，而且很新鲜。你也可以一早进菜市场逛逛，尽管岛上居民已迁出去很多，但菜场依然是你最容易接触本地人原生态生活的地方，身为匆匆过客，最能让你参与其中的便是买水果了。

饮品

相较于就餐，鼓浪屿更适合细品，不要急着赶路，路两边就是风景，坐下来，一杯咖啡的时光，那些鼓浪屿的老故事不知不觉便来到了你身边。尤其是对不舍得在住宿上花大钱的旅行者来说，这是让你最方便也最便宜深入老别墅的方式。

首选 **褚家园咖啡馆** 咖啡馆 ¥

（见132页地图；中华路15号；人均50元；10:30~21:00；）岛上大名鼎鼎的咖啡馆，建于1932年的砖混结构的老别墅，中和了南洋和闽南建筑风格，主人很用心地将其修葺如旧，辟出一部分做成咖啡馆。虽身处中华路最喧嚣的地段，倒没被游客踩烂，在人潮涌动中隔绝出了一份清静。这里有世界咖啡大师中国站总冠军坐镇，咖啡确实好喝，淡淡酒香略带丝丝苦味的提拉米苏也值得一尝。如果天晴又恰巧微风轻拂，可坐在室外，花园很大很美，“谢绝参观”的牌子为你隔绝了不必要的扰攘，你也可以在这里悠然忘掉时间。菜单上的价格合理，但要求最低消费40元，所以当你只想喝一杯30块钱的咖啡时，显然你得盯着菜单很不乐意地超支了。

树兰花下 咖啡馆 ¥

（见132页地图；☎206 2833；内厝澳路183号；人均25元；⏲9:00~22:00）这家店就在笔山洞出来的第一个路口，以经营旅馆为主，厨艺也相当不错，餐厅很小，适合吃早餐，奶茶（20元）和松饼（25元）的口味都不错。

咖啡康塔塔 咖啡馆 ¥

（见132页地图；泉州路107号；人均35元；⏲10:00~19:00；📶❄）这家店的命运反映了鼓浪屿上各新兴店铺的生存状态：市场被占有先机的店铺们垄断了，其余店铺频繁更换着主人。这家店也正准备从音乐主题改走卡通路线。撇开这些，店里很安静，蛋糕品种不多，但味道很好。饮料可以试试“啡橙勿扰”（40元），咖啡和橙汁各占半边天，口感很顺滑。另外，热咖啡漂浮冰淇淋的“爱富歌托”（35元）也很有特色。

滋滋情书颠咖啡馆 咖啡馆 ¥¥

（见132页地图；☎206 8512；福建路43号；人均80元）人文底气十足的一家餐厅，前身是中外基督徒共同成立的圣教书局，几经变迁后，咖啡馆入驻进来。门外是人头攒动的各地旅游团，推门进去是半个世纪前的老式餐馆。焦糖玛奇朵浓香润滑，奶茶的品种也很多，这里也有西餐。外带的凤梨酥是他们家的招牌，值得试试。

磨 咖啡馆 ¥

（见132页地图；泉州路；奶茶20元；⏲9:00~21:00）这家小店就在林记鱼丸斜对面，口味并不特别，但玻璃瓶的包装很吸引人，不需要退瓶，不嫌沉的话可以带回家插花或用作其他装饰。

老巷豆饮 果汁 ¥

（见132页地图；中华路23号；豆饮15元；⏲8:00~20:00）在热闹而遍布小资情调的中华路上，这家只做外卖的铺子简单又另类，豆饮都是现磨现制的，喝起来口感酥酥的，口味有桂花蜂蜜、茉莉茶香、核桃芝麻等。你还可以尝尝他们家的紫薯QQ包（5元），Q的是外

鸡肋景点

以下景点看似来头不小，实则看点不足，与各地雷同，价格还不便宜，可以随兴趣取舍。

你没看错，头号鸡肋就是著名的**龙头路**。或许你已经听过江湖上不少关于龙头路“文艺”小店的传说，就味道而言，这些店铺很少得到夸奖，但游人还是不能免俗地挤爆了门槛。

世界名人馆（见132页地图；鹿礁路111号；门票60元；⏲8:30~17:30）是旅游团带游客来的地方，里面有70多尊中外名人的蜡像，体育明星、歌星影星、各国领导人等齐聚一堂。

位于体育场旁边的**厦门货币文化馆**（见132页地图；门票10元）就是搜集来的古货币展示，非常小，从售票处就能一眼望到头。

福音堂隔壁的红色老别墅里的**珍奇世界**（见132页地图；门票60元）竟长盛不衰了6年，可是你真的会想在优雅的鼓浪屿上看双头蛇、十几尺的眼镜蛇王、双头狗和两头三眼怪猪吗？

国际刻字艺术馆（见132页地图；门票10元；⏲8:15~17:45）是套票上唯一属于搭售的景点。号称中国首家现代刻字艺术馆，事实上，现代刻字的历史很短，艺术价值不足。展品主要来自中国、日本和韩国。

如果你想穿上比基尼，且慢！

虽是一座浪漫的海岛，但浪漫的点却不在沙滩海水，别急着换上泳装朝海滩狂奔，先去瞄一眼，看看能否激起你投入其中的欲望，通常情况下你会发现泳衣毫无用处。离钢琴码头最近的是**大德记浴场**，逐级步下后到达海滩，迎面就是一排垃圾；**港仔后浴场**被摩托艇、游艇占据着，沙粒很粗；**美华海滩**相对干净些，但这个相对仍不足以下海；**观海园沙滩**人最少，但也最脏，整个沙滩上就像个垃圾收集场。既然沙滩不宜人，也难有海浪逐沙滩的浪漫。

层紫色糯米，鲜的是笋和卤肉的馅料，老板号称上过电视。

马拉桑 果汁 ¥

（见132页地图；☎251 1121；龙头路158号；鲜榨果汁10元起）龙头路附近叫马拉桑的鲜榨果汁店很多，老板娘说她家才是最早、最正宗的，其实榨果汁并不是什么高难度的技术活，只要水果新鲜，味道便不差，不过这家店的价格倒是要比其他几家便宜2元左右。店头广告是几个阿美族姑娘，还写着这些年搬迁的历史。在炎炎烈日下喝杯混搭的鲜榨果汁，比那些速溶或香精勾兑的饮品要清爽多了。

好久不见音乐主题酒吧 酒吧 ¥

（见132页地图；啤酒45元）我们并不太建议你把鼓浪屿的美好夜晚耗费在并不出色的酒吧里，不过你若习惯了有酒吧的夜生活，就来这家吧。隔街相望的两户属同一家，一个用中文名，一个用英文名。中文名这家，如果你只是一个人，只能坐在一楼的吧台，而音乐演出是在二楼，虽然也没太好听，但一楼的空间实在太局促了。英文名这家，二楼有个小阳台。

娱乐

鼓浪屿曾被称为琴岛，因为在过去的岁月里，每到傍晚悠扬的钢琴声就会从家家户户飘出，岛上居民的钢琴拥有比例曾居全国之冠，殷承宗、许斐平、周淑安等钢琴家从这里走向世界。如今，随着岛上居民的大量迁出，这种生活的艺术再难寻见。

带孩子游鼓浪屿

鼓浪屿并不是恋人专属，这座悠闲、不耗体力的岛屿也很适合全家出行，想让孩子们兴奋起来并不难。大多数父母会把孩子带往**海滨浴场**（见本页方框），堆沙子、戏水便能让小朋友快乐半天。**海底世界**（见141页）和**贝壳梦幻世界**（见140页）既能让孩子了解各种海洋生物，还有很多专为小朋友设计的互动趣味游戏。参观**百鸟园**（见130页）时请务必陪孩子看场表演，鹦鹉在驯鸟师的指挥下聪明又滑稽。大多数孩子会对与**世界名人馆**（见147页）中认识的蜡像合影感兴趣。如果是学龄期孩子，可以去**百年鼓浪屿**（见141页）看看，这里收藏的大量老物件不但有趣，也能令其增长知识。

岛上百步间就有小吃摊，它们总会在小朋友闹情绪时适时出现。岛上有超市、有药店，非常便利，除非是带婴儿或者有认定的品牌，否则你不需要携带太多日用品。夏天上岛的话蚊子肆虐，但太刺激的驱蚊水并不适合儿童，可以带瓶花露水。

唯一不太方便的是岛上的旅馆大多没有家庭房，加床服务也很少，别嫌麻烦，去对岸住吧。

厦鼓轮渡

CFP 提供

鼓浪屿音乐厅（见132页地图）每天晚上7点半有免费的钢琴音乐会，虽然这种形式很难复制生活最本真的优雅气质，但无论如何总比去闹腾腾的酒吧要文艺多了。除了每晚的免费演出，音乐厅也会不定期举办较高水准的古典音乐演奏，可留意下音乐厅前或码头附近的游客中心，都贴有当月演出表。

购物

即使我们奉劝你去对面的厦门岛购物，相信你一旦踏上鼓浪屿就会将我们的告诫抛之脑后，那些大名鼎鼎的手信店里的精美包装总会让你毫不犹豫地拉开钱包，这大概就是鼓浪屿的经营之道，用一点小小的创意就能打动你。这类店铺你在鼓浪屿上很容易发现，我们不再逐一介绍，如果你更注重口味而非包装，又没有给厦门岛预留出足够多的时间，那么下面这几个地方可供选择。

金兰饼店　特产 ¥

（见132页地图；内厝澳路413号；⏲8:00~21:00）这家馅饼店没格调也没故事，它普通得就像个杂货铺，玻璃柜里摆着包装土里土气的馅饼，价格非常亲民，馅饼13~18元/盒，有各种口味，你也可以单买一个尝尝，不过两块钱。这样的一家店在样样讲究精致的鼓浪屿上似乎很格格不入，但口碑绝佳，这应该就是老字号该有的样子吧。椰子饼的口味与南普陀馅饼相比更焦香。强烈建议你尝尝他们家的猪腰饼，如今在厦门已不多见了。

新四海　特产 ¥

（见132页地图；龙头路街心公园）虽然我们一直在建议你去对岸买手信，但新四海的牛轧糖值得购买，价格挺贵的，不过味道确实要好过其他品牌，有4种口味：花生、杏仁、绿茶、蓝越莓，每包35元。

黄胜记金香肉松饼　特产 ¥

（见132页地图；⏲7:00~22:00）这是家老字号，经营各种口味的肉松，如鱼肉、猪肉、牛肉，味道不错，各种口味的价格都一样，15元/包。若让店主推荐口味，他保管说都好吃，不如先逐一品尝下，让自己的味觉做主。

糖猫

特产 ¥

（见132页地图；泉州路60号；⏲10:00～22:00）“时光是一颗巨大的牛轧糖”，店铺外霸气地写着这行字，你不想看看谁家的牛轧糖口气这么大？牛轧糖的口味是店主精心研制的，但有点粘牙，不过正如鼓浪屿上的很多店一样，胜不在味道，而在引文艺青年无限遐想的故事。这家店坐落于1920年建的老房子里，红色调的大门、门框甚至沙发与老建筑特别协调，店内还销售衍生品航标调味罐，同样也是红色的（30～80元）。

BabyCat私家御饼屋

特产 ¥

（见132页地图；☎206 3651；龙头路143号；20～45元/盒，8个装；⏲9:30～21:30）这家店的馅饼除了传统的绿豆、南瓜、椰子馅外，还有海苔、绿茶、芥末馅，馅饼的甜味拿捏得恰到好处，不太油腻，精致的包装很适合作伴手礼。温馨小清新的店内环境也很让人舒服，打包前不如先入座尝上一两款。

实用信息

医疗服务

厦门大学附属第一医院鼓浪屿医院（见132页地图；⏲24小时）在福建路和晃岩路的交叉路口。

银行

鼓浪屿上的银行集中在钢琴码头附近，**中国工商银行厦门鼓浪屿支行**（见132页地图；⏲9:00～17:00）和**中国银行厦门鼓浪屿支行**（见132页地图；⏲9:00～17:00）都有24小时ATM机。

邮局

鼓浪屿上连中国邮政都有浪漫的名字——**邮走厦门**（见132页地图；龙头路102号；⏲9:00～18:00），这是一栋建于1920年的老别墅，一楼是邮政文创礼品店，有各类明信片、杯子、匙扣等纪念品出售，二楼才办理邮寄包裹等邮政事务。

旅游信息

在钢琴码头对面有一个**鼓浪屿游客中心**（见132页地图）可咨询旅游信息，有免费的简易地图赠送，也有手绘地图（10元）可买，可留意下墙上所贴的轮渡信息、机场大巴信息和鼓浪屿音乐厅的当月演出信息。

到达和离开

坐船是到达鼓浪屿的唯一交通方式，一张船票含往返各一次，游客与本地居民的购票方式和乘船地点不一样，并时有调整，详细可咨询厦门轮渡公司（☎202 3493；www.xmferry.

无车岛上的纤夫

行走在鼓浪屿，时常遇上在你身后吆喝一嗓子、示意你避开的板车军团。对此岛上居民也颇有微词，走路时“添堵”已难免，更因人群复杂埋下治安隐患。

百多年来，鼓浪屿的现代化步伐几乎与对岸的厦门岛齐头并进，但坡陡、巷窄、弯多注定了这里只适合行走不能行车，于是应运而生了板车这一人力运输工具。板车夫们穿着粗布工装，黝黑的肌肤挂满汗珠，从日用品、家用电器到垃圾、砖瓦无所不拉，他们每天弓着身子、靠双肩纤起岛民和新筑梦人的日常生活所需。**黄家渡码头**是鼓浪屿货运码头，也是板车的停靠点，工友们早上5点多便聚于此，等待靠岸的货船，开始周而复始地进行着装货、运货、卸货流程，晚上7点码头关闭才是他们收工时。没活儿干时，他们也会守在此，蹲在墙角三五成群地聊天，或躺在板车上小睡一觉。

鼓浪屿上禁止通车，人力板车是运输货物的主要方式

CFP 提供

com)，也可以提前在该网购票，购票后在码头刷二代身份证就可以通过闸口。

如果你的身份是：

游客 有3条线可以前往鼓浪屿，1.厦门岛**东渡邮轮码头**(见226页)至鼓浪屿**三丘田码头**(见226页；原美国领事馆附近)，票价35元；2.东渡邮轮码头至鼓浪屿**内厝澳码头**(见226页；位于鼓浪屿西北面)，票价50元；3.厦门岛海沧嵩屿码头至内厝澳码头，票价30元。前两条线的运营时间皆为7:10~18:30(6月至9月)或17:30(10月至次年5月)，返程时间为7:20~18:40(6月至9月)或17:40(10月至次年5月)，发车间隔为每20分钟发1班。第3条线运营时间为7:30~18:50(6月至9月)或17:50(10月至次年5月)，返程时间为7:20~18:20(6月至9月)或17:20(10月至次年5月)，发车间隔为每小时2班。

夜间航班从厦门岛的**鹭江道轮渡码头**(见226页)2号厅发至三丘田码头，票价35元，运营时间为18:50(6月至9月)或17:50~23:45(10月至次年5月)，返程时间为19:00(6月至9月)或18:00~00:00(10月至次年5月)，发车间隔皆为20~30分钟1班。00:15开始鹭江道轮渡码头每小时发1班通宵航班，末班船为6:30，返程通宵航班从00:30开始，同样每小时1班，末班船为7:00。

本地居民 厦门岛鹭江道轮渡码头和鼓浪屿**钢琴码头**(见226页)是你的专属，也可以从厦门岛的轮渡第一码头和海沧嵩屿码头前往内厝澳，往返票价皆为8元。所谓本地居民指厦门市户籍人口或持有效厦门市社会保障卡的人员(详见216页出行指南)。

当地交通

鼓浪屿没有公共交通，连自行车都被禁止，你只能靠步行，唯一通行的电瓶车是供游览用的。三丘田码头有**电瓶车环岛游**(见132页地图；票价50元；⌚8:00~18:00)，可以带你快速游览鼓浪屿，20分钟的车程，绕鼓浪屿一圈，中间只在菽庄花园停靠，不能随叫随停，单去菽庄花园的话是40元。时间不多，只想蜻蜓点水一游的话可以选择此方式。

厦门周边

或许厦门的小吃已令你欲罢不能，但那还不能算作最古的古早味，1小时的车程就能带你直捣泉州、漳州市区饕餮，连厦门人也要服气：“这里的面线糊果然更好吃！”至于金门，那是让台湾人垂涎的“美食之岛”，烈屿上的芋头因特殊的气候和土壤产生入口即化的口感，因为产量稀少而仅供金门。更别提独一无二的石蚵，如果告诉你它距离厦门最近处仅仅2000余米，属于抱个轮胎就能漂到的地方，为何不去？

至于玩，别把时间浪费在吐槽鼓浪屿的“商业沦陷”，唏嘘厦门岛的“迷你”上。跳上大巴吧，最远不过2.5小时车程的范围内：南靖土楼和华安土楼任君挑选；六鳌的海不用PS就能蓝到爆；古城不改颜色，仍保持着换上古装就能演穿越剧的质朴。而海峡对岸的金门，还有比它更适合骑行的地方吗？密密麻麻的一百余个景点，兜兜转转，总不舍离开。

最蓝的海、最细的沙、最古的城、最壮观的建筑、最美味的小吃、最有趣的民俗和最质朴的人都围绕着厦门。如果说以前山海禁锢，行走不便。现在近在咫尺，何妨迈开脚步？

土楼
沐昀 摄

漳州的海
沐昀 摄

1 感受泉州“混搭风”
2 土楼
3 去漳州看看海
4 尝遍闽南古早味
5 金门金城古镇漫步
6 金门烈屿自行车环岛兜风
0 30 km
龙岩
龙岩市
永定
华安
安溪
南安
惠安
洛江区
泉州
鲤城区
泉州鲤鱼城
晋江
石狮
泉州湾
深沪湾
同安区
翔安区
集美区
湖里区
厦门
海沧区
厦门港
金门
金门金城古镇
金门烈屿
料罗湾
围头澳
台湾海峡
长泰
漳州
龙海
南靖
土楼
芦溪
平和
国强
大溪
漳浦
定台湾
漳州六鳌
浮头湾
东山湾
云霄
东山
诏安湾
诏安
太平
饶平
九龙江
船场溪
龙山溪
花山溪
陂面溪
黄冈河
广东省
G15
G72
G324
G76
G319
S208
S207
S203
S309
S308
S201

厦门周边亮点

1

感受泉州“混搭风”

千年的路上，宝马车和人力车混行；百年的厝里，开着茶馆也泡着咖啡。骑楼下停着滑板少年的“死飞”，香火鼎盛的庙宇前，唱着哼哼唧唧的高甲戏，也跳着哐嗞哐嗞的广场舞，历史在泉州人的生活中渗透又不断更新着血液。

图为泉州古厝民宿。

行前参考

- 精华在古城，古城宜步行，一双令你行走一天仍感舒服的鞋很重要。
- 一定要带上好胃口，每走一段就能吃上几口，正好歇脚。
- 行走中山路时，在保证安全的前提下记得要向上看！骑楼的屋顶和墙饰才是细节之美。

苏薇 摄

(上)泉州中山路
(下)泉州钟楼

体验
多元泉州

黄达隆,泉州人,记者,
自由撰稿人

有什么地方或体验是在泉州一定不要错过的?

泉州民间信仰和风俗传统很多,像开元寺、关帝庙、清净寺都可以一去,你可以在很小的一个区域里看到很多不同的宗教信仰。如果你来的时机刚好,每个月农历廿六开元寺都会“勤佛”,那个时候的西街和开元寺基本上会被善男信女围得水泄不通,上一炷香吃一碗斋面,你可以在这里看到“泉南佛国”的缩影。如果你来泉州的时候刚好是农历七月,当地人会邀请你吃“普渡”宴。吃完“普渡宴”,基本上你就可以说你吃过最地道的闽南菜了。

给我们推荐你“私藏”的爱逛爱坐的地方?

承天寺。在热闹的市区里和车水马龙的南俊路一墙之隔,不收门票。在外面走累了可以到这里休息。弘一法师在这里住过很长一段时间,就在月台别院。这里游客不多寺庙也不大,却能让你很快平静下来。

洛阳桥。很少人知道这座桥是古代中国最长的石桥,也很少人知道这座桥曾和中学课本里的赵州桥齐名。晚上桥边有大排档,就在桥头巨大的蔡襄石像下面,找个天气好的傍晚去桥边吹吹风吃吃海鲜,和总是呆在略微拥挤的市区相比会有不同的体验。

泉州有没有特别新鲜有意思的新地方或者新玩法?

泉州这几年确实有很多新玩意儿,年轻人晚上可以去市区的领SHOW天地。在老城区里,开元寺一带有几家青旅和民宿,西街、后城和华侨新村一带也有小酒馆和各种咖啡小店,基本上都是本地年轻人在经营,有什么不懂可以问他们。

土楼

华安土楼是距离厦门最近的世界遗产，倘若第一次见识这种奇特的山中民居，去二宜楼一定不会错。但若是腻歪了上妆的土楼美人，同在华安的上坪土楼群，清净凄美犹如美人垂暮。而著名的“四菜一汤”则是南靖土楼的招牌，顺道去云水谣古村探探，定能寻回心中的初恋。图为土楼人家。

2

沐昀摄

3

去漳州看看海

海清沙幼在漳州。最著名的莫过于东山岛，岛的东南沿岸南门湾、屿南湾、马銮湾、金銮湾、冬古湾、乌礁湾、澳角湾、宫前湾七个海湾首尾相接、绵延30多公里，是天然的海滨浴场，也充斥各种激情的海上运动。在更靠近厦门的六鳌，红色的岩石、白色的沙滩和靛蓝的海水组成了明信片似的风景，巨大的风车沿着海岸布阵，更添动感。图为渔人与海。

沐昀摄

4

尝遍闽南古早味

我们能给你一口气报出几十种小吃，洋洋万字写它们如何震撼舌尖，但都不及你亲自去品尝一口。有些重在食材，比如只有烈屿才有的槟榔心芋，只有金门才有的石蚵；有些重在料理，比如同样是土笋冻，安海做的就是无人能及；有些重在故事，老字号的定义在漳泉要重新谱写，上百年的小店不算稀奇。你唯有钻进巷弄里，坐在骑楼下，装成当地人吃它一吃，才不愧对自己来此美食之地走了一遭。图为泉州老字号面线糊。

黄嵩摄

苏薇摄

5

金门金城古镇漫步

金城古称后浦，位于金门岛的西南隅，是金门岛的心脏。平整的道路、绿茵以及可爱的金门人让金城格外适合散步。历史的更迭让小小金城成为汇集闽南、战地和侨乡三种特色的橱窗，漫步其中，唐宋寺庙、闽南古厝和洋楼比肩并立，具有日本大正风格模范街上的特色小店令人目不暇接。这里也是岛上唯一能有夜生活的地方，免费的导览“夜游后浦美丽小镇”听起来如何？图为金门金城。

6

金门烈屿自行车环岛兜风

烈屿是夹在厦门和金门之间的小屿，过去被称为“外岛中的外岛，前线中的前线”。放在而今等于是在告诉你，这里有丝毫未被破坏的环境——宁静的田园、美味的芋头、无污染的金沙海湾俯拾即是。在游客中心租台自行车，沿着以前给坦克车走的“车辙道”乘风骑行，牛群是你的小伙伴，身边就是金色的沙滩。图为烈屿骑行。

行前参考

交通

- **"两证一签"** 去金门自由行必备《大陆居民往来台湾通行证》，含有效签注+"入台证"。
- **早点儿回家** 无论是泉州还是漳州，公交车总是早早收班，的士也不太好打。
- **记得"扬手招"** 车站或路边，公交或巴士，漳泉的司机性子都有点急，你得明确示意：请停车。
- **自行车** 可携带自行车从厦门上船到金门，当地也可以借自行车，只是得评估体力是否足够应付上坡路。
- **留神拉客仔** 来自九宫码头和泉州车站外围的计程车司机们口中的信息需要掂量。

危险和麻烦

- 那些灯光迷离的茶馆可不是喝茶的地方。
- 许多美丽的海湾并无人值守，下海游泳的人，请注意潮汐、风浪和防晒。
- 参团游金门很简单，但如果想自由行金门，签注有点烦。

食宿

- 东山岛海滩虽美，但与海滩的美丽程度成正比的还有它的食宿价格。
- 在泉州和金门，口腹可以得到大大的满足，但漳州那些景点，就餐就没那么方便了，带上点干粮。
- 金门的房价分平时价和假日价，虽无明显的淡旺季之分，但"五一"和"十一"也挺紧张。

网络资源

- **iBus-金门县** 在金门搭公车的好伙伴，手机用户端可免费下载。
- **金门县观光旅游网** tour.kinmen.gov.tw 全面的金门旅游资讯。
- **泉州旅游资讯网** www.qztour.com.cn 当地旅游局的官方旅游讯息。
- **百度糯米** 手机下载一个App，在泉漳的某些地方消费时可查查有无团购活动。

（左）泉州开元寺石柱浮雕；（右）泉州古厝茶馆
（左）黄嵩 摄；（右）黄嵩 摄

不要错过

最佳小吃

- **侯阿婆肉粽店** “甜粽族”若是试它一口，想必也要改投咸粽一票。（见175页）
- **群众牛肉小点** 松散鲜美的蚵仔煎配上糯滑的牛肉羹，摸摸撑圆的肚子，还想再来一碗！（见175页）
- **苍园四果汤** 夏日里的清凉缤纷汤，心情都会跟着靓起来。（见190页）
- **水仙花园豆花店** 一半是豆花一半是粉丝，配上酱油、萝卜干、虾米，甚至还可以加上卤料。（见191页）
- **寿记广东粥** 金门广东粥的鼻祖，奇葩店规“内用每人限点一碗”，知道它有多牛了吧？（见203页）

最佳景点

- **开元寺** 八闽大地上最大的佛教寺院，单是东西二塔就足够你“哇”一阵了。（见164页）
- **蔡氏古民居** 令人难以想象的大气民居藏在深山人未识。（见172页）
- **东山岛** 与风情各异的沙滩日日厮守，和各种鱼虾海鲜夜夜搏斗。（见184页）
- **土楼** 无论是单体最大的华安二宜楼（见186页），还是南靖的“四菜一汤”（见163页），这种独一无二的建筑是你绝对不可错过的视觉震撼。

最佳体验

- **在泉州逛古街巷** 千年的街巷有一种独特的魅力，走过就不再忘却这座城。
- **夜游金门金城** 躲开白天的烈日，在海风中，在夜色里，在静谧中走进星空下最美的后浦小镇。
- **骑行烈屿** 曾经跑坦克的道儿现在给你骑，很容易就能实现的环岛且有无敌风景。
- **跳入大海** 漳州有闽南最美的海，再矜持的人也无法hold住湿身的欲望。

南靖土楼群

你在搜索引擎中输入“土楼”，看到的图片多半就是南靖的田螺坑土楼群，因为四圆一方聚合在一起，常被形象地比喻为“四菜一汤”。如果有机会亲自“品尝”一下，千万不要错过，这神话般的山村建筑远比图片上看到的更震撼。

南靖土楼的数量仅次于永定，但各有特色。被称为“东倒西歪”楼的裕昌楼，历700年风雨、地震后歪而不倒。塔下村有“闽南周庄”之称，整个村庄沿溪而建，溪流转弯处点缀两座圆形土楼，恰似太极。而最神奇的和贵楼，看不到的神奇比看得到的还多。

☎400 8885 111

游客接待中心（☎788 0111；书洋镇下田村；⏲8:00~17:30）提供导览、咨询及邮政服务，物品寄放免费，寄存时间8:00~17:30

方位：景点呈环形分布在书洋镇境内，看上去像个“8”字。穿境而过的山梅公路将“8”分为上下两环

交通：由于土楼分散，景点之间虽不远但等班车费时。能找到一起租车的人会省时省钱

田螺坑景区

（书洋镇田螺坑；门票100元；⏲8:00~21:00）门票包括**田螺坑土楼群**、**裕昌楼**和**塔下村**三处。“四菜一汤”要在高处尝，最佳视角在山顶观景台。时节对的时候，配合土楼旁壮观的梯田看，方能感受这浑然一体的美。其实站在山脚观景台仰望也别有一番滋味，层叠的土楼颇有点布达拉宫的气势。

裕昌楼又被称为“东倒西歪”楼，从它四平八稳的外观上看，这样的说法不免让人生疑，但从你踏进的那一刻起，也许就想抽腿往外跑了。回廊支柱从二楼开始左倾右斜，最大的倾斜角达15度。别担心，700年来此楼一直有惊无险，地震也奈何不了它。你唯一需要担心的也许是现任土楼住户，除了一楼充斥商铺，上楼参观及拍照都会索钱。

沿九曲十八溪而建的塔下村以风景取胜，溪流让村庄和土楼充满浓情蜜意。这里既有原生态的土楼住宿，也有标准的现代住宿，因此成为理想的落脚点。三个景点虽步行可互至，但还是有点累，景区内的区间车（15元/人，满10人发车）可以帮上忙。

云水谣景区

（书洋镇云水谣；门票90元；⏲8:00~21:00）门票包括**云水谣古村**、**和贵楼**和**怀远楼**，三个景点沿着长教镇的一条小河展开，中间是云水谣古村，北头是怀远楼，南头是和贵楼。河边有一条磨得发光的卵石路，连绵七八里长，十几棵古榕树星星点点散落村中。

随着同名电影的播出，节假日到云水谣的人和车都非常多。最好能够避开周末，万一躲不开，就赶个大早避开游人，清晨的古村俨然就是古装爱情剧的片场。至于一南一北的两座土楼，水井和天井分别是它们的妙处所在。

村中有住宿，这里也是南靖旅游热门的落脚地。临河的晒谷坪一到晚上便被烧烤摊和啤酒罐占领，实在是城里人度过山乡漫漫长夜的娱乐必选项。从游客接待中心无区间车到达云水谣，你得在书洋镇上的汽车站乘坐班车（4元；5分钟；7:40~18:10共10班），或雇摩的前往。从漳州到南靖，出租车包车只要60元，若与他人合乘，每人只要15元。除此之外，南靖至梅林的班车经停云水谣古村。

南靖“四菜一汤”土楼群
苏薇 摄

河坑土楼群

（书洋镇曲江圩河坑村；门票50元；⏲8:00~21:00）河坑土楼群是南靖几个土楼群中最不商业的一个：没有蜂拥的游客，没有家家摆摊，只有纳凉闲话的老人、招猫斗狗的小孩和满地乱走的鸡鸭。

村庄对面的观景台是远观河坑土楼群的最佳地点，居高俯视，不需要刻意想象就能看出土楼“北斗七星”的阵势。在这些土楼里，最古老的都是方楼，多建于三五百年前，而圆楼大都在20世纪60年代相继建成，河坑土楼群完整呈现了土楼由方到圆的演变。不要错过**南薰楼**和**顺裕楼**，前者呈颠覆的五角形，后者的规模会令你咋舌。

河坑土楼群无景区区间车，可于书洋镇、塔下村包车或雇摩的前往。

亮点速览

- **田螺坑土楼群** 品尝“四菜一汤”，近看不如远观。
- **塔下村** 水上太极村，九曲十八弯。
- **云水谣古村** 榕树森森，小河潺潺，目力所及，皆可入画。
- **和贵楼** 沼泽地上建起的最高土楼，你敢在天井里跺跺脚，地上的卵石就敢整片震动给你看。

泉州市

电话区号：0595

如果腻歪了厦门的小清新，1小时的车程就能让你走进最地道的闽南。泉州，历史上的光明之城、东方第一大港、海上丝绸之路的起点之一，现如今的“魔幻现实主义”之城：晚7点公交车已是末班，凌晨1点大排档依然热火朝天；家家户户都泡功夫茶却也能在街角喝到用心冲泡的咖啡；小巷深处，既有唐朝的南音也有“唐朝”的摇滚；一条短街，能烧高香也能做礼拜，能求关爷也能拜妈祖，哪怕你当街磕头，也没有人对你侧目。随便迈进哪家铺子，其年龄都能比你大几倍。踩到块刻字的石头，也要紧张地研究下是不是古董。不论你钟情海鲜还是喜好牛肉，你的胃从来不被怠慢；哪怕肚腩上的皮带已经挪松了两孔，舌尖还在刺探着下一家美味……

景点

泉州市分为鲤城、丰泽、洛江、泉港四区，精华看点都集中在鲤城区，即老城。鲤城不大，且方位清晰，最宜走着玩儿。穿插各种美味小吃边走边看，边吃边歇，一天刚好。

若有余时，市郊的蔡氏古民居、五里桥、清源山和少林寺值得一看，洛阳桥则是当地人傍晚吹风吃海鲜的地方，距离市区车程均在半小时以内。可多用一天时间统一扫描市郊各点，也可依个人兴趣择其一二补充在首日行程当中。

开元寺中的狮身人面像

留心大雄宝殿须弥座的腰束处，有73幅**狮身人面**的青石浮雕。这组毗湿奴的记功碑，原是湿婆神庙的石构件。由于外来宗教在明初曾被冲击，被破坏寺庙的精美遗件在明代重修时被移建至此，成为开元寺“混搭”的亮点。

首选 开元寺 寺庙

（见166页地图；www.qzdkys.com；西街176号；门票10元；⏲7:30~17:30）找到开元寺很容易，冲着古城内的最高建筑——东西塔去就是。这座始建于唐代的寺院，取唐玄宗年号“开元”命名。历千年经多次受灾，如今面积只有最初的十分之一。即便如此，仍是八闽大地上最大佛教寺院，需要琢磨的东西令人目不暇接。

东塔名为**镇国塔**，建于唐朝。初为木制，后因数次受灾，在宋代改为石造。再后来，多次地震也再未能撼动此塔。同样强悍的西塔名曰**仁寿塔**，比东塔略低。两塔塔身浮雕各不相同，西塔第四层刻有一个猴头人身像，一度引发“孙悟空”的身世之争，但它十分不易被找到，你的长镜头在此可以发挥作用了。

大雄宝殿又名百柱殿。好事者会数出实有86根石柱，小僧人解释这是为了安置佛像撤去14根，导游却说此乃变柱为梁。说到梁，可真要细细抬头看。大雄宝殿斗拱上24尊妙音鸟来自异域，梵文“迦陵频伽”，翅膀和手持之物各不相同。他们和**甘露戒坛**顶上中国国籍的“飞天”一并构成了整个开元寺内精妙绝伦的穹顶。

殿前的拜亭是泉州榕树长老的集会处，树龄皆过百，其中一棵逾800岁。记得在造型别致的**宋代二塔**上，找找头顶瓦罐的印度人浮雕像。殿后廊檐有对被摸得中段发黑的**印度石柱**不要错过，至于上面每个浮雕的说头，你可以在泉州**海外交通史博物馆**（见171页）内的宗教石刻陈列馆里找到答案。

大雄宝殿后侧西边的千年老桑树，就是传说中的**桑莲古迹**。它和开元寺最早的传说有关。东侧是**弘一法师纪念馆**，你会被弘一大师年轻时饰演茶花女的小照惊艳到，也会面对其绝笔“悲欣交集”四字默思良久。

在我们调研期间，寺院后庭的**泉州湾古船陈列馆**正在改造，因此无缘得见传说陈列其内的宋代海外贸易海船。开元寺的斋饭不错，可以到**五观堂**预约。每月农历二十六都是开元寺最热闹的时候，不过据说当天中午12点

古玩赶集

不看些古董哪算来过泉州。平日里，泉州古城后城旅游文化街内沟河两侧的古玩商店列阵欢迎，东西多到溢到路边计生广告牌的顶上搁着。最热闹的属周六，凌晨4点市集便拉开序幕，一直延续到中午1点。春宫图、游梦枕、玉猪龙、瓷器、钱币、石构件、家具……小到指甲盖那么大，大到一个人带不走。东西当然有真有假，内行不妨前来“捡漏”，外行来凑个热闹也绝对长见识。府文庙的东南边有一条巷子里也挤着十来户古玩店，平时冷冷清清不开门，逢周六早上满血复活。

而对于职业淘宝人来说，周末在八闽大地是轮轴转的：周五赶厦门、漳州古玩市场，周六赶泉州后城早市，周日赶福州花鸟市场。这样的节奏早已成为惯例。

前寺庙对香客免费开放，至于如何分辨是香客还是游客，守门人说：“拿没拿供品嘛！”

市内2路、6路、26路、209路、601路公交车开元寺站或开元寺西门站。自驾停车困难。

承天寺 寺庙

（见166页地图；南俊路115号；免费；⏲8:00~17:00）很难想象在时髦的南俊路上暗藏着这样一座清净宽阔的寺院。这里曾是五代节度使留从效的南花园，宋代才更名，也许正因如此，承天寺并不像好些佛寺那样端着架子，反而更像一座清幽的园林，隔开院外喧嚣的尘世。

南宋泉州太守王十朋将这里总结了十景，但若刻意强调那一景一物反而煞了气氛。不妨随心漫步其间，曲径通幽处，禅房花木深，乐得在此当一个放松身心的“闲人”。如此亲民的处所不妨碍其高僧辈出，弘一法师居留闽南14年，僧籍即落户承天寺，这里也是大师圆寂后的火化之地。有一处小小的**月台别院**曾是他居留之地，护守院门的法师有时会关门休息，因此不一定总能得见。更值得去的是化身处后的小山头，静坐阅读，一下午不舍得走。

市区10路、25路公交车到承天寺站下车即可。

通淮关岳庙 寺庙

（见166页地图；涂门街188号；免费；⏲8:00~17:30）原名关帝庙，本主祀关羽，民国三年（1914年）增祀了岳飞才更名。所以该处公交车站名都沿用着本来的名字。涂门街上老远就可以望见袅袅青烟，闻到浓浓的香火味了。

关岳庙的建筑和它的香火一样热闹，闽南风格的五彩瓷雕，屋脊上的宝塔龙吻和香客一样摩肩接踵。祭殿不大，进门就可听见络绎不绝的掷筊声，当地人发音叫gua bei，以此判

泉州开元寺东西塔
CFP 提供

泉州城区

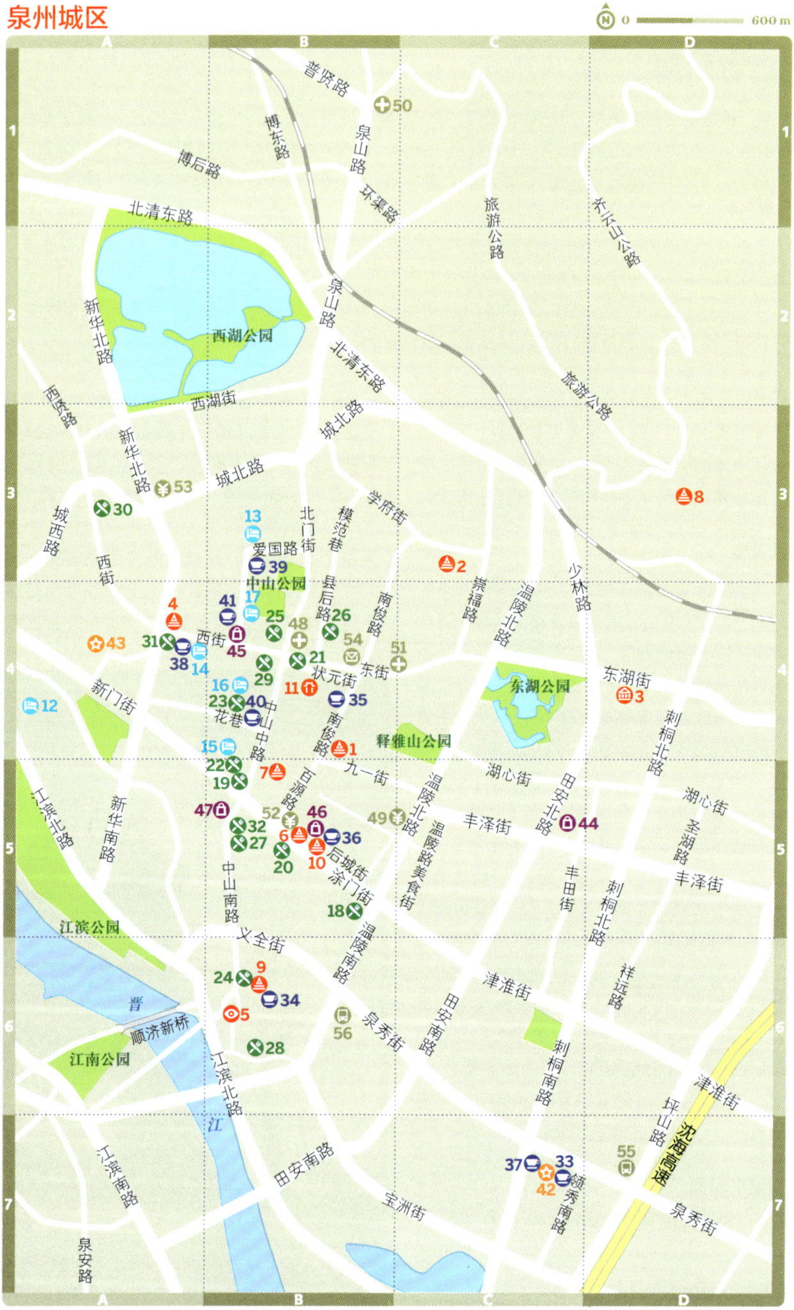
0 600 m
A
B
C
D
1
2
3
4
5
6
7
普贤路
50
博东路
泉山路
博后路
环渠路
北清东路
旅游公路
东岳山公路
西湖公园
新华北路
泉山路
北清东路
西湖街
旅游公路
西贤路
城北路
新华北路
53
城北路
学府街
8
城西路
30
13
北门街
模范巷
爱国路
39
2
中山公园
西街
17
县后路
南俊路
崇福路
温陵北路
少林路
4
41
25
26
48
54
43
31
西街
45
38
14
29
21
东街
51
16
11
状元街
东湖公园
东湖街
3
12
新门街
23
40
35
花巷
中山中路
南俊路
1
释雅山公园
刺桐北路
15
22
7
九一街
湖心街
田安北路
19
百源路
湖心街
江滨北路
新华南路
47
52
46
49
温陵北路
丰泽街
44
圣湖路
32
27
6
36
温陵路美食街
10
后城街
20
涂门街
丰田街
刺桐北路
丰泽街
中山南路
18
江滨公园
义全街
温陵南路
祥远路
9
24
津淮街
34
晋
5
56
泉秀街
田安南路
顺济新桥
28
刺桐南路
江南公园
江滨北路
津淮街
坪山路
江
沈海高速
田安南路
55
37
33
42
颂秀南路
江滨南路
宝洲街
泉秀街
泉安路

泉州城区

景点

1 承天寺……B4
2 崇福寺……C3
3 海外交通史博物馆……D4
4 开元寺……A4
5 李贽故居……B6
6 清净寺……B5
7 泉州府文庙……B5
8 泉州少林寺……D3
9 天后宫……B6
10 通淮关岳庙……B5
11 元妙观……B4

住宿

12 堤后咖啡客栈……A4
13 馆驿七号度假旅馆……B3
14 旧馆驿青年旅舍……A4
15 泉州酒店……B4
16 肃清门青年客栈……B4
17 新街54咖啡客栈……B4

就餐

18 安记食府……B5
19 海丝金凤元宵圆……B5
20 好成财牛排……B5
21 侯阿婆肉粽店……B4
22 鸡腿尜……B5
23 奎霞拌面……B4
24 林记正泉茂绿豆饼……B6
25 螺仔芬……B4
26 蚂蚁庭院咖啡私房菜……B4
27 群众牛肉小点……B5
28 文啊小吃店……B6
29 西街老记面线糊……B4
30 西街田螺王……A3
31 亚佛春饼老铺……A4
32 胭脂巷咸饭……B5

饮品

33 宝力咖啡馆……C7
34 秉正石花膏……B6
35 狗鱼咖啡……B4
36 古厝茶馆……B5
37 黑汤咖啡……C7
38 美好生活小酒馆……A4
39 诺尔庭院咖啡馆……B3
40 思念人咖啡屋……B4
41 真水闲院……B4

娱乐

42 动物世界音乐公社……C7
43 岭上民谣吧……A4

购物

44 风雅颂书局……C5
45 芥子书屋……B4
46 锦绣庄……B5
47 源和堂蜜饯……B5

实用信息

48 福建医科大学附属第二医院……B4
49 建设银行……C5
50 解放军第180医院……B1
51 泉州市第一医院……C4
52 招商银行……B5
53 中国工商银行……A3
54 中国邮政（东街支局）……B4

交通

55 泉州客运中心站……D7
56 泉州汽车站……B6

断吉凶。殿内正位左祀圣帝君（关羽），右祀武穆王（岳飞）。其余的地方皆被碑刻、木樵布满，这些皆为文物。

每年五月十三是关爷的生日，这天的香客是平日的十倍不止，想要入庙敬香基本是不可能的了。另一个高峰出现在春节期间，要想入庙？先挤入涂门街再说。

市内5路、6路、7路、8路等多条公交线路途经关帝庙站均至。

清净寺 清真寺

（见166页地图；涂门街108号；门票3元；⏲8:00~18:00）在涂门街的中段，一片与两边房子格格不入的建筑就是穆斯林在中国创建的现存最古老的清真寺——清净寺，时已逾千年。它的另一个名字叫作"艾苏哈卜清真寺"，是仿照叙利亚大马士革伊斯兰教礼拜堂的建筑。

最打眼的莫过于入门左边的废墟，这里曾是伊斯兰教徒们每日祷告的**奉天坛**。1607年的

泉州清净寺奉天坛

黄嵩摄

泉州大地震使其原本巨大的圆顶坍塌，空余残柱数根。由于无法恢复原来礼拜大殿的圆顶，公元1609年，穆斯林在寺内增建了一间小礼拜殿，即现在人们看到的中式风格的**明善堂**。这座建筑同样命运多桀，屡建屡塌，现存建筑乃近代改建。但是别误会了明善堂门口的那尊**出水莲花香炉**，这可是货真价实的老东西。

与不远处人声鼎沸的关岳庙相比，清净寺的确显得相当清净。偶尔有几个虔诚的教徒来此默默颔首，念念有词。

市内5路、6路、7路、8路、9路等多条公交线路途经涂门街均至。

天后宫 寺庙

（见166页地图；南门天后路1号；免费；⏲8:00~17:30）这里供奉的“天后”是沿海百姓的特有信仰——妈祖——海上女神。妈祖的原型实际真有其人，名林默，是宋代福建湄洲的奇女子，短暂一生行善济世，百姓感念其德，建宫祀之。

天后宫位于泉州城出海口的南门，过往渔船商船出海前都要到此祈求风调雨顺。这是中国东南沿海现存最早、规模最大的一座天后宫，台湾乃至东南亚的许多妈祖庙都是这里的分灵。至于这里香火如何？看妈祖的脸色就知道了。她可不是生来就黑脸的。门口有土地公，上面盖有“福德正神”的天棚，保佑学业有成，附近学校的学生也都拜祭得非常勤快。

农历三月二十三妈祖生日是祭拜高峰，若能赶上正月十五元宵节，这里举行的隆重的“乞龟”活动更是热闹。拜亭前会用上千斤大米堆成龟的形状，祈求延年安康，并用凤梨拼接成两条龙。而正门前抬高的方寸之地即刻化身成为舞台。

天后宫的正对面就是古代泉州的城门——**德济门的遗址**。2000年之前它还埋在地下，因施工才被发掘，宗教石刻博物馆的“四翼天使”就是出自于此。如今这里一片废墟，小孩子们在曾经的城门要塞上跳来蹦去地玩耍。

乘坐31路到天后宫站，或601路、209路到附近的幸福口下车。

李贽故居 故居

（见166页地图；万寿路123号；免费；⏲9:00~17:00）从天后路出来，顺着对面一条小巷行进，抬头就能望到不远处墙面上醒目的李贽故居提示牌。纵然距离天后宫不到百米，如若不是因为这块牌子，恐怕很少有人会移步至此拜访这位在历史上曾不被认可的思想家。

这位出身于“航海经商世家”、“资积巨万，列居郡城南”的富豪之后，偏偏走上了著书立说之路。以“异端”自居的李贽，可以说是历史上的“反孔”先锋，他贬斥程朱理学为伪道学，提出不能“以孔子之是非为是非”，承认个人私欲，并认为人与人的交换关系、商业交易合乎天理。

这座完全说不上气派的院落，就像李贽曾经的言论和主张一样被委屈地搁在一边。但如果除了参观院内李贽的塑像和那些关于他的碑文资料记载之外，你还愿意多去了解下他的思想见解，那就值得来这儿一趟。

元妙观 道观

（见166页地图；东街新府口，状元街中；免费；全天开放）夹藏在状元街中的元妙观是一座道教寺庙，却出乎意料地活色生鲜。门口的蟠龙柱显示了其不同寻常的道教地位——八闽第一道观。它和所有玄妙观一样在康熙皇帝玄烨登基之年因避讳改了名。这里历来是泉州道教活动的中心，每年各大宫庙都要到元妙观举行“晋表”、“领旨”仪式。每逢节日这里也会张贴告示举行盛大的拜祭和祈福活动。

卡在居民区内的元妙观，对于当地人来说有点市民活动中心的味道。殿内供奉玉皇大帝，求签和掷筊的人络绎不绝，信徒们将此看作是与玉皇大帝的对话，殿旁则有解签的长须大师负责“翻译”，但要收费。有意思的是，原来观中曾有七口炼丹井呈七星状散列于观中各处，现尚存四口，散布观内外，如果您还想找点事儿做，可以找找看。

泉州府文庙 文庙

（见166页地图；www.qzfwm.com；中山路泮宫内；门票3元；⏲9:00~17:30）文庙门前的一大片广场，是泉州城内最热闹嘈杂的地点之一。但花3元钱就可以将这一切杂音隔绝在外。

泉州府文庙的规模在整个中国东南部可排首位，庞大的院落圈起了一方宁静，给人足够的空间静思冥想。大成殿内，康熙御书的“万世师表”、雍正御书的“生民未有”以及嘉庆御书的“圣集大成”匾赫然醒目。若要问文庙谁来得最多，当然是要考试的学生们。每逢考前或开学，殿内看守老伯每天都要无数遍地告诉那些虔诚的孩子们如何敬香。

文庙的东庑是**泉州古代教育展览馆**，藏着诸多古代泉州的课本、科举试卷、牌匾、楹联等实物，并陈列着努力再现的当年家塾兴起、书院林立的兴盛场面。对面的西庑赶着近年蜡像馆的时髦建起了**泉州历史名人纪念馆**，恐怖片爱好者不要错过。不过在作者调研时，庙内大成殿正在封闭维修，要到2015年2月

何处闻南音

想要真切理解何为“琴瑟和鸣、丝竹相扣、执节者歌”就得听南音，它被称为音乐中的“活化石”并非虚名。除音阶、曲牌等与古代相同之外，所有乐器依然沿袭南北朝至五代规制，从穿着排场到礼节站位甚至曲目编排都有严格规范，真正是一曲梦回唐朝。

“高大上”的**南音艺苑**（新门街芳草园西边；✆2812 5891）平时大门紧锁，只为华侨外宾演出。但民间的南音爱好者每晚七八点乘凉时，便在**文庙广场**（见本页“泉州府文庙”）和**文化宫**（九一街2号，百源路交会处）附近摆开了“排场”。可以见到他们将一把只有从古画和出土的陶俑中才能看到的琵琶弹得跟吉他一样潇洒，歌者手执拍板，开嗓一句，曼妙清丽的歌声便缓缓揉进夏风。大可和当地人一起摇着蒲扇，坐着板凳，悠哉乐哉。

才能重新开放。但这不影响参观东庑、西庑。

乘坐1路、3路、18路等公交车均可直达。

崇福寺 寺庙

（见166页地图；崇福路；免费；⏲4:00~20:00）崇福寺在沿南俊街上坡的顶端，与开元寺、承天寺并称泉州三大丛林。它有三样"镇山之宝"——应庚塔、千人鼎和大洪钟。**应庚塔**，虽无开元寺东西塔之宏伟，却比东西塔年岁大，是泉州最早的石塔。且从建塔之初就有"斜塔"之势，历千年沧桑，越来越斜，直到2001年才拆卸扶正。**千人鼎**，据说是一个高六尺、直径五尺、厚八分，能供千人饭食的大鼎，寺中僧人竟然说该鼎早已被盗，不禁让人对那个能把如此巨物带走的盗贼心生佩服。**大洪钟**，铸于明初，声音宏亮，直至今日**崇福晚钟**依旧是泉州一景。大钟每天在清晨4点和晚上8点敲响，分别是僧侣早起和晚修的时间。现在钟声也是寺前广场上大妈们集会舞蹈的集合号令。中午11点为用餐时间，可以预约斋饭。

市区内乘坐37路、2路、32路到崇福寺附近下车即可。

泉州少林寺 寺庙

（见166页地图；清源山余脉东岳山下；免费；⏲9:00~17:00）古来名寺出山间，当然武术之魁的少林也不例外。山下有一块提示牌"少林寺600米"，但其实还得再走上一公里左右上山路才能到达少林寺的山门。寺人解惑道："那是武僧飞上来的距离！"

少林绝不会辜负你在武打片里累积的期待，沉着内敛气宇不凡。**大雄宝殿**匾额上"雄"字的偏旁替换成了"右"字，取保佑众生之意。寺院结构随着山体层层递进，两边的庑廊上还雕刻着各种施展拳棒棍法的武僧。攀上大殿后长长的石阶，瞻仰高高在上的**荷瓶观音**一定不会让你失望。她是由两块非洲菠萝格红木雕刻而成的，高达12米。而"荷瓶"其实是取"和平"的谐音。

少林寺尽管让人心生敬畏，可并非充满杀气，寺内僧人相当随和，游人稀少时会邀你一同坐下喝茶。但如果早晨10点来到**演武厅**就是另一番风景了，那是他们习武的时间，运气好的话是真能看到"水上漂"的！

少林还开武术班，可关注新浪微博"@福建省泉州少林寺"的信息。

市内乘坐41路公交车到侨乡体育馆站下车，再步行约1.1公里上山，也可打的前往。

清源山 山

（泉州市北郊；门票55元；⏲9:00~17:00）泉州城小，人们好走动，有时走一走就到老子这儿来串门了。

大可不必把到访不过500米高的清源山当作爬山之旅。当然身为游客还是要来看看为泉州代言的**老君岩**——一块原本就形状肖似老翁的天然巨岩，由宋代的"好事者略施雕琢"而成为老君石雕，以及与闽南有着深厚渊

泉州少林寺武僧练功
CFP 提供

源且安身在此的**弘一大师的舍利塔**。勿忘关注塔内壁丰子恺先生悲切所作的**泪墨画**。当然清源山以历代摩崖石刻著称，可以循着地图一块一块地寻访古人的“到此一游”，以及儒、道、释的各种旧迹。若只为观景2个小时也就够了。但其魅力却不仅于此，当地人喜欢“去山上泡茶”，那就是在**南台**，有茶铺也可自带茶叶买水，观景品茶不亦乐乎。他们还喜欢“去**天湖**吃小吃”，在山顶的大湖边吃当地的农家菜。因为离市区够近，所以大家也不担心在山上待得太晚。有时天快黑了还有人在上头吃烧烤，当地人会说：“这就是泉州人的生活。”

清源山脚下聚集了许多摩的司机，会热情地邀你用他们的车带你去逃票的入口。其实他们所言不假，而且清源山的免费入口还不止一两个，但是基本都需要爬一段或长或短的山路，你可以根据实际情况选择。

乘坐3路、10路、30路、201路、202路、209路、K1路到清源山风景区站。

闽台缘博物馆 博物馆

（城北路；免费；🕘9:00~17:00，16:30停止入馆）博物馆坐落在清源山脚下，也许它的名字并不那么吸引人，但选择来此将收获欢乐且充满惊喜的一个小时。全馆的镇馆之宝，大厅巨大的爆破画，是祖籍泉州的当代艺术家蔡国强用爆破绘出的一副高18米、宽9米的“同立、同种、同根生”的巨型古树，视觉冲击极强。

博物馆以历史为主线，先后从地理、民族、政治等各个角度，以及各种身临其境的方式展示了泉州发展的方方面面，当然也包括大陆（福建）与宝岛台湾的历史关系。展品齐全且贴近民生，有些展示真实得可以吓到你。看完整个展览也仿佛在泉州生活了几个世纪，几乎可以成为一个“泉州通”。

记得带好身份证，可租借讲解器。建议将此行程安排得更靠前，以便更好地理解所见的泉州。市内坐21路公交到西湖公园周边下，离清源山不远，可一同参观。

供奉白狗的寺庙

寺庙里供奉的不是佛祖菩萨，而是一只白狗，十分稀奇。它准确的名字叫做**白耇庙**，位于中山北路的县后街直通东街的巷子末端，是一座奇特的小庙。庙内供奉着一尊怪异的白狗塑像，匾额篆有“毗舍爷”的抬头。关于它的来历，有人说是印度婆罗门教传入中国后为民间所崇拜的产物，也有说法是这只白狗救过锡兰王子一命，死后被王子后裔建庙祭祀。寺庙不大，却依然香火不断。

海外交通史博物馆 博物馆

（见166页地图；东湖路东湖公园西侧；免费；🕘9:00~17:00）它绝不像它名字听起来的那么无聊，甚至可以说十分有趣！如果在泉州的各种博物馆中只能选择一个参观，那就来这里。

有见过十种不同的十字架吗，有见过长着翅膀骑着祥云拿着十字架的菩萨吗？知道为什么泉州寺庙多处能看到泰米尔文吗，知道丝绸之路当时出口的丝绸和陶器是什么样子吗？最早的出国签证是什么样？闽越人是如何领先世界一千年造出万吨轮的？开元寺石柱上的雕刻到底是些什么故事？当年抵抗倭寇用的是什么武器？认真参观完海交馆你就全知道了。

市区乘坐7路、13路、10路、22路、11路公交均可到达。

洛阳桥 古桥

（东郊洛阳江；免费；全天）洛阳桥不在洛阳。唐初，大量中原人南迁，看到这里的山川地势很像古都洛阳，就把这个地方取名为洛阳，此桥也因此而得名。

洛阳桥别出心裁的船型桥基设计既可减少水的冲力，又有群船齐航的审美效果。更让现代人叹为观止的是为了巩固桥基，在桥下养殖了大量的牡蛎，这种世界造桥史上别出心裁的“种蛎固基法”，连桥梁专家茅以升都大为称赞，并称洛阳桥为“福建桥梁状元”。

桥头还有始建于宋代的蔡襄祠。中亭有“万安桥记”碑刻。蔡襄本是宋代“四大书法家”之一，他亲自撰书此碑为洛阳桥增辉不少。

市内19路公交车可以到达。另外，虽说日落观桥美，但根据季节不同潮水涨退也有所差异，注意选择对的时间去。

安平桥（五里桥） 古桥

（晋江市安海镇和南安市水头镇之间；免费；全天）“天下无桥长此桥”，这个亮点太明显了。其准确全长为2255米，放在中古时代，是不含水分的世界最长梁式石桥。想要走完确实得花点时间，特别是每块石板都没有经过打磨，依然保持着高低不平的地势，中间还有明显的间隙，人们走到一半估计都开始想念水泥地了。不过还好，桥东桥西和桥中都设有石亭供歇脚。目前周围也正在兴建五里桥公园。要解释一下它另外一个更为人熟悉的名字——五里桥，因为古代1里等于500米，所以做完除法就是大概五里。

这座建于宋朝的石桥位置稍显隐蔽，桥头需要穿过一座千年古刹——**水心寺**。寺门题字“桥跨五里海，寺镇晋南界。”还有两位形态幽默的石将军把门，名为——**不肯去石将军**——因为曾经多次被盗都“偷不走”而得名。

从泉州汽车站坐到安海的车（全程11元；车程45分钟；18:50前，10分钟1班），到安平下车，步行即可到达水心寺。若从桥的另一头走，泉州汽车站有去水头的车（11元；车程45分钟；19:00前，10分钟1班）。或者在泉州客运中心站坐去石井的车（10元；车程45分钟；20:00前，10分钟1班），水头站下。

五里桥你一定不想走两次，所以如果从东往西走，可以接着坐水头回泉州的车在官桥下，看**蔡氏古民居**（见本页）；如果从西往东走，可以坐安海回泉州的车到福埔下看**草庵**。当然别忘了先吃土笋冻！晋江市离泉州市仅12公里，从泉州客运中心站对面坐802路公交就能到达，选择发往石狮、安海、金井的车都会经停晋江。或者直接打的也不过20元左右。

安海土笋冻

所有的土笋冻摊都会打着一个抬头——安海！对，安海人把这种海沙间提炼出的美味化为神奇。在高手云集的土笋冻之乡，最被当地人认可的是一家叫**长火**（☎158 6032 2158；成功西路安海保健院对面巷子内；10元/个）的家庭作坊，整个制作过程都由自家手工完成，每天中午开始销售，数量有限卖完就关门。

安海的其他土产还有白塔林氏菜粿、胜金蓼花、食珍糕等，都是当地人人皆知的老字号，有兴趣可以尝试。

首选 **蔡氏古民居** 古民居

（南安市官桥镇漳里村；门票15元，学生票10元；⏲8:00~17:00）难以想象在这样偏僻的村庄角落藏着如此气派的大型建筑群。民居最早的主人是一位满脑子儒家思想的菲律宾华商蔡资深，他认为“久远之业，商不如农”，于是把大量财富转移到国内，花了40年在故乡建起了这片大厝。现在这里的居民仍是蔡氏后裔，但年轻人多数已经搬离，只留有一些老人们陪伴着这些年代久远的房子。老人说参观者不少，也已经习惯这样的状态，反倒是那些看门的狗儿们非常直率地表示了抗议。这里让人屏息的不止是它大气宁静的氛围，更是那些巧夺天工的雕梁画栋、墙砖浮雕、窗棱镌刻，去浮华弃艳丽。这里不仅值得慢慢走、细细品，你简直想要就此住下了！

泉州客运中心站和泉州汽车站都有“泉州—水头”的班车（全程11元；车程45分钟；19:00前，10分钟1班），坐到官桥镇下车，票价7元；再叫摩的，约8元。告知漳里村会比直接说蔡氏古民居更快让司机明白。

肃清门青年客栈小院

黄嵩 摄

节日和活动

农历正月十五**元宵节**在新民街是泉州最热闹的**花灯节**。而同时在天后宫也会举行盛大的**乞龟**活动。

中秋节前后，泉州的**博饼**也和厦门一样热闹。农历八月十五、十六天气好的晚上，**西湖公园**、**笋江公园**等亲水的地方都是泉州市民最爱的举家赏月之处。

住宿

泉州有许多个性鲜明的小青旅，大多利用古厝或者洋房改建，基本集中在老城内，吃喝玩乐皆步行可至。店主都是些熟知泉州掌故的年轻人，还都相互认识，串门聊天更是其乐无穷。

旧馆驿青年旅舍 青年旅舍 ¥

（见166页地图；☎2239 0817；新浪微博@泉州旧馆驿青年客栈；泉州西街187号；标单/大床128元，铺50元；📶❄）客栈总共有两标两大床和两间4人混住间，不大的院子紧凑得目不暇接，房间简易格局稍小，但会配备洗发水牙膏等一般青旅不提供的用品。这里是体验闽南传统民居的好地方，和土生土长的掌柜聊天更是能一晚侃遍泉州。所在的巷子较深，见灯箱向里走，直到听到海盗（一只边牧犬）激动的叫声！有自行车出租，20元一天，押金200元。

首选 **肃清门青年客栈** 青年旅舍 ¥

（见166页地图；☎2268 8777；新浪微博@泉州肃清门青年客栈；西街肃清门广场旁会通巷66号；铺45元，标间88元；📶❄）房间简单却色彩鲜明，各处摆着好古的老板搜罗来的老构件。虽然所有房间都没有独立的卫生间，但公共卫浴保持得十分干净。在石磨台上喝茶最是悠闲，老板还会把开元寺每个角落的故事都说给你听。三楼的天台风景不错，看东塔就像在自家后院一样。

堤后咖啡客栈 青年旅舍 ¥

[见166页地图；☎2239 0800；新浪微博@泉州堤后咖啡客栈；堤后路（金洲路）114号（新门蔬菜公司后面/加油站向前100米处）；标单138元，铺50元；📶❄]古朴而不陈旧，清新却不浮夸。从多人间到大床房，以色彩作为主

泉州肉粽

黄嵩摄

题，不扰人耳目。二楼的咖啡厅宽敞，适合闲时小坐。客栈位置靠近江边，夜晚恰好散步。步行到中心城区涂门街也只需10分钟。

新街54咖啡客栈 青年旅舍 ¥

[见166页地图；☎2287 5167；新浪微博@泉州新街54咖啡客栈；新街54号（钟楼二院站）；标单198元，铺65元；📶❄]青旅中的"华侨派"，由一栋老别墅改造而成。有超大的庭院，房间简洁干净，还有一间八角形的大床房。地理位置够好，离西街就3分钟步行。房间简单，如果去的季节对的话，多瞄几眼院中龙眼树有没有结果。

馆驿七号度假旅馆 精品酒店 ¥¥

[见166页地图；☎2809 0218；华侨新村五排7号（五排五号咖啡隔壁）；标单/大床358元；📶❄]位于华侨新村内的老洋房，有个宽敞的洋气院子，房间基本以蓝色为主题，装修相当精致，融合了闽南和南洋风情，却仍以老巷子命名每间客房。细节之处都考虑周全，有的房间浴室比房间还大！早餐简单可口，还赠送隔壁咖啡馆的免费券。服务员热情友善。

泉州酒店 星级酒店 ¥¥¥

[见166页地图；☎2228 9958；庄府巷22号（旧市政府旁）；标单/大床518元；@❄🏊]泉州较为成熟的老牌星级酒店。紧邻中山路却闹中取静，周围逛街或搜罗老街小吃绝对方便。设施说不上崭新，但都配备到位，房间有送水果，早餐丰富。

就餐

"吃"是来泉州的一大理由，不把自己塞个七荤八素就是不敬业。发掘传统小吃必须穿梭西街老巷；各式饭店集中在温陵路美食街；时尚创意菜和异国餐厅在最时髦的泉秀路领SHOW创意园区；台湾小吃或者冰品糖水到六灌路绝对让你满意。当然任何城市都不能少了夜宵排档，每晚10点左右，文化宫、西街钟楼下，以及江滨路的各大排档就开始热闹起来，并且这里的海鲜排档还会预备筛蛊，贴心得不可想象。

西街老记面线糊 小吃 ¥

[见166页地图；西街17号（影剧院对面）；

人均10元；⏲7:00～21:00]说到面线糊，谁都会推荐你去这家。正宗的泉州味道，开了近50年。面线幼滑稀稠得当，配料自选，有油条、醋肉、海蛎、虾仁、卤蛋、豆腐等，每样4～8元。记得一定要试一下大肠，可以配醋肉解腻。地道吃法都会配油条，不论是早餐还是夜宵，都是当地人的最爱。

当地人告诉我们，南俊路上的**老记面线糊**（南俊巷迎辉花苑4栋107号；人均10元；⏲24小时营业）味道可能更好，且24小时营业。两家店其实是同姓兄弟所开。

首选 侯阿婆肉粽店 小吃 ¥

（见166页地图；东街45号；人均15元；⏲10:00～20:00）泉州各类老牌肉粽店里最亲切的一家。一个肉粽里塞了三层肉、瘦肉、香菇、板栗、干贝、卤蛋、虾仁等八种料！淋上秘制的花生甜辣酱将其拌匀，佐上一碗肉燕或小肠汤，再小胃的人吃完一个都意犹未尽！

鸡腿丞 烧烤 ¥

[见166页地图；金鱼巷52号（鲤城区政府边）；人均20元；⏲14:30～16:30]你没有看错营业时间，这家藏在巷子里的烧烤店真的就这么拽。下午2:30开始营业，最晚到下午5点就什么都卖光了。镇店之宝——鸡腿更是限量供应、一腿难求。真正的秘诀在独家调味料上。店内墙壁上凌乱的照片和闪烁的LED带你进入又老又local的台湾影视剧场景，加上邓丽君歌曲适时响起，顿觉穿越。藏在乡子里的鸡腿丞不太好找，但远远看见红色的一排旌旗飘飘就是了。至于最后那个字咋念，去了你就知道了。

首选 群众牛肉小点 小吃 ¥

（见166页地图；中山南路436号；人均11元；⏲6:00～19:30）听这名字就知道有年头了，多少泉州人骑着摩托车匆匆而来就为这口。一碗海蛎煎再配上一碗牛肉羹就是最经典的搭配。泉州以牛肉羹好吃著称，这家的牛肉羹更是力压群芳，第一口下去会有惊艳的感觉。海蛎煎不同于厦门的做法，松散鲜滑，多汁可口。

海丝金凤元宵圆 小吃 ¥

（见166页地图；新浪微博@海丝金凤；金鱼巷5号；元宵7.5元；⏲8:30～24:00）时间得退回到20世纪80年代，金鱼巷里的人民电影院是泉州最热闹的地方之一。打从那时起，老林夫妻便在电影院门口摆汤圆摊。后来，人民电影院退出了历史舞台，老林夫妻的汤圆摊留守金鱼巷5号，再后来，又在南俊北路上开了一家分店。元宵甜而不腻，此外还有花生汤、豆花等传统小吃。

好成财牛排 小吃 ¥

（见166页地图；涂门街宣武巷口；人均20元；⏲10:00～24:00）在关岳庙对面的转角，很容易找到，朴实无华的小吃店，只有和牛肉有关的一切。跟西式的牛排不同，当地的牛排指的是大块带骨牛肉，用多种香料焖煮，入口香汁浓郁，再配上一碗咸饭。最适合甩开腮帮地大快朵颐。

胭脂巷咸饭 小吃 ¥

[见166页地图；胭脂巷（中山路群众牛肉小吃左转到底）；人均20元；⏲10:00～22:00]泉州经典老店之一，以咸饭主打，但其实卤料做得更好。肠灌肠、猪尾巴、葱灌小肠汤味道一绝。肠灌肠是一整条小肠卷成一个实心的小圈，卤得很入味，特别有嚼劲儿。另外还有卤猪心、卤排骨、卤肉也都很不错。

奎霞拌面 小吃 ¥

（见166页地图；奎霞巷内50米；人均10元；⏲14:00至次日4:00）这家没有招牌没有名字却全城皆知的老店，因为开在奎霞巷而得名。味道有多好自然不必多说，每天营业至凌晨4点，让半夜的饥肠有了福。老板麻利地把配料永远拿捏得正好。地方有点难辨认，看见门口写着传统云吞拌面，感觉最不像的就是它了。

螺仔芬 小吃 ¥

（见166页地图；西街影剧院东边；人均25元；⏲17:30至次日1:00）小小的门店只经营两

种菜式，吸吸螺和长钉螺。在田螺中加入特制花生麻酱，快速摇动直至酱汁完全浸入田螺。吃的时候一口将田螺肉和酱汁一并吸入嘴中。坐在店里，摇动田螺的哗哗声会一直为你助兴。营业至夜里1点，绝对是宵夜的好地方。

西街田螺王 小吃 ¥

（见166页地图；西街514号；人均25元；⏲17:00至次日1:30）或许它应该改名叫泉州田螺王，泉州人没有不知道的。螺肉肉质弹嫩，放上麻酱、酱油和鸡汁旺火哗哗地翻炒，听这热火朝天的动静就让人馋涎欲滴了。店门虽小，但人气够旺。

亚佛春饼老铺 小吃 ¥

（见166页地图；西街165号；春卷2元/个；⏲5:30~20:00）靠着《舌尖上的中国》，这家老店又逢春，这让隔壁几家润饼店的老板们有些眼红。不过亚佛红得也不是没道理，毕竟半个多世纪屹立西街不倒就是真本领。吹弹可破的润饼皮，裹得住胡萝卜丝、海蛎煎、荷兰豆、豆干丝、海苔等一大堆配料。

林记正泉茂绿豆饼 小吃 ¥

（见166页地图；天后路2幢10号；5元/条；⏲7:00~21:00）出天后宫后不可错过的一家。出门往东走，一会儿就能见到。整个泉州城绿豆饼无出其右者，最重要的是新鲜，饼子到手还是热乎的。咬下去外皮香酥可口，内馅甜咸适度，一点也不腻。

文啊小吃店 小吃 ¥

（见166页地图；www.linliwen.com；聚宝街55号；⏲11:00~19:00）文啊的先辈们用鱼丸、鱼卷、鱼条、鱼羹铺了一条绵延百年的美味水丸发展史，如今这家店的鲜美仍在持续。

蚂蚁庭院咖啡私房菜 当地菜 ¥¥

[见166页地图；☎2278 1959；县后街4-6号（近市公安局）；人均80元；⏲11:30~20:00]小店隐藏在县后街的尽头，比较有家庭厨房的感觉，有一些传统翻新的创意菜可以一试。

安记食府 当地菜 ¥¥

（见166页地图；☎2228 0333；温陵路中段海信大楼；人均80~120元；⏲11:30至次日2:00）人气挺旺，晚上用餐需订位。海鲜的选择很多。摆盘精致，服务周到，赠送的豆花也很好味。

饮品

南俊街集中了泉州大部分的咖啡店，当然华侨新村的庭院咖啡也是不错的选择，但大多比较类似，另一些迷你咖啡店则开在西街内的老巷子里。

首选 古厝茶馆 茶室 ¥¥

（见166页地图；☎2228 2373；后城旅游文化街122号；人均40元；⏲9:00至次日1:00）在古厝里喝茶是品尝闽南的最佳方式。这家老店是当地老人家日常聚会的场所，因此你除了饮茶还可以在这里获得额外的增值体验——听老人讲古（即“说书”），有时竟还有南音！听不懂闽南话没关系，单是看讲古人端着本老得快散架的《三国演义》就是十分有趣的画面，讲的人万分投入，围坐听书的一干爷爷们却常常坐着打盹。别担心，这丝毫不影响说书人的发挥。

首选 秉正石花膏 冷饮 ¥

（见166页地图；天后路1幢1-2号；人均6元；⏲7:00至次日1:00）渴了，热了，就来一碗石花膏。虽然泉州的石花膏到处都有，但还属这家口味最纯正。逛完天后宫，就不要错过一侧的秉正石花膏。加芒果、加绿豆、加芋圆，加白莲，依你的心愿，添到满意为止。制作石花膏的主要原料石花菜，是一种生长在台湾海峡礁石上的食用海藻，也只有在海滨南国才能吃到，实乃夏季解暑、降火之妙品也。

狗鱼咖啡 咖啡店 ¥¥

（见166页地图；新浪微博@狗鱼咖啡；南

俊路279号；人均25~50元；⏲10:00~24:00；📶）尽管店面小小，但走过南俊路却很难不进这家一探究竟。究其原因大概是那怪异的LOGO——一只鱼头狗身的小怪物，关键部位还打着马赛克。它没有辜负你的好奇心，店里的老式风琴、调频收音机、斑驳的挂钟，以及大壁炉，替主人申明“我很用心！”更棒的是除了供应各种花式咖啡外，还能喝到多种手冲单品，连豆子也是自家烘焙。如果不爱咖啡，主人自种自配的草本茶也很值得一试。

黑汤咖啡 咖啡店 ¥¥

（见166页地图；☎2887 5710；新浪微博@黑汤咖啡；泉秀路领SHOW天地园区5号楼110；人均35~50元；⏲14:30~24:00）在人头攒动的创意园区，不要错过这家藏在角落不吭声的别致咖啡店。简洁别致的内装，滤去了一切繁杂，只专注于豆子和冲泡。咖啡师不惊不扰地为你送上一杯用心冲泡的单品，让爱咖啡的味蕾找到了天堂。

宝力咖啡馆 咖啡店 ¥¥

（见166页地图；☎2222 6676；新浪微博@宝力咖啡馆；领SHOW天地乐园区乐其道8号楼；人均35元；⏲10:30~22:00）乐其道上一栋清新的蓝墙白窗建筑，内部宽敞温馨，布置清新也不乏复古情调，还兼带售卖时新的书籍和各式创意小物。会不定期举办画展、电影放映等活动，可关注其微博发布的消息。还真是映衬了它外挂的牌子——“文创青年之家”。

诺尔庭院咖啡馆 咖啡店 ¥¥

（见166页地图；☎2298 7744；新浪微博@诺尔庭院咖啡馆；华侨新村一排17号；人均45元；⏲10:30~24:00；📶）泉州最早的一家庭院式老别墅咖啡馆，环境的味道绝对不输给咖啡！当你赖着不想走的时候还有西式简餐和自制甜品。还不想走就点鸡尾酒吧，运气好还能碰上一些驻唱演出！平时也会举办一些影展画展，随时来随时都有惊喜。

思念人咖啡屋 咖啡店 ¥¥

（见166页地图；☎2238 3141；中山路花巷12号；人均30元；⏲14:00~24:00）被誉为“泉州咖啡店的老板都是喝着这里的咖啡长大的”，老板十几年的冲泡技术已经娴熟到心中有秒表。

泉州茶馆里讲古（说书）的老人

黄嵩 摄

上二楼的阶梯被戏称为"泉州最窄的楼梯"，咖啡店的座位不多，老板能聊的话题不少。

真水闲院 茶室 ¥¥

（见166页地图；☎2239 6816；西街裴巷5号；人均80元；⏲10:00~22:00）不想走出西街又想避开主道的吵闹，可以拐进裴巷找这家茶室。古朴宁静，一花一草一帘一席都可圈可点。有安静的小包间，喝茶之余也可购买店主自制的门帘小物。

美好生活小酒馆 酒馆 ¥¥

[见166页地图；☎8675 0609；泉州西街139号（钟楼往开元寺300米，星星电器旁漫巷里）；新浪微博@泉州美好生活小酒馆；人均30~50元；⏲9:00~24:00（冬季），9:00至次日1:00（夏季，周一早上休息）]一家不看就会错过，看见就忍不住要走进去的小店。深嵌老巷内，却是西街最晚熄灯的地方之一。酒馆内轻松得只有随意的书、随意的座、随意的人，你很快会不适应叫他们服务员或老板，因为只有朋友朋友朋友、喝酒喝酒喝酒……不过其实他们上午就开门，也供应咖啡，还有自酿葡萄酒。如果掌柜在，就一定要点一杯鸡尾酒。

娱乐

动物世界音乐公社 酒吧 ¥¥

（见166页地图；☎134 8972 6686；@动物世界音乐公社；泉秀路领SHOW天地创意园乐其道6#105号；人均60元；⏲18:30至次日2:00）"拳头总要锁紧，行动才是唯一"就是动物音乐社的摇滚口号。场地音响皆为音乐打造，平时有民谣弹唱，周末乐队驻场，支持独立音乐，有兴趣可以在豆瓣搜到他们的活动。

岭上民谣吧 酒吧 ¥¥

（见166页地图；☎2239 6816；新门街源和1916创意园内右拐50米源和堂；人均20元；⏲19:30至次日2:00）岭上给自己的定位是：非怀旧，乃青春，是一个校园主题的音乐咖啡酒吧。经常会有外籍歌手演出，周日晚上7~9点还有吉他沙龙，免费教吉他。凭学生证和歌手证更可以免费排序K歌，还开展了以歌换酒行动，一首歌换一瓶酒！

购物

土产来说，蜜饯在泉州是最常见的佐茶小点，**源和堂蜜饯**（见166页地图；中山南路609号）是家有百年历史的老店，可以试试他家百年工艺的蜜饯口味有何不同。还有**清源茶饼**，听起来以为是点心，其实它是一种类似普洱的压缩茶饼，配合各种中草药材，有开胃消食提神的功效，可以当做日常茶饮，超市都能买到。还有**老范志万应神曲**，疏风解表，消积化湿，醒脾开胃，各大药店都可以买到。西街以及周边小巷的老书店都是可以淘书的好去处。

少年蔡的图书漂流

一个名叫蔡程方的泉州本土少年想办一家公益图书馆，他把这个想法告诉了美好生活小酒馆的老板，没想到后者立马答应给他一方空间运作。于是，蔡程方带着"童鞋们"在其所在的泉州培元中学以及当地媒体、作家、全国各地的出版社和爱心人士的支持下募集到了上万本图书。这些图书供人们免费取阅，无须借书证，也无须押金。凭借借书人的诚信让图书持续"漂流"。你可以在美好生活图书馆（西街小广场109号）、美好生活小酒馆（见本页）、旧馆驿青年客栈（见173页）和泉州少林寺（见170页）"零门槛"地参与到这场图书漂流活动中。

中山路是泉州吃喝购物最集中的一条街

黄嵩摄

锦绣庄 工艺品

（见166页地图；www.jinshow.com；泉山路中段西侧；☎2467 8698；⏲9:00～21:00）是一个大型的木偶展示馆，可以免费参观，也可买个精致的木偶回去，一定是最棒的纪念品。另外在市区后城旅游文化街也有其分店名曰**泉州锦绣庄木偶艺术馆**（后城227-10；⏲10:00～18:00）木偶的价格高至名家手工限量版的几千元，低至批量制造的几十元都有。

风雅颂书局 书店

（见166页地图；www.qzfys.com；田安路青少年宫文化中心2楼；☎2219 5868；⏲9:00～22:00）泉州口碑最好最受欢迎的书店。它和**树人书店**[菲友店；中山北路菲友体育馆楼下（二院对面）；☎2237 6010；⏲9:00～22:00]是同一旗下的两家书店。

芥子书屋 书店

[见166页地图；新浪微博@泉州芥子书屋；西街109号（肃清门客栈对面）；☎2895 2109；⏲14:00～22:00（周二休息）]简单朴素的小书屋，除了看书，也可以吃盆栽冰淇淋，听闽南歌。

实用信息

医疗服务

泉州市第一医院（见166页地图；www.qzdyyy.com；☎2227 7031；东街248-252号）

福建医科大学附属第二医院（见166页地图；www.fyey.cn；☎2279 1140；中山北路34号）

解放军第180医院（www.180yy.com；☎2225 5180；北门外清源山下）

银行

中国工商银行（见166页地图；新华北路6号）

建设银行（见166页地图；温陵北路149号）

招商银行（见166页地图；百源路1号中南商厦）

邮局

中国邮政（东街支局；见166页地图；东街，进福中路口；⏲8:00～18:00）

中国邮政（开元寺支局；开元寺东塔后放生池旁；⏲9:00～17:00）

旅游信息

泉州市旅游局（新浪微博@泉州市旅游局）
泉州网（www.qzwb.com）
旅游投诉（☎2216 2068）

媒体

《海峡都市报》、**《泉州晚报》**、**《东南早报》**是当地人关注新闻的主要纸媒。如果对闽南话感兴趣，**FM105.9刺桐之声广播**是全闽南语电台，有一批极富特色的闽南语节目。当地青年关注较多的新浪微博是**@好命在泉州**、**@泉州大城小事**。

到达和离开

飞机

泉州的机场在距市区约12公里的晋江，名曰**泉州晋江国际机场**（www.qzair.com）。航线覆盖国内主要城市，有港澳台航线，国际航线开通马尼拉、首尔。距离泉州市区仅80公里的厦门高崎国际机场开通有更多航线。

长途汽车

泉（州）三（明）高速、324国道、308省道穿城而过。搭乘快运，可以十分方便地往来厦门。去省内福州、莆田、漳州等主要目的地亦有快运，同时也不乏发往北京、上海、浙江、江苏、广东等地的长途客车。主要汽车站有两个：**泉州客运中心站**（见166页地图；☎2898 9908；泉秀街与坪山路交叉口）和**泉州汽车站**（原新站；见166页地图；☎2258 2914；温陵南路48号）。

和很多车站一样，泉州的车站门口也聚集了一些"黑车"，如果你错过了班车运营时间但又一定要去厦门，它们可以帮到你。一车载四名乘客，价格200元（司机们通常会喊个高价吓唬你），要敢于还价。如果有人拼车，每人50元还不错。

福建省**泉州市汽车运输公司**（☎968856；www.mqqy.com）的电话和网站提供咨询，可以查询到各车站的车次、车票信息。

火车

泉州有两个火车站：**泉州火车站**（☎2268 1681，2264 2252；泉州北峰丰州组团北面）是新建的高铁车站，绝大多数列车停靠此站。原来的老火车站现在叫**泉州火车东站**（福厦路），基本已不太作为客运使用。

动车走福厦铁路，南至厦门北站仅需25分钟，北至福州1小时。去上海、杭州、南京、南昌等地均有动车。

车站距离中心市区约10公里，乘坐公交K1快线、3路、22路、33路、201路、202路、203路、208路、209路等都可达。

当地交通

抵离机场

晋江机场和市区间可乘**机场大巴**[5元，机场—泉州市区（新车站）；车程约20分钟；9:30~18:30]，可致电**机场航空信息24小时咨询热线**（☎962668），咨询班车详情。也可乘坐**16路公交**（4元；威远楼停车场—泉州晋江机场；6:20~19:00）。

泉州市区打车到晋江机场只需15分钟左右，价格在40~50元之间（通常司机不打表，可以议价）。也可以选择拼车。

公交车

泉州市的公交线路基本涵盖了泉州市内所

泉州客运中心站主要目的地车次表

目的地	发车时间/班次	票价（元/人）	行程（小时）
厦门	6:20~18:05 每隔30分钟一班	37	1.5小时
福州	7:10~20:20 每40分钟一班	70	3小时
漳州	7:50~18:30 滚动发车	40	2小时
莆田	6:30~18:20 滚动发车	33	1.5小时

泉州汽车站主要目的地车次表

目的地	发车时间/班次	票价（元/人）	行程（小时）
厦门	6:20～18:45 每隔30分钟一班	37	1.5小时
福州	6:50～20:00 滚动发车	70	3小时
漳州	6:40～19:40 滚动发车	40	2小时
莆田	6:40～18:00 每隔30分钟一班	33	1.5小时
潮州	8:50，15:50	150	6小时
汕头	7:24，9:45，12:30，18:30	141	6小时

有景点。票价1～5元，无人售票，刷泉州交通IC卡有不同程度的折扣优惠。旅游专线601线来往于清源山、开元寺、芳草园、天后宫、展览城等景点，每16分钟一班。

另外，车站人少时记得要扬招，不然只好眼睁睁看着车从面前呼啸而过。下车前也记得按车铃告知司机。当地公交末班车多数在下午6～7点，晚上9点之后会有少量夜宵车。不过也会在晚上10点左右结束。

出租车

起步价9元/2公里（含燃油费），超出1.6元/公里。每天16:00～17:00为换班时间，打车会有些困难，手机上装个滴滴打车或者快的打车的APP会很有帮助。

摩的

如果厌倦了常规路线，摩托车司机会带你抄很多小道，起步价5元，一般市区内景点过不了10元，还价也是必需的。

三轮车

更像自行车改装版。虽然很多也已经加了马达装了帐篷，但还是很难舒适稳当，价格和摩的差不多。但慢慢悠悠跟骑车老伯聊天会比较有意思。

漳州

电话区号：0596

可惜这个有着千年历史的古城，只因“片仔癀”被人们记住。也许是玩的方式不对，果敢地放弃市区奔向郊区更能让你理解漳州——还有什么地方能既拥有延绵数百公里的海岸线和风情万种的海湾，又有规模巨大耸立山间的奇特建筑土楼呢？要到肚饿再把胃口甩给漳州市区：没有人满为患的大饭店，巷子里的破旧小店藏着真正的古早味；平和蜜柚、天宝香蕉、九湖荔枝、长泰芦柑、华安甘蔗、云霄枇杷、诏安青梅都是这“水果之乡”的头牌。

景点

漳州市区的景点乏善可陈，更多乐趣在

漳州六鳌的风车
沐昀 摄

漳 州

郊野。所有景点都可以当天从厦门往返，除非你吃到实在挪不动腿，否则不必在漳州留宿。

如果有充裕时间，可选择两天一夜的玩法。基本有两条主题线路：一是滨海游。由厦门出发，沿着海岸线向南走，可将漳州滨海火山国家地质公园、赵家堡、六鳌遍访，当天落脚在东山岛，吃顿海鲜后抱着涛声入眠。二是土楼游。向北到华安或者向西到南靖，选择其中一个体会一下就好，当晚可就地入住土楼，感受不一样的星空。如果还有多的半日，正好顺道瞧瞧白礁慈济宫或云洞岩。

云洞岩 山

（见本页地图；龙文区蓝田镇蔡坂村；免费）离市区最近的野趣也就在这里了。其本体与其说是山，更像是从天上掉下来的一堆石头，仅280米的海拔却层叠无数形态各异、参差不齐的巨石。更令人称奇的是，它们居然还总留出了蜿蜒的可行之道。攀走其间乐趣无穷，不知哪个石缝中又是一条明路。可以尝试去挤一挤**千人洞**，走一走**铁索天梯**，推一推**飞来石**。当地人会提一只**云洞岩盐鸭**上山边看风景边吃，当然并不一定在景区山下买才好。

山上有一处称为“三月峡”的景观，中秋之夜泉水又把月影返映到洞内峭壁上，形成三个月亮。但是，你真的要等到月亮出来吗？

市内乘坐1路、10路、23路公交车至云洞岩站下，车程约20分钟。

白礁慈济宫 寺庙

（见182页地图；龙海市角美镇白礁村；免费）慈济宫有青礁、白礁两处。人山人海的香客让厦门的青礁慈济宫不堪重负，于是在此另建的一座白礁。需要两城建宫来容人供奉的并非神佛，而是一名被称作“保生大帝”的民间医生——吴夲（音tāo）——他因心怀济世之志而坚辞“御史太医”不受。宫内“慈济广泽”、“帝德同天”、“真人灵圣”等匾额无数，体现了下至百姓上至天子对其医术医德的尊崇。

献台前有尊国母狮，为宋仁宗母后所赐，如今像宠物般关在一玻璃樽中。正殿门廊的蟠龙石柱等石刻浮雕，以及中殿正中石阶下的祭坛献台边缘的飞天仙女均为宋代建宫遗留下来之原物。在垂檐复宇、翼角翠飞之间，各种造型生动的人物雕刻且要细细观赏。最上层的神像左方，露出的山石上还刻着一个巨大的“寿”字。这里一贯被誉为“闽南故宫”。每年的农历三月十五，都有成千上万的台湾各地善信到白礁慈济祖宫谒祖进香。

市内乘坐23路（19:00末班车）到白礁站，下车步行1公里左右至白礁村内。

滨海火山国家地质公园 地质公园

（见182页地图；漳浦县前亭镇；www.huoshandao.com；门票80元，学生半价；⏲9:30~17:30）最具吸引力的其实是两个离岛。**南碇岛**上140万根石柱状的玄武岩，是目前已知世界上最为巨大、密集的玄武岩石柱群。**林进屿**是由火山岩组成的椭球形岛屿，岛的东南边有一个形成于2000多万年前的古火山口，东北海滩上则有多达16处的火山喷气口及几千平方米的铆钉状气孔柱群，构成了罕见的古火山岛景观。

这些听起来很诱人，但上不了岛也只能是个传说。受潮汐及公园硬件设备的影响，加上公园高度紧张的安全问题，但凡海面有风超过7级，是绝对不敢出海的。再而且，每船必须凑齐8~10人，就算天气帮忙，人员不够也不给发船，除非你付齐10人费用。天气给力的概率大概是多少？官方网站客气地指出：“正常情况下一年最多只能有30天左右的时间适合上火山岛游玩。”看来，要能登上两岛真还得具备天时地利人和才行。

不能上岛会逊色很多，但也不至于无聊。因为你可以沿着**香山**美丽的步道行进，再去一大片海滩和海水、沙子玩个半日。在我们调研时，海滩边有一大片看上去不错的泳池，可惜没有开放。若是固执地一定要脚踩玄武岩柱，且去18公里处的**牛头山古火山口**，它也属于滨海火山国家地质公园，只不过需要雇车前往。这处被地质学家誉为“中外罕见的古火山博物馆”，在外行人看来，也不过是“哇呜”和“咔嚓”两件事。

公园内有宾馆以及林间房车住宿，但并不太好。门口有若干小吃摊点，味道一般般。如果打算玩一天，建议带上干粮、饮水。

从厦门出发，在厦门旅游客运码头（6:00~18:00，每隔15分钟1班）或东渡码头（每隔1小时1班）乘船到漳州港码头，在漳州港码头乘坐客车（1.5小时；8:00~16:00每半小时1班）到火山公园。要向售票员讲清楚是到香山景区还是牛头山景区，否则一般停靠牛头山景区。

从漳州市区出发，在漳州客运中心站乘直达火山公园的班车（17元；车程1小时；8:50、9:00、9:40、13:20、15:00、16:35）。

从火山公园去漳浦的车每天只有 7:30和13:00两班，返回漳州港的车最晚在下午15:30发车。

六鳌 自然景观

（见182页地图；漳浦县六鳌半岛；免费）六鳌位于漳州南边，在这个宽仅5公里，长不过14公里的半岛，可以同时领略古城和沙滩两种截然不同的风光。海水比厦门蓝太多，配上无敌大风车作背景，怎么拍都是画。

世界最小庙——伽蓝庙

吉尼斯世界纪录最小庙宇的面积是6平方米，而漳州的这座伽蓝庙只有3平方米，所以称它为“最小庙宇”绝不为过。小庙位于香港路上“尚书探花”牌坊北侧，抬头可见的小骑楼上插着明艳的令旗，顺着后方的小铁梯，踩着嘎吱作响的木地板，收腹方能挤进这个只容一人转身的小庙。只会说闽南话的阿嬷会热情指引你上前叩拜。伽蓝圣王像前日日香火缭绕，供品满得快看不到庙里原本就不大的造像。它几乎如同居民家中的私家祠堂，但从早到晚，总是三三两两有人前来朝拜。小庙没有任何官方管理人员，周围的居民会自发地分工做起打扫和看护工作，钥匙也几乎人手一把。一些居民骑车经过，也会停下自行车来，举头望庙，浅浅作拜。伽蓝王默默在这一方楼阁上静观沧桑数百年。

六鳌抽象画廊位于六鳌半岛新厝村迎海的沙滩上，是个大自然鬼斧神工向现代艺术家的挑战之作。沙色的巨岩在海风的长年雕琢之下呈现美轮美奂的纹理。沿海是一整排高大的风车。因为沙子细腻，沙滩显得格外平整结实。你不需要再为照片后期调色，这里天然就有小清新调子。所以，引得不少西装婚纱来此取景也不足为奇了。

内腹深藏的**六鳌古城**是一个民居民风都保留得相当完好的小村。这里拥有最质朴的关帝庙和天后宫。字画剥落的旧祠堂，是老人们聚集喝茶下棋的会所。探寻古城中的蜿蜒小路、明清古厝群、盘根于老墙上的古榕、废弃的水门，会有许多惊喜的发现。

在漳浦乘坐去六鳌的班车（10元；车程45分钟；7:00~17:00；20分钟1班），建议先游览抽象画廊，在新厝站下车向内步行约3公里。一路少有遮蔽，夏天够呛，如果等不到来往的摩的，可以拜托新厝站边的修车摊老板帮你叫（约8元）。之后，同站点继续坐车到六鳌镇（最晚18:00）。六鳌镇很小，用餐会是个困扰，有几家招待所可以让你待上一晚，条件艰苦，但空调网络倒是都有。

赵家堡 古村

（见182页地图；漳浦县畲乡湖西硕高山西北麓；门票10元）赵家堡的赵姓可是国姓，祖上可以追溯到大宋皇帝赵匡胤。南宋灭亡后，赵氏后裔赵若和来此避难隐居，造就了这个浓缩版的汴京（宋国都，现开封市）。

门口的两座**莲花池**，是模仿皇宫一清一浊的潘杨二湖的建筑，石砌广场的**“汴派桥”**就是《清明上河图》上拱形州桥的翻版。高9.95米的**聚佛宝塔**正好是汴京铁塔的十分之一也绝非巧合。门檐上置“汴派流芳”匾额，以强调他们的皇族宗脉。楼内悬挂宋朝18位皇帝的肖像。最经典的**完璧楼**，是取“完璧归赵”之义。还颇费心机地用“君、王、辛”拼出个“璧”字。天井中有看似普通的排水通道，实为秘密的逃逸通道。一楼房间的天花板上有一个小洞，记得一定要上二楼揭开谜底。古城开封难保千年前的模样，而赵家堡却可以一窥古都的浓缩风貌。

在离赵家堡的城墙不到3公里处另有一座**诒安堡（免费）**。城墙气势非凡，全长竟有1.2公里。且完整、高大。城内有房屋95间，鳞次栉比，虽然历经300多年却依然保存完好。从城墙上俯视诒安堡，颇似古代的营盘。虽不如赵家堡的历史厚重，但也值得一游。

在市内客运中心站直接坐去赤湖的车（26元；车程1小时；9:00、10:20、14:45、15:45、17:20），提前跟司机说好在赵家堡村口停。

首选 东山岛 岛屿

（见182页地图；东山县）到了漳州，人们就会问：“东山岛去了没？”等你到了东山岛，人们又开始问：“风动石看了没？”如果你以为最大的看点是那块被圈起来的看上去晃晃悠悠的巨石就大错特错，人们来这里大多是为了纯净的沙滩和漂亮的海湾。

一般都会由**风动石景区**（铜陵镇滨海路；门票60元，学生半价；⏲7:30~18:30）所在的铜陵镇上岛，这里是最热闹繁华的中心，还有一座历史悠久的**关帝庙**。景区对面的**东门屿**（门票和往返船票50元）是个独立清净的岛屿，**文峰塔**看起来就像是上帝堆的玛尼石。沿着沙滩可以步行到临海而建的**东明寺**。当地人会骄傲地向你介绍“我们这个是世界上海拔最低的寺庙啦！”从关帝庙景区售票口前码头可搭船前往东门屿（7:30~18:00，30分钟1班）。

由铜陵所在的南门湾开始向南依次为屿南湾、马銮湾、金銮湾和乌礁湾。大小依次递增，人数却逐步递减。**屿南湾**紧贴镇上居民区，游客却不多，是闲散漫步的好地方。明星沙滩**马銮湾**，夏季绝对是人满为患，物价也比铜陵贵出许多。距离铜陵镇7公里的**金銮湾**，人流稀少，水质更清，因为周围配套设施还不齐全从而躲过了人潮的追捧。若更想另辟蹊径，壮观的**乌礁湾**是个可以探访的地方。海边每年12月到次年2月是风大寒冷的季节，不适合旅游。5月到10月是最好的时候，当然也是酒店赚钱最容易的时候。

铜陵镇购物用餐有较多选择，但住宿条件相对一般。性价比较高的选择有**南门湾海景公寓**。马銮湾的酒店沿海岸线展开，选择较多，但价位高。**美丽岛假日酒店**可以让你以一个相对合适的价格拿到一线海景房。离海湾稍远些的角落会便宜一些，但这不失为一个巧妙的选择，因为离人烟稀少又淳朴的金銮湾倒是更近了。金銮湾离铜陵约10公里，还在开发中，没有成系统的住宿环境，有几家走高端路线的酒店孤零零地立着。

岛上餐饮以海鲜为佳，但海边大排档一点也不便宜，若不是非得靠海下酒，建议在铜陵镇内找海鲜店，或者坐车去西埔。另外当地到处有吃地瓜粥的小店，团结路上几家鸭面店也不错。在懒得点一大桌海鲜的时候，是个不错的填肚方式。

漳州新城汽车站有到东山的班车（40元；3小时；6:20~19:30；30分钟1班）。坐漳州到东山长途车的时候别急着在**东山汽车站**（☎588 0541；西埔镇开发区东环路）就下车，一般车会继续开到铜陵镇的终点站。

风动石

董驰迪 摄

出岛可以直接在**东山铜陵汽车站**（☎562 0511；铜陵镇东沃路）乘车。每天有多班回漳州的车（35元；车程2.5小时；6:10~18:00；每20分钟1班）。也有发往厦门（67元；车程约4小时；7:05~18:30；约1小时1班）和泉州（87元；车程4小时；7:45，13:35）的长途车。

华安土楼群 建筑

若论土楼的规模和数量，华安不及南靖。但二宜楼以一己之力为华安引来眼球。第一次来华安看土楼，选择二宜楼所在的大地土楼群一定不会错。另一处不太被外界熟知的上坪土楼群，有着古罗马角斗场一样的残缺美。

大地土楼群（见182页地图；仙都镇大地村；☎736 8820；门票90元；⏲8:30~17:30）最得意之功是拥有号称"土楼之王"的二宜楼，世界时钟、西洋美女，体现出土楼先民们的国际视野。如果你在夕阳中望见**上坪土楼群**（见182页地图；沙建镇上坪村；☎701 3013，701 3012；门票48元；⏲8:30~17:30），会有垂泪的冲动。时间把楼中人带走，空留下**齐云**、**日新**、**昇平**三楼，尽管残垣断壁、外墙斑驳，但在周遭空寂中，建筑本身似乎在讲述古老故事，令人把路上恼人的交通状况忘得干干净净。

大地土楼群旅游设施完善，景区内有多家经济餐馆可供选择，区内住宿以土民宿栈为主。清僻的上坪土楼群没有理想的住宿，但距离此处15公里处的汰内村，沿街的温泉旅馆经济实惠，是住宿的首选地。去往县城和漳州方向的班车均路过汰内村，自驾只需20分钟左右。

华安汽车站（☎736 2047；大同西路27号）是华安县城主要的长途汽车客运站。几乎每半小时就有1班车开往大地土楼群（5元；20分钟；7:00~19:00），发往上坪土楼群一天两班（16元；0.5小时；10:00，17:00），返回亦两班（7:30，15:00）。班车直接到厦门（42元；1.5小时；7:40，11:10，12:15，17:40）、漳州（21元；0.6小时；6:00~18:00每30分钟1班）。

漳州土楼
沐昀 摄

节日和活动

每年农历五月十三是**关帝诞辰**，漳州各地都会举行隆重的祭奠仪式，东山岛尤盛，热闹非凡赛过春节。只不过而今这一关帝文化的传统节日已逐步演变为供游客猎奇的"**关帝文化旅游节**"。

住宿

要让背包客们失望了，漳州没有热情等候你的小青旅。住宿的整体状况还停留在接待商务人士或团队游客的宾馆水平。要找到舒适到位且价格经济的酒店实属不易。如非必须不建议留宿漳州市，可直取厦门或者就地在成熟景区如东山岛住宿。

漳州银佳宾馆 商务酒店 ¥

（见188页地图；☎209 7999；延安北路33

失落的桥上书屋

如果你是一个建筑迷，也许会愿意到南靖附近的平和县下石乡走一遭，为了一座桥上书屋——它曾被英国《卫报》评为世界八大环保建筑之一，获世界六大最著名建筑奖之一的“阿迦汗”建筑奖。

建筑本身是漂亮的，横跨在小溪之上，线条简洁，上层教室，下方用钢索悬吊着一座轻盈的折线形钢桥。故事也是动人的，据说是为了连接两端的世代为仇的土楼中人，同时还是一座希望小学。可惜，当我们向村民问及现在是否有学生在这里上学时，得到的答案是，如果有人来参观的话。

其实此处更有看头的是两端的土楼——**到凤楼**和**中庆楼**。两座土楼基本废弃，部分房屋都已坍塌，却丝毫不失气势，如此原汁原味的建筑不会输给闽地任何一个土楼景点。

下石乡在去往九峰镇的路上，让司机在下石停即可。

号商业大厦旁；标单/大床180元；☎❄）四星酒店都还只能提供网线的漳州，银佳能提供无线上网难能可贵。并且为每位开车来的客人提供免费车位，市内电话和3小时的长途免费，足够让人觉得贴心。普通标间干净，装修简易，只贵20元的商务房品质提升不少。市中心地段，交通便利，含中式自助早餐。

大富豪酒店 商务酒店 ¥

（见188页地图；☎206 8158；延安北路12号益佳大厦8楼；标单/大床168元；@❄）每天大摇大摆地出入夜总会，听起来如何？哪怕你不喜欢它的位于夜总会八楼的环境，也不得不喜欢它四星级的配备。全地毯铺设的房间，1.8米的大床，37寸液晶大电视，配备电脑上网，上好功夫茶，连早餐的品种也够丰富。不过建议往高层住，远离夜间高歌的夜总会客人。

漳州华侨饭店 商务酒店 ¥¥

[见188页地图；☎202 9988；新华北路33号（近嘉华大厦）；标单/大床268元；@❄]当地的老牌酒店，服务周到。重新装修过之后更加受到好评。房间中规中矩，但他家的自助早餐值得一试，餐厅宽敞舒适，菜品丰富多样。位置紧邻长途汽车站，门口20路公交5分钟即可到达中山公园附近。

漳州万达嘉华酒店 星级酒店 ¥¥¥

[见188页地图；☎286 6666；建元东路2号（万达广场内）；标单/大床668元；@❄≈]或许是漳州目前最洋气的酒店了。相比本土的老牌五星，新装修的万达嘉华的确占了不少优势。硬件设施各方面都让人满意，而同等的酒店在其他城市价格可能就得翻倍了。地处万达广场，购物消费也相当便利，只是在7点就没末班车的漳州，若不是自驾到此，就有点费事了。

就餐

吃要在市区进行到底。漳州小吃隶属闽南菜系，具有“香、鲜、淡”的独特风味。虽然其貌不扬，但入口都绝对捕获你心。轻量小食，价格亲民，却获得更多惊喜的体验，就如同漳州人的生活态度，自得其乐小富即安。

广和隆猪蹄面 小吃 ¥

（见188页地图；钟法路永信楼A幢6号；人均10元；⏲10:00~13:00，16:00~23:00）招牌虽不显眼，但坐堂满客的人气一定会勾起你的兴趣。老板有个颇为霸气的厨房，摆满各种卤料。主打的当然是拌面，小小一碗面，老板利索地加了好多种料。猪蹄面是漳州拌面中最

漳州城区

A
B
C
D
1
2
3
4
5
6
7
大通北路
延安北路
胜利公园
新华北路
大同路
胜利西路
民主路
南昌路
瑞京路
县后路
新华西路
青年路
县前直街
钟法路
芳华北路
北京路
打锡巷
台湾路
修文西路
修文东路
水仙大街
江滨路
延安南路
新华南路
博爱西道
九
龙
江
漳州大桥
蜈蚣山路
2
29
25
27
4
28
26
14
22
17
16
5
11
18
1
21
19
8
12
10
23
15
20

0 200 m
E
F
G
H
1
2
3
4
5
6
7
漳福路
漳福路
元光北路
苍园路
胜利东路
胜利东路
7
9
新华东路
丹霞路
苍园路
6
元光南路
九龙公园
13
南昌中路
南昌中路
新华东路
人市路
新行街
新浦路
新浦路
丹霞路
24
水仙大街
水仙大街
元光南路
解放路
九龙大道
3
建元路
厦门路

漳州城区

住宿

1 大富豪酒店 C4
2 漳州华侨饭店 D1
3 漳州万达嘉华酒店 H7
4 漳州银佳宾馆 C3

就餐

5 北桥锅边糊 C4
6 苍园拌面 E3
7 苍园四果汤 E2
8 达聪小巷五香面 D4
9 东南海鲜馆 H2
10 公园阿胖 C4
11 广和隆猪蹄面 B4
12 建国蚵煎蚵面 B4
13 老妈瓦罐（东南商贸城店） H3
14 美味鸡饭 B3
15 诗墩糕粿 D4
16 水仙花园豆花店 B4
17 孙氏手工麻糍 B3
18 晓文三角饼 B4
19 圆圈瘦仔生汤 D4
20 张粿佬 D6

饮品

21 Mr.K café D4
22 九份缘 B4

购物

23 弦歌书园 A4
24 漳州博文书店 G6

实用信息

25 胜利路邮政支局 C2
26 邮政特快专递营业厅 D3
27 漳州市医院 A3

交通

28 漳州长途汽车站 D3
29 漳州中旅汽车客运站 D1

传统的一种，除了标配的猪蹄外，可以再依口味添加其他卤料，人多更是可以一起点个**拼盘**（每种5~8元）。即便在漳州不是第一次吃拌面，尝了这家必定顿感相见恨晚。

公园阿胖 小吃 ¥

[见188页地图；中山公园西门（阿肥发隔壁）；人均12元；7:00~15:00]生烫火候把握得刚好，沙茶汤底甜鲜适中，还有什么可说的呢，被当地人誉为"漳州最好吃的沙茶面"！

苍园拌面 小吃 ¥

（见188页地图；打铜街1-11号；人均6元；8:00至次日2:00）夜里饥肠辘辘的去处终于有了！这家面店会开到夜里两点！而且味道还相当好，面劲道！再配些他家的五香也不错。

苍园四果汤 小吃 ¥

[见188页地图；苍园路79号（近漳州三中）；人均5元；7:30~20:00]陈旧的店面让人怀疑这家是否还在营业，但走到门口阿嬷就会熟门熟路地问要加什么。一家很多人推荐的老店了，用最原始的挫冰工具。除了四果汤外还有汤圆和豆花，还有特色的漳州汤圆——没有馅儿，放在红糖水里煮成的圆子。她家的莲子很酥甜，阿嬷说是要在冰糖水里泡上24小时的。

晓文三角饼 小吃 ¥

[见188页地图；钟法路人民新村（近新华西路口）；人均6元；9:30~19:00]来这家的都是懂行的当地人，隔壁开着很大的门面但大家都还冲着它的小店面去。已经是父传子的老店了，口味选择众多，外脆里嫩，趁热一口咬开汁香满溢。花生馅是加了芝麻和果仁的，牛肉馅的还放了花椒，各地口味都暗藏小小的三角饼之中。

北桥锅边糊 小吃 ¥

[见188页地图；大同路（北桥市场对面）；人均10元；8:00~11:00]锅边糊是用

大米磨成浓浆，摊在锅边，半熟后铲入正在熬煎的汤中煮制而成的特色小吃。漳州吃饭从来没有排队一说，但唯有这个地方例外。每天早上，这里排队的人比北桥市场里头还热闹。味道正宗当然不用说。卤料也相当好吃。辣酱也要尝试下！记得加油条的地道吃法！

水仙花园豆花店 小吃 ¥

[见188页地图；北桥市场花市前行20米右侧路口（北桥锅边糊对面巷子）；人均10元；⏲6:30~18:30]甜豆花都是相似的，咸豆花却各有各的咸法。漳州的咸豆花是一半豆花一半粉丝的，配上酱油、萝卜干碎、虾米，还可以加上卤料，每碗都过灶再煮热一下。只要在北桥市场附近，随便抓一个人问他都会心领神会地给你指路。

建国蚵煎蚵面 小吃 ¥

（见188页地图；与公园阿胖隔5个店铺；⏲8:00~11:00，16:00~22:00）开了许久，口碑一直不错。主营漳州传统的酥制饼状海蛎煎，入口酥脆香甜，海蛎很新鲜。

圆圈瘦仔生烫 小吃 ¥

（见188页地图；新华东路文昌阁下南边，建设银行对面；人均10元；⏲19:00至次日3:00）生烫，就是把生料烫熟。肉筋、鸭胗、鸭心、猪肝、猪心等作为面浇。看似简单，但根据不同的食材，相当讲究火候。这家牛气的生烫，晚上7点后才开，卖完关门。绝对是夜宵的好去处。料自选，选料种类多每种的量就少，加几样都是5元。拌面2元，酱油沙茶自己加。

张粿佬 小吃 ¥

（见188页地图；博爱路2-4号；⏲6:30~19:00）粿条汤。老吃客会叮嘱老板在汤里加勺卤汤，泡上油条。旁边自助加香菜和辣椒，小孩子会喜欢再加点醋。料足，便宜，味道鲜美。

达聪小巷五香面 小吃 ¥

（见188页地图；打锡巷36号；⏲8:00~19:00）五香面也称手抓面，吃法独特，面条是油面，却不像平日吃的面条是条状，这油面整片呈圆形，用剪刀剪成碎块后淋上特制沙茶酱、些许洋葱碎便上桌，可凭喜好再另外点上五香、炸肉、卤料等搭配。

孙氏手工麻糍 小吃 ¥

[见188页地图；青年路客隆旁（北桥市场后面）；每个6角；⏲10:30~19:00]麻糍其实是

每个漳州人心中都有一碗卤面

漳州的卤面久负盛名，一碗地道的卤面，汤底需要用香菇肉丝海鲜，加上高汤调制而成。食用时，再撒上韭菜、豆芽、胡椒粉、油炸蒜丁等佐料。还可以添加卤大肠、卤肉、鸭血、油条等配料。吃一碗正宗的卤面绝对是到这里旅行的必修课。在漳州，卤面店几乎三步一岗，但要说哪家味道最好，估计漳州人也得争上半天。人气小店基本大隐于市，只靠口口相传。每家的做法不同，味道也各有千秋。若好这一口，这些口碑极好的面店可以逐家尝试。

阿蛤洋老洲卤面（大通北路漳州一中后门对面；⏲6:00~12:00）汤头口碑极好。**卤面海**[打铜街6-5号（台湾饭店后面的百嘉花园小区）；⏲6:00~12:00]面质润滑，“嘶溜嘶溜”。**颜氏府埕卤面**（修文西路，文庙对面；⏲11:00~17:00）卤面炉火纯青到不怕给客人看脸色的地步。**亚妹真味卤面**（南昌路进步新村；⏲11:00~17:00）最原始的漳州卤面口味。**阿芬卤面**（大通北路漳州一中后门对面；⏲6:00~12:00）连锁店，环境卫生，总体水平较高的标准卤面。

四果汤好吃又解暑

黄嵩 摄

糯米，将其打成筋道的糯米团，里面包上脆片和白糖，外面滚上花生粉和芝麻。甜而不腻，Q弹的糯米内藏酥脆香甜，真是相当神奇的口感。麻糍都是现做的，你会惊叹那么小块糯米经捶打之后竟可延展到包裹那么多的内容。不要买太多，现吃现买，时间长了糯米的水分让脆片和花生粉潮了可就影响口感了。

诗墩糕粿 小吃 ￥

（见188页地图；北京路古桥路；每个1元；⏲10:30~19:00）别家都是卖5毛、6毛一个，他们卖1元！阿婆说我们是大个的！吃了就知道好！到手果然庞大许多，难怪是漳州糕粿界的头牌。大口下去，怀念下花生白糖粘满嘴的喜悦吧！

美味鸡饭 中式套餐 ￥

[见188页地图；大通北路15号（新华都对面的小巷子）；人均10元；⏲10:30~19:00]尽管其貌不扬，却经常人满为患。只有两种套餐：咖喱鸡饭和美味鸡饭。美味鸡饭的秘制酱汁稠稠地盖满整碗饭，味道让无数人魂牵梦绕。即便价格已经从7块涨到了10元，不变口味大家依然觉得超值。

东南海鲜馆 海鲜餐馆 ￥￥

[见188页地图；☎292 8886；丹霞路官元城堡4-5（近胜利路）；人均60元；⏲9:00~20:30]当地的老海鲜馆子，海鲜齐全，食材新鲜，一度人气很旺。大堂很热闹，人多预订包厢会更舒适，建议尝试他家的鱼类料理。

老妈瓦罐（东南商贸城店） 中餐 ￥

[见188页地图；☎292 8980；东南商贸城东区7栋8-9号（近沃尔玛）；人均35元；⏲10:30~20:00]漳州老店，价位中等，瓦罐汤有近20种选择，口味也不错。餐馆还有各类配菜，但大多是中规中矩的炒菜。

饮品

漳州小吃历史悠久，小资却刚刚起步。除了冰品店和快消咖啡站，想要喝杯有环境的好咖啡的确有点难。不过聚集在华侨新村的不少小店拥有漂亮的院子和得天独厚的静谧环境。

Mr.K café 咖啡店 ￥￥

[见188页地图；☎209 3096；新华西路北5

幢201室（地下铁楼上）；人均35元；⏲10:00～21:00；📶]位于热闹的中心地段，巧妙地取了二楼的天台位置。风格清新，逛街歇脚好去处。

九份缘 冰品店 ¥¥

（见188页地图；☎209 0369；钟法路人民新村26幢2号店面近瑞京路；人均30元；⏲10:00～21:00；📶）和斯利美有得一拼的冰品店，一样有巨大分量的芒果牛奶冰（29元）。装修简洁明亮，量足味好，深受学生们的喜爱。另有各种粉圆、芋圆、仙草冰以及奶茶布丁班戟等。凭学生证可以打折。

购物

漳州博文书店 书店

（见188页地图；☎268 3473；水仙大街华港花园22-25号；⏲10:00～21:00）书源充足，较为大型的传统书店。

弦歌书园 书店

（见188页地图；☎268 2274；县前直街3-27号；⏲10:00～18:00）一间非常不起眼的书店。店里售的主要是旧书，小说、辞典、医书、连环画、过期杂志等。

实用信息

医疗服务

漳州市医院（见188页地图；☎208 1035；胜利西路59号）

银行

延安北路和胜利西路沿线聚集了多家银行的门店以及自动取款机。

邮局

胜利路邮政支局（见188页地图；胜利西路136号；⏲9:00～17:00）

邮政特快专递营业厅（见188页地图；民主街20-3号；⏲8:00～17:30）

到达和离开

长途汽车

漳州的公路主干由福厦漳高速、漳龙高速、国道319线、国道324线构成。漳州市内多个长途车站有发往周边的跨省长途客车，但每个车站所发往的区域不同，记得先行确认。

漳州长运班次查询（www.fjzzjtj.gov.cn）

漳州汽车客运中心站（☎216 9351；水仙大街）有发往湖南、江苏、上海、广东、浙江等的外省长途车和厦门、泉州、惠安等的本省短途车。

目的地	发车时间/班次	票价（元/人）	行程（小时）
厦门	14:25～17:00 每隔5分钟一班	14	1
泉州	14:55，17:40，18:50	35	2.5

漳州长途汽车站[见188页地图；☎202 2010；202 6888，203 9010（福州广州专线）；新华北路27号]有发往广州、浙江等的外省长途车和福州、厦门、泉州、莆田等的本省短途车。

目的地	发车时间/班次	票价（元/人）	行程（小时）
厦门	6:30～19:00 每隔 20 分钟一班 19:15，19:30，20:00，21:00	14	1
福州	6:40～18:20，每30～60分钟一班	100	6
泉州	7:30～18:50 每40～60分钟一班	30	2.5

漳州中旅汽车客运站（见188页地图；☎206 9921；新华北路33号）有发往湖南、江苏、上海、广东、浙江等地的外省长途车和厦门、泉州、惠安、莆田、南靖等的本省短途车。

新城车站（☎287 3039；九龙大道）有发往厦门、诏安、平和、东山等的本省短途车。

客运西站（☎252 2801；胜利西路153号）有发往龙岩、平和、南靖、九峰等的短途车。

铁路

从铁路到达漳州不算是个好选择，漳州有两个火车站：漳州（动车）站和漳州东站，都离市区较远。漳州（动车）站位于龙海市颜厝镇洪塘村，距离市区约20公里。到达这里的动车只经停漳州，主要来往于龙岩—厦门及龙岩—福州。从厦门始发的前往山西、贵州、云南、河南等的K字头普通列车也会停靠漳州站。来往市区可乘坐11路延伸线（正兴学校—高铁漳州站）约70分钟，28路（客运中心站—火车漳州站）约半个小时。

漳州东站，位于龙文区郭坑镇。也经停由厦门始发的多列发往北京、上海等地的（K字头）列车（由市区乘公交8路可达）。

漳州的公路比铁路发达许多，若在闽南地区穿行，长途车能直达市区中心，并且时间并不比火车久。

当地交通

公交车

漳州市共设50余条公交线路（基本为无人售票，市区内1元/人，夏季多收空调费1元），可刷漳州交通e通卡（不同折扣优惠），包括一条连通厦门的853路（角美火车站—厦门海滨大厦），大多数公交运营时间在晚上7点左右就结束了，另有所谓的“夜宵”线的末班车也只到晚上10点左右。

出租车

起步价7元/2公里，超出1.8元/公里。一定要求司机打表。

摩的

起价5元，超过3公里其实和出租车价格差不多了。但如果时间紧急，摩的司机总有办法绕过红灯。记得事先商量好价格！

三轮车

价格和摩的差不多。如果不想在摩的上被吹得风中凌乱的话，就选择三轮车吧。

厦漳大桥

CFP 提供

金门

电话区号：00886+82

作为曾经的前沿战地，尽管和厦门只隔着浅浅的海峡，金门却始终带着神秘色彩。不要相信游览船上导游们的信口开河，满足于隔空和“三民主义”的牌子拍张照，金门的魅力非踏足其中不能体会。

复育的林地和良好的道路让它宜于骑行，“观鸟天堂”的美誉说明了生态之好。传统料理和当地食材——芋头、石蚵混合出独特的美食文化，更别提兴之所至时不可缺少的金门高粱酒，金门也是一座美食之岛。它的标志早已由迷彩岗哨转变成满是飞燕尾的天际线。传统精致的闽南古聚落与“落番（下南洋）”侨民打造的豪华洋楼，是金门最迷人的生活风情。

景点

初访金门，金城镇会是你最佳的落脚点，这里旅游信息与设施完备。闽南传统民居、洋楼、坑道与林林总总的美味小吃，具体而微地浓缩在这座小镇中。这儿也是金门地区唯一在夜里还能逛街玩耍的城镇，以总兵署为中心，旧街区范围不大，只要没迷路，步行半日就可以逛完。

如果你对建筑情有独钟，就一定要去水头。水头洋楼群是金门洋楼的代表，俗语“有水头富，无水头厝”，意思是说，即使你像水头人一样富有，也盖不出那样的房子。

金城镇

首选 莒光楼 地标

（见196页地图；贤城路1号；免费；⏲8:00~22:00）建于1952年，是金门的地标之一。仿古的三层楼阁建筑可遥望浯江溪口、建功屿，黄昏时登楼观日落、在湖滨漫步，风光明媚。

清金门镇总兵署 古迹

（见196页地图；浯江街53号；免费；⏲10:00~22:00）金城镇的中心，是台闽地区唯一一间总兵署，原为明代会元许獬的书斋“丛青轩”，自清康熙二十一年（1682年）陈龙将总兵署自金门城移到此处后，一直都是金门最高的行政机关。地下室被关押囚犯的蜡像栩栩如生，其实总兵署从未设置地牢，现在的“地牢”是用20世纪50年代挖的防空洞布置而成。

邱良功母节孝坊 牌坊

（见196页地图；莒光路一段灵济古寺旁；免费）出身后浦的邱良功（1769~1817年），曾官至浙江水陆提督，为表彰其母年轻守寡、独力抚养子女的辛劳，1812年建置节孝坊。

牌坊下有一座彩漆石狮，被奉为“石狮仙姑”，传闻是邱母许氏的化身，也是金门风狮爷的领导。风狮爷信仰在金门特别流行，这里一年有9个月都刮着大风，人们相信风狮爷可以镇风止煞。

灵济古寺 寺庙

（见196页地图；莒光路一段2号；免费）俗称观音亭，创建于唐代贞元年间，已翻修多次。相传清道光年间此地曾发生大火，寺中涌出清泉将火扑灭，从此香火鼎盛，颇为灵验。

奎阁 寺庙

（见196页地图；珠浦东路43号前；免费）从总兵署照壁斜对角的窄巷“状元巷”即可进入。奎阁建于清道光十六年（1836年），在金城的地位相当于各地的孔庙，供奉着北斗七星之首的魁星，每逢科举、大考，前来祈求考试顺利的人潮络绎不绝。

陈诗吟洋楼 历史建筑

（见196页地图；珠浦东路44号；不开放）陈诗吟原是金门高坑人氏，“落番”后在新加坡经商致富，于1932年返乡，迁居后浦，起盖大厝，然而他来年便过世，未能亲见大厝落成。该楼1933年竣工，1937年日军进驻。后曾被征调作为金门高中的教师宿舍，现在则无人使用。

金门城区

浯岛城隍庙 寺庙

（见196页地图；光前路40号；免费；⊙8:00~17:00）浯岛城隍庙创建于清嘉庆十八年（1813年），每年农历四月十二是浯岛城隍的迁治日，会举办"迎城隍"祭典，为金门最盛大的宗教庆典。

陈氏家庙与后浦16艺文特区 创意园区

（见196页地图；莒光路106号；免费；⊙14:00~22:00）陈家是金门第一大姓，后浦西门的陈氏家庙为陈氏总祠，占地广袤，除了一座家庙，周围L形的16间街屋亦为陈氏宗祠房产，原本作为南北货商行，现辟为艺文特区，经营甜点店、酒吧、牛肉面店，也贩售文创商品。

浯江书院（朱子祠） 古迹

（见196页地图；珠浦北路36号；免费；⊙9:00~17:00）原址为清同安县通判衙署，乾隆四十五年（1780年）改建成书院，为金门地区仅存的书院建筑。因朱熹曾在金门燕南山

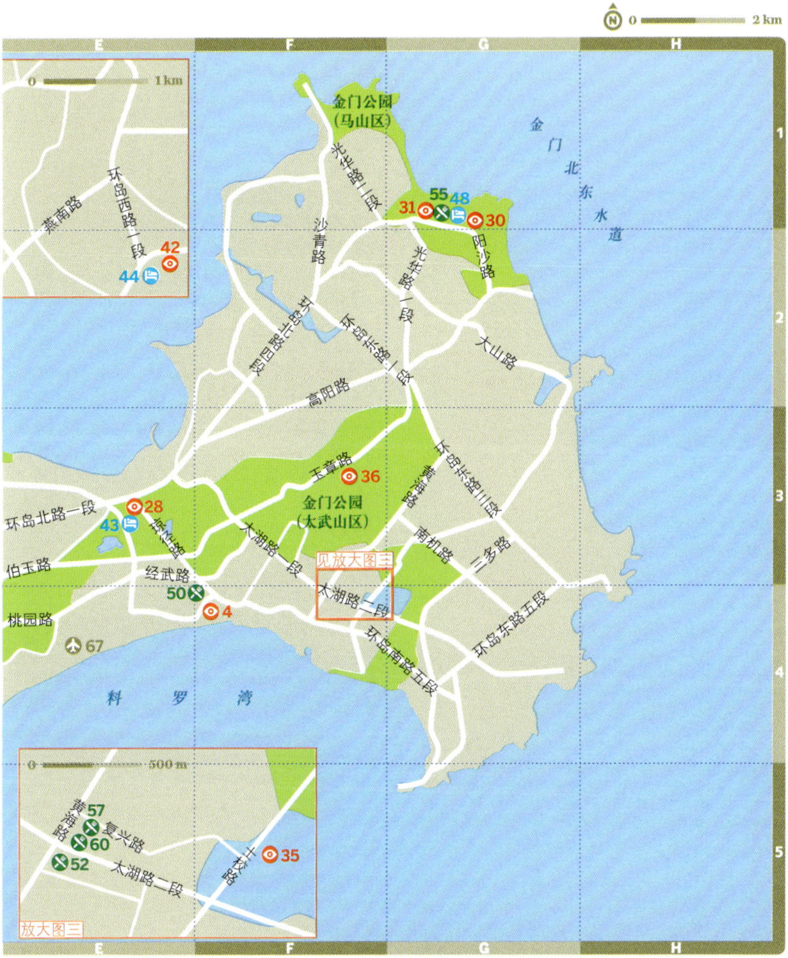

设院讲学，因此在书院内建祠奉祀。讲堂内设有博士榜，高中科举、完成博士学位的金门人均列于榜上。

金城民防坑道 要塞

（见196页地图；民生路7号金城车站二楼；免费；⏲10:00~21:30）全长2.5公里，自1968年始建，在金城镇地下形成缜密的逃生避难通道。以金城车站二楼为入口，金门高中为出口，自10:30起每小时定时团体导览，参观需时约40分钟，最后一班出发时间为20:30。

首选 建功屿 岛屿

（见196页地图；环岛西路旁，邻近延平郡王祠；免费；⏲每日干潮前1.5小时至干潮后2小时）神秘的建功屿是靠近金门的一座小岛，面积仅500平方米，日据时期曾作为麻风病疗养院。解除战备后，厦门赠送给金门的一尊郑成功雕像便树立于此。由于每日只能在干潮时进出建功屿，访客很少但景致绝佳。

金门城区

景点

1 八达楼子……B4
2 北山播音站……C2
3 北山古厝群与北山古洋楼……C2
4 陈景兰洋楼……F4
5 陈诗吟洋楼……B2
6 陈氏家庙与后浦16艺文特区……B1
7 得月楼……D1
8 顶界十八支梁……D1
9 东林滨海公园……B4
10 战史馆……D2
11 后浦武庙……A1
12 湖井头战史馆……A3
13 黄氏酉堂别业……D1
14 建功屿……C4
15 金城民防坑道……B1
16 金门酒厂……D4
17 金水学校……D1
18 九宫坑道（四维坑道）……B4
19 莒光楼……D4
20 奎阁……B2
21 烈女庙……A4
22 烈屿乡文化馆……B4
23 灵济古寺……B2
24 陵水湖……A4
25 猫公石滨海休息区……B3
26 南山聚落……C2
27 清金门镇总兵署……B1
28 琼林……E3
29 邱良功母节孝坊……B2
30 山后民俗文化村……G1
31 狮山炮阵地……G1
32 双鲤古地与北山水尾塔……C2
33 双鲤湿地自然中心……C2
34 水产试验所……D4
35 太湖游憩区……F5
36 太武山……F3
37 文台宝塔……C5
38 吴秀才厝……A4
39 浯岛城隍庙……A1
40 浯江书院（朱子祠）……A1
41 翟山坑道……D5
42 珠山聚落……E2

住宿

43 楼仔下古厝民宿……E3
44 慢漫民宿……E2
45 那个地方La Place……B1
46 如一家……A1
47 水头一家亲……D1
48 忘了飞民宿……G1

餐饮

49 白狮子……A1
50 成功锅贴馆……F4
51 蚵嗲之家……B2
52 老爹牛肉面……E5
53 牛家庄……A2
54 三宝斋……B2
55 山峰商店（王阿婆海蛎煎）……G1
56 寿记广东粥……B2
57 谈天楼……E5
58 甜水厝……B1
59 文记面线……A1
60 喜相逢小吃店……E5
61 新大庙口海鲜……A1

购物

62 风狮爷文物坊（浯洲陶艺坊）……D1
63 木记贡糖……A1

实用信息

64 金门邮局……B1

交通

65 金城车站……B1
66 九宫码头……B4
67 尚义机场……E4
68 水头码头……C4

后浦武庙 武庙

（见196页地图；莒光路122号；免费；⏲周一至周五8:00~17:30）当地人称之为后浦关帝庙，是郑成功在后浦训练水师时所建。1930年庙中神像和文物惨遭损毁，现如今所见均为1984年重建。

水产试验所 博物馆

（见196页地图；西海路2号；免费；⏲周一至周五8:00~17:30）位于浯江溪口的金门水产试验所也是水族教育展示馆，这里是活化石“鲎”的复育基地，也是金门石蚵养殖的管理中心。旁边的浯江溪口湿地，红树林密布，形成丰富的湿地生态系统，是生态观察、骑自行车、漫步的好去处。

水头及周边

金水学校 博物馆

（见196页地图；免费；🕗8:30~17:00）金门规模最大的侨办小学，建于1932年，由“落番”至婆罗洲巴厘巴板（Balikpapan）的黄氏族人捐资成立。从邻近的洋楼群二楼，可俯瞰金水学校回字形的屋顶。正门的山墙泥塑有个“A”字，是因为南洋的英制学校以英文字母评分，沿用于此，勉励学生争取优良成绩。

首选 得月楼 建筑

（见196页地图；免费；🕗8:30~17:00）这座防御用的枪楼墙身厚达40厘米，由黄辉煌建于1931年，曾是金门最高的建筑。得月楼旁边的洋楼立面豪华，是一座诱敌用的假楼，盗匪进入后即可断其退路一举围剿。隔壁的**侨乡文化馆**才是黄家真正的住所，现在与金水学校、得月楼一并作为侨乡文化展示馆。假楼的立面山墙上塑有一座时钟，指针指着“12:40”，告诫黄家后代工作时要比别人晚休息，十二点四十分才能吃饭。

黄氏酉堂别业 建筑

（见196页地图；前水头55号；不开放）“别业”就是别墅，由黄百万建于乾隆三十一年（1766年），曾作为私塾。酉堂最著名的是屋前的“日月池”，具有风水、防火的功能。

顶界十八支梁 街区

（见196页地图；西海路二段与珠水路口附近；不开放）又称“顶界十八间”，由黄氏先祖建于乾隆年间，排列整齐，是金门最早的规划型聚落，比山后民俗文化村还早了一百多年。现在多作为民宿，不开放参观，从屋外观赏脊坠、砖雕也是不错的。

文台宝塔 塔

（见196页地图；金门城南盘山南端；免费）建于明洪武二十年（1387年），原来金门有三座明代古塔，其余两座均在近代被毁，这是唯一一座古塔。原本的功能是指引海上船只，相传也与风水有关。

翟山坑道 要塞

（见196页地图；古岗村后道路直行2公里；免费；🕗8:30~17:00）修筑于1958年金门炮战之后（1963年），供登陆小艇入内回转、运送补给，因泥沙淤积而废止。坑道内幽深阴凉，波光粼粼，设有兵舍供军队驻扎。

珠山聚落 古镇

（见196页地图）珠山由薛姓家族组成，已有六百余年历史。薛家重视风水，相传此地为“四水归塘穴”，与风水有关的设置细节相当丰富。

得月楼
苏薇 摄

珠山聚落

苏薇 摄

金宁乡及周边

首选 **双鲤湿地自然中心** 博物馆

（见196页地图；双鲤湖畔；免费；⏲8:30~17:00）金门最棒的自然科学博物馆，介绍金门特殊的生物多样性。筑于水面下的展馆是亮点，参观者可透过观景窗观察水鸟。

双鲤古地与北山水尾塔 寺庙、塔

（见196页地图；金宁乡宁湖路801号；免费；⏲8:00~17:00）始建于乾隆十三年（1748年），主祀关帝，因为南山、北山二村形势犹如两条鲤鱼相对，面向此庙，故名"双鲤古地"。北山水尾塔建于乾隆三十二年（1757年），用来镇水化煞，是金门最有代表性的水尾塔。

战史馆 博物馆

（见196页地图；金宁乡北山村；免费；⏲8:30~17:00）馆内收藏了12幅以战争为主题的油画，并设有放映厅，说明当时的战况。可直接从战史馆内的坑道进入，参观当年的碉堡以及满布轨条盘的沙滩。

北山播音站 要塞

（见196页地图；金宁乡北山村；免费；⏲8:30~17:00）位于北山断崖旁，是"心战喊话"的工具，参观者可亲身体验"喊话"工作。站在播音墙前向海面远眺厦门，左手边即北山断崖，是"金门登陆战"终结之处。

北山古厝群与北山古洋楼 古镇

北山古厝群中，最受瞩目的是"北山古洋楼"，其在金门登陆战中作为解放军的指挥所，因而受到猛烈扫射。一度毁圮的北山古洋楼经过保存维护工程，外墙弹孔被留下，作为历史的见证。

南山聚落 古镇

在双鲤湖的另一侧，南山聚落围着一口三眼井过活。相传是为了让多点人可以同时汲水，将井口筑成三个圈。在北山与南山常可看见"石敢当"，都是为了挡去道路的煞气。

山外及周边

狮山炮阵地 要塞

（见196页地图；山后村阳沙路往山后民

俗村方向3.1公里处；免费；⏲9:00~17:30；炮操表演：13:30、14:30、15:30、16:30）1969年扩建，为全坑道式的榴炮阵地，又名“震东坑道”，全长508米，可容纳一个步兵营在此驻扎，展示1958年金门炮战时两岸所使用的弹药。每周二、四、六、日的下午各有四场炮操表演。

首选 山后民俗文化村 古村落

（见196页地图；山后村；免费；⏲8:00~17:00）由旅日侨商王国珍、王敬祥父子聘请江西匠师所筑，落成于光绪二十六年（1900年），由18栋古厝构成，包括宗祠、私塾等公共空间，高翘的飞燕尾整齐排列。

太湖游憩区 湖泊、展览馆

（见196页地图；金湖镇安民村太湖路三段；免费：⏲8:30~17:00）由太湖、中正纪念林、“八二三战史馆”、俞大维先生纪念馆和榕园所组成。“八二三战史馆”内的文宣战文物、冷战时期国际情势的解说，以及对“单打双不打”的介绍让人印象深刻，参观者可在“震撼剧场”体验炮击。

首选 太武山 山

（见196页地图）金门的最高峰，但海拔仅253米，金门到处都有“勿忘在莒”4个大字，但只有这个是正统。约1个小时即可攻顶，站在山顶看这座花岗岩山因为坚持不懈的栽种才有今日之葱郁未免感叹。沿途经过“延平郡王观兵弈棋处”时不妨停下脚步，远眺海岸与平原，景致宜人。

陈景兰洋楼 建筑

（见196页地图）陈景兰洋楼是金门最壮丽的洋楼，陈氏为保卫乡里所建的尚卿碉楼，居高临下俯视着成功海滩。这里是金门水上活动的热门去处。

金门酒厂 展览馆

（见196页地图；金宁乡桃园路1号；免费；⏲8:00~17:30）高粱酒是金门最重要的产业，昔日的战备坑道则是储藏陈年高粱的最佳酒窖。酒厂除了展示、贩售高粱酒，亦设有展览区，解说高粱如何成为金门的经济命脉。“面膜”是金门酒厂的另一款人气商品。

琼林 古镇

这儿有全金门最小的风狮爷（琼林21号的外墙上）、最密集的飞燕尾，村内的琼林民防坑道口（参观费用为10新台币），立着常为金门观光代言的风狮爷。

节日和活动

金门迎城隍 民俗节日

（412.kinmen.org.tw）每年农历四月十二是浯岛城隍迁治的纪念日，也是金门最盛大的庆典，活动长达一周，有鼓艺、成年礼、木偶戏、绕境等，是金门民俗技艺的嘉年华。

夜游后浦美丽小镇 导览游

每天晚上7点半在总兵署集合出发，徒步走访金城镇的重要古迹，了解金门历史。全程约2小时，详情可洽询各旅游服务中心。免费。

金门坑道音乐节 音乐节

每年秋季在翟山坑道举办的“金门坑道音乐节”，邀请中、西乐名家在坑道内演奏，每场限250人参加。采用预约报名制，详情在网上预约：www.kmnp.gov.tw。

住宿

金城镇是金门最热闹的地区，旅馆聚集在金城车站附近；如果想体验独特的金门风情，水头和珠山的古厝民宿是首选，但古厝的卫浴可能与卧房分开，而且村子里缺乏餐厅，必须搭车到金城或山外吃饭。金门的旅店价格分为平日与假日，大多数旅馆均含早餐、免费Wi-Fi、电视与24小时热水。虽然淡旺季不甚明显，但“五一”和“十一”也很紧张。

金城镇

如一家 民宿 $

（见196页地图；322 167；珠浦北路35-1号；标双平日1280新台币，假日1580新台币；）位于浯江书院正对面，邻近旧街区，距离金城车站约需步行10分钟。含早餐，床铺柔软，浴室的暖房系统让你在严冬中也能安心入浴。

首选 那个地方La Place 精品酒店 $$

（见196页地图；328 337；民生路6号2~3楼；laplace-kinmen.com；标双1800新台币；）就在金城车站对面，7-ELEVEN和农会超市之间，地理位置与生活机能绝佳。活泼且富有创意的室内设计让人惊艳，空间宽敞，每间房都拥有明亮的大窗户。含自助式早餐，咖啡、茶可24小时无限取用。

水头及周边

首选 慢漫民宿 民宿 $$

（见196页地图；0988 182 832；珠山75号；单人1400新台币，双人1800新台币；）共有4间古厝，每一栋房子都有来历，环境清幽。主人是金门人，雅好文艺。

水头一家亲 民宿 $$

（见196页地图；0910 395 565；ijiaqin@gmail.com；前水头63、64号；单人1200新台币，双人2400新台币；）水头63号是重要历史建筑蔡开盛宅，经营者原是室内设计师，对于老宅的种种细节了解透彻。含早餐，但不提供牙刷、牙膏。

山外及周边

楼仔下古厝民宿 民宿 $

（见196页地图；0972 139 701；琼林92号；单人1500新台币，双人平日1700新台币，假日1900新台币，暑期每房加价200新台币；）由当地的蔡氏姐妹经营，共有4间院落，各院落、房型的价格亦不相同。主人热情好客，为邻里间的领袖人物，知道许多琼林的故事。含早餐，但民宿不提供牙膏牙刷与毛巾。

忘了飞民宿 民宿 $

（见196页地图；visit-kinmen@hotmail.com；山后84号、52号；标双平日1400新台币，假日1600新台币，暑期旺季平日1600新台币，旺季假日1800新台币；）古厝民宿，不接受电话洽询，位于山后民俗文化村上方，房舍精致舒适，含早餐，还设有简易小厨房。主人对金门的一草一木了若指掌，提供六人以下小团体导游服务。地点偏僻、交通不便是硬伤。

餐饮

香酥的闽式烧饼、富有海洋香气的面线、鲜甜的石蚵、阿兵哥热爱的炒泡面、爽口的炒沙虫、由高粱酒的酒糟所喂养的黄牛肉，在金门都能吃到。其中，金城镇是美食的聚集处，尤其以模范街为核心。

金门古厝民宿内景
苏薇 摄

金城镇街道

苏薇摄

金城镇

首选 寿记广东粥 早餐 $$

（见196页地图；☎327 878；莒光路一段50号；70新台币，加油条8新台币；⏲6:00至卖完）创立于1918年，相传为金门广东粥的创始店，由“落番”的金门人模仿广东粥制成。米汤清透柔滑，丰富的鱼片、猪肝、肉丝、肉丸子、蛋、蛤蛎，依火候顺序放入，搭配秘制大骨汤现煮现吃。内用每人限点一碗，不允许在店内分食。

文记面线 小吃 $

（见196页地图；☎321 649；中兴市场37号；石蚵面线40新台币；⏲11:00~23:00）在浯岛城隍庙旁的巷子里，不容易找到，但丰富的配料值得你碰碰运气。白面线搭配猪血、大肠、小肠、金门石蚵，接近厦门口味，与台湾式的蚵仔面线各有千秋。

蚵嗲之家 小吃 $

（见196页地图；☎322 210；莒光路一段59号；蚵嗲25新台币；⏲14:30~19:00；周四公休）这里是金城最出名的排队小吃，一杓新鲜的金门石蚵混着鲜甜的高丽菜与豆芽菜，淋上面糊后油炸。

三宝斋 小吃 $

（见196页地图；☎325 949；模范街10号；烧饼15新台币；⏲10:00至卖完）金城三宝斋与沙美闽式烧饼并列为金门烧饼的两大霸主，各有拥护者。三宝斋烧饼每日限量供应，要抢要快。

甜水厝 甜品 $

（见196页地图；☎371 511；莒光路60号；传统豆花20新台币；⏲12:00~21:00）使用非转基因黄豆制作豆花，自制的配料也不加人工添加物，绵密扎实的豆花蕴含着淡淡豆香。新研发的桂圆米糕粥深具古早风味，备受老人家好评。

牛家庄 中餐 $

（见196页地图；☎320 099；民族路318巷5号；牛肉面70新台币；⏲11:30~14:30，17:00~19:30）金门黄牛以高粱酒的酒糟喂食，肉质极佳，“全牛宴”在金门是顶级盛宴，其中又以高坑全牛宴最负盛名。若时间不允许前往高坑，金城的牛家庄便利且性价比高。

新大庙口海鲜 大排档 $$

（见196页地图；☎320 753；民权路与光前路交叉口，外武庙戏台旁榕树下；炒泡面70新台币；⏰17:00至次日1:30）这间热炒摊子是性价比最高的选择。食材新鲜，不但有战地炒泡面、炒沙虫、炒花蛤、佛手等金门特色菜，看家大菜“三国烤鱼”以麻辣锅底搭配马铃薯与王子面一起烹煮鲜鱼，吸饱了麻辣汤汁的马铃薯可谓一绝。

白狮子 酒吧 $$

（见196页地图；☎312 062；莒光路110巷7号；调酒160新台币；⏰周二至周四18:00～24:00，周五至周日16:00～24:00）位于后埔16艺文特区，是金门唯一的一家酒吧，由爱尔兰藉的老板经营，常举办各种主题活动。

山外及周边

山峰商店（王阿婆海蛎煎） 小吃 $

（见196页地图；☎352 388；山后64号；蚵仔面线、蚵仔煎60新台币；⏰8:30～17:00）山后的人气名店，位于民俗文化村。满满的金门石蚵搭配金门面线，入口鲜甜。蚵仔煎口感偏干，酱汁与镬气是它美味的关键。

喜相逢小吃店 台湾菜 $

（见196页地图；☎333 064；金湖镇复兴路5号；刀削牛肉面80新台币；⏰11:00～20:00）山外的知名老店，汤头浓郁，弹牙的刀削面深受金门驻军好评。

首选 **谈天楼** 台湾菜 $

（见196页地图；☎332 766；金湖镇复兴路3号；酒酿汤圆60新台币；⏰8:00～20:00）这儿的汤圆是用自制的芝麻馅揉的，皮滑馅绵，最绝的是滚热的汤圆放进冰酒酿，面皮收缩强化了弹性，一口咬下，里头的芝麻馅还温热着，口感层次丰富。牛肉拌面和炸酱面也很受欢迎。

首选 **老爹牛肉面** 台湾菜 $

（见196页地图；☎334 504；金湖镇武德新庄26号，山外圆环旁；半筋半肉面90新台币；⏰11:00～20:00）严选金门黄牛制成，红烧汤头却很清爽，带着微微的辣与中药芳香；牛筋火候十足，入口滑嫩。

成功锅贴馆 中餐 $$

（见196页地图；☎333 979；金湖镇成功99-4

寿记广东粥

苏薇 摄

号；锅贴一枚7新台币；⏲11:00~14:00，17:00~20:00）位于成功海滩附近，适合一群人去吃。锅贴未凑满30枚不煎，起锅前淋上蛋汁是特色。

购物

金门的特产最著名的莫过于“钢刀、贡糖、高粱酒”，除此外，一条根（金门原生药用作物）实用、风狮爷可爱，都是可以打包带回家的东西。

木记贡糖

（见196页地图；☎326 913；莒光路181号；⏲10:00~21:00）猪脚贡糖是木记的招牌，素食口酥共有芋头和花生两种口味，微咸不甜腻，亦深受好评。

风狮爷文物坊（浯洲陶艺坊）

（见196页地图；☎321 600；水头42号；⏲8:30~17:00）由金门陶艺家黄金郎、王明宗创设，是最早将风狮爷制成陶艺饰品的开发者，一整组的风狮爷象棋是明星商品。

实用信息

游客中心（⏲8:30~17:00）金门的旅游服务十分到位。在主要的交通枢纽，如尚义机场、水头码头、九宫码头、山外车站都有旅客服务中心。在主要景点，如双鲤湿地自然中心、莒光楼、中山林、乳山亦有。游客中心备有免费公车时刻表、主题丰富的折页地图。服务的主要项目还包括借还脚踏车和推广台湾好行观光巴士。

金门邮局（见196页地图；☎325 823；民生路4号；⏲7:30~17:00）

到达和离开

飞机

尚义机场（即金门航空站；见196页地图；☎322 381；尚义机场2号）有去往台北、台中、台南、嘉义、高雄的班机，从台北到金门约1个小时。但无直通内地航班。

台湾好行班车线路

A线——水头翟山线（9:00~12:00，平日每小时1班车，假日每半小时加开1班）

金城车站—莒光楼—水产试验所—水头聚落—水头码头—文台宝塔—翟山坑道—珠山聚落—金城车站

B线——战场线（14:00~17:00，平日每小时1班车，假日每半小时加开1班）

金城车站—慈湖三角堡—双鲤湿地—战史馆—和平纪念园区—金城车站

C线——狮山民俗村线（9:00~12:00，平日每小时1班车，假日每半小时加开1班）

山外车站—文化园区—马山观测所—狮山炮阵地—山后民俗文化村—迎宾馆—山外车站

D线——榕园太湖线（14:00~17:00，平日每小时1班车，假日每半小时加开1班）

山外车站—“八二三战史馆”—陈景兰洋楼—尚义机场—金门公园—琼林聚落—山外车站

船

水头码头（见196页地图；☎332 721；金湖镇黄海路90-1号）可经由厦门五通码头以及泉州石井港码头乘船进出金门。从五通码头到金门约30分钟，石井港约1小时。购票时需出示台湾通行证和入台证（入金手续请见216页）。

当地交通

公交车

金城车站（见196页地图；☎325 548；⏲5:55~21:00）金城车站是金门西部的重要转运枢纽，成人车票12新台币，学生票10新台币，可刷悠游卡，亦可现场投币购票，不设找零。由于采取里程计费制，刷悠游卡的乘客上下车均需刷卡。

观光巴士

一共四条线路。A线与B线分别前往水头和金宁乡，在金城车站购票搭乘，一日券票价为160新台币，同日不限次数与地点上下车。C线和D线在山外运营，分别前往狮山和金门公园，后者经过尚义机场，在山外车站购票搭乘。

电瓶车

乘坐台湾好行B线至林厝和平纪念广场可换乘电瓶车绕行金宁乡各景点。电瓶车（预约电话：321 721；⏲8:30和14:30各一班，此外在8:30~17:00间需要电话预约）。购买台湾好行B线可免费搭乘，独立购票需预约，票价60新台币。

自行车

在各游客中心凭台湾通行证可以免费租借。

烈屿

电话区号：00886+82

夹在厦门岛和金门岛之间的烈屿又被称为“小金门”，在台湾本岛的眼中，这里是“外岛中的外岛”；在历史的风云里，这里又是“前线中的前线”。然而站在厦门看今天的烈屿，这里意味着宁静的田园、丰富的鸟类、美味的芋头、无污染的金沙海湾，还有可爱的“风鸡”骄傲地立在各个村口。

景点

首选 九宫坑道（四维坑道） 要塞

（见196页地图；免费；⏲8:30~17:00）位于管理站下方，规模比金门岛上的翟山坑道大一倍有余，有四个出海口和五座地下码头，为昔日小艇战备补给处。

八达楼子 建筑

（见196页地图；西宅村；免费）一座烽火台状的纪念建筑，登楼遥望，风景宜人。楼内有旋梯可达顶端。

东林滨海公园 沙滩

（见196页地图）迷人的金色海湾，浪平沙缓，游人甚少，绝好的戏水天堂。

烈屿乡文化馆 文化馆

（见196页地图；西路村1-1号；⏲8:00~17:30）漂亮的红砖建筑，通过器物展示和艺文展览呈现出烈屿先民们的衣食住行。

陵水湖 湖泊

（见196页地图）烈屿最大的淡水湖泊，湖景静谧。每年10月至次年4月，在凛冽的东北季风中，大群水鸭、鹭鸟压境而落，场面壮观。

吴秀才厝 民居

（见196页地图；上歧村上库25号）清末秀才吴文长的故居，气派堪称烈屿之首。

烈女庙 庙宇

（见196页地图；上歧村环岛大道旁）香火鼎盛。庙旁的环境优美，是观鸟的重要地点。

湖井头战史馆 展览馆

（见196页地图；西口村湖井头；⏲8:30~17:00）除了你能想到的战史陈列，这里还曾是播音台和观测所，透过高倍望远镜，能看见对岸厦门“一国两制”的牌子。

猫公石滨海休息区 海滨

（见196页地图）所谓猫公石，是由矿物交结形成的红褐色蜂窝状岩石，是烈屿独有的地质景观，散布在埔头至黄厝间绵延1公里的海岸线上。

到达和当地交通

九宫码头（见196页地图）是烈屿的对外门户，码头内的候船室即是游客中心。到金门水头码头（60新台币；⏲6:30~21:00，每半小时1班）。

当地公交车分北线、南线，绕行全岛主要村镇，自6:20起至21:10止，半小时至一小时1班车。

生存指南

住宿 208
出行指南 216
证件 216
保险 216
银行 217
购物 217
电话 218
邮政 218
上网 218
工作时间 218
气候 219
旅游信息 219
医院 219
团队游 220
摄影和摄像 220
危险和麻烦 220
独自旅行者 221
残障旅行者 221
女性旅行者 221
同性恋旅行者 221
志愿服务 221
活动 222
交通指南 222
到达和离开 222
飞机 222
火车 223
长途汽车 224
船 224
自驾游 225
当地交通 225

厦鼓轮渡
黄嵩 摄

住宿

得益于旅游业的发展，厦门的住宿选择性很多，并且大多漂亮、有特色，而舒适更是不必特意强调的基本指数，即使你专为住酒店而来也不过分。不过住宿价格年年创新高也是必须接受的事实，尤其是鼓浪屿，不但节假日翻倍暴涨，双休日也有不同幅度的上涨，激烈的市场竞争也导致民宿、家庭旅馆常开常关。

住宿类型

青年旅舍

加盟**国际青年旅舍组织**（YHA China；www.yhachina.com）的旅舍厦门岛有4家，鼓浪屿有2家，床位价格在55~75元之间，持有YHA会员卡（年费50元）可以享受会员价，通常是每个铺位便宜5元。中国本土的**万里路国际青年旅舍**（www.chinayha.com）也有3家不错的青旅在厦门，价格和会员优惠程度与YHA类似。

这些青年旅舍分布在热闹的商业中心或安静文艺的小巷里，你可以根据出行方便和喜好选择合适的旅舍入住。

该区域内还有些未加盟YHA和万里路，但风格类似的旅馆和客栈，同样适合背包客入住。

快捷连锁酒店

厦门岛上快捷连锁酒店很多，包括锦江之星、汉庭、如家、7天、ibis等，通常位于市中心或交通枢纽附近，服务、设施、价格与它们在中国大多数城市所提供的没有太大差别，鉴于旅行者能在它们的官网上查询到基本资料，本书不再为这类酒店做特别推荐。

星级酒店

星级酒店集中在厦门岛，环岛路上的酒店更是上上之选，四星级及以上的酒店有着优质的服务、良好的设施和舒适的环境，面海的房间更有无敌美景。旅行者可以通过**携程旅行网**（☎400 880 3366；www.ctrip.com）、**艺龙旅行网**（☎400 616 1616；www.elong.com）、**Agoda**（www.agoda.cn）和**Booking**（www.booking.com）挑选并预订酒店，不但有折扣，有些酒店还可以先预订后付款。

民宿和家庭旅馆

民宿和家庭旅馆是该地区住宿的特色，尤以鼓浪屿上建在老别墅内的旅馆为首选，它们也常常成为鼓浪屿文化体验的一部分。

大部分民宿和旅馆都有自己的网站和微博，可以先上网看下房间图片，选择一间自己喜欢的风格入住。你很容易会陷入选择障碍，这里给出几点理性提示：1.鸡山路、公平路上的住宿最安静，但到达不便，鼓浪屿上没有车，你是否擅长拖着大箱子上下坡？2.漂亮不等于硬件设施过关，入住价格相对较低的家庭旅馆，别选一层或负一层的房间，潮湿且蚊子多。3.如果想离码头近的话，算一下你上岛的时间，轮渡不同时间停靠的码头不同（见150页到达和离开）。4.硬件设施各家参差不齐，总的来说，与价格的高低成正比。

越来越不亲民的价格仍持续看涨中，请尽量避免周末和节假日入住。鼓浪屿码头附近有很多游走吆喝的无照黑店，价格才一百多元，但配套设施

房价范围

书中我们标注的价格，一般为标间价，即包含一张大床（标单）或两张小床（标双）以及独立卫生间，青年旅舍或设多人床位的住处会加标床位价格。除非特别注明，否则房价不含早餐。所有的价钱都是我们调研时了解到的实际价格。

分类	价格范围
¥（经济）	100~150元
¥¥（中档）	150~400元
¥¥¥（高档）	400元以上

完全跟不上，而且出于安全考虑，我们不建议你跟他们走。

精品酒店

比民宿装修更考究、服务更用心，也都有网站，并拥有酒店式管理，硬件设施过关。这类酒店仍然由鼓浪屿唱主角，大多坐落于当年华侨留下的历史建筑内，经营者能本着修旧如旧的原则，保留别墅原有的风格，注重设计，几乎没有一家雷同，每间房都用足心思。通常会有一个漂亮的庭院，种满植物花草，适合午后咖啡或月下品茗。

相对来说，精品酒店的主人都不喜张扬，也尊重住客隐私，平时大门紧闭，静静地迎来送往，不欢迎非住客前来参观。如果预算充足，建议多花个两三百元钱，舍民宿住精品酒店，体验大隐隐于市中的低调奢华。

住哪儿

区域	优点	缺点
厦门岛	这一区域最大的优点就是交通便利，无论是遍寻美食、出行游玩或者购物都很方便，夜晚也绝不会寂寞。而且住宿类型丰富，丰俭由人。环岛路上有许多拥有无敌海景或山景房间的星级酒店，个别紧靠沙滩。在华侨新村、厦门大学附近以及曾厝垵，聚集有一些个性民宿和精品酒店，整体而言，价格会比鼓浪屿上略便宜些。	环岛路上的酒店都价格高得惊人，面海的房间基本都在千元以上。曾厝垵虽然近年成为最受文艺小清新们欢迎的住宿地之一，可是村内嘈杂、混乱。宁静而有品质的华侨新村，交通不太便利。
鼓浪屿	体验鼓浪屿的绝好方式就是来住下，一栋别墅通常便是一段百年的传奇故事。大多数旅馆的经营者很用心，注重个性化设计，房间风格多样，激烈的竞争也促使他们不断追求高品质和对细节的打造。有些旅馆远离喧嚣，有些即使处于闹市也会注意对住客隐私的保护。岛上也不乏青旅，预算不多的旅行者不必望岛却步。	节假日房价大幅上涨，并且房源紧张，需要提前预订。周末和暑假有些民宿和精品酒店的价格也有不同程度的上涨。你只能靠双脚前往旅馆，而且岛上的路弯弯绕绕、上上下下。主街周围的各种小岔路往往共用一个路名，找起来颇为麻烦。岛上缺乏美食，而且比厦门岛贵很多。
厦门岛外	在厦门同安、海沧有几乎可以当做景点来玩的数家温泉度假村，最宜解乏。	不建议在岛外住宿。当天均可往返厦门。
厦门周边	漳州土楼地区有许多土楼客栈，是此地才有的住宿体验。漳州海边也有酒店和民宿，让你独享美丽海湾。泉州的古巷弄里有许多别致的青年旅舍，还都集中在古城最热闹的地方，出行便利。金门的民宿许多建在大厝里，颇有特色。	土楼客栈一般没有独立洗手间和空调，享受特色也要忍受不便。东山岛的住宿贵，性价比不高，且暑期大幅上涨。金门的冬天有点冷，且绝大多数民宿不备暖气。另外，出于环保考虑，许多民宿不备一次性洗漱用品及拖鞋。

最佳住宿

名字	区域	介绍
梦旅人音乐客栈 ¥	厦门岛	既是客栈又是LIVEHOUSE，是热爱音乐的青年们到厦门的首选青年旅舍。藏在曾厝垵村内深处，位置宽敞，且居高临下，可看潮起潮落。
厦门卢卡国际青年旅舍 ¥	厦门岛	一幢20世纪80年代的三层宿舍小楼改造而成，从天台上可以远眺对岸的鼓浪屿，占据地利。房间干净整洁，面积较大。庭院内满眼绿意。
紫云乡设计酒店 ¥	厦门岛	你一定不能错过这座在闽南红砖大厝里的民宿。看得出来民宿主人费尽心思将这座老宅改造得十分到位。虽然有些房间采光不好，但不影响住宿品质。
四季小院客栈 ¥¥	厦门岛	四季小院竟然就在庆福寺里。一个十分清幽的小院，加上一间小书法教室，住在佛门清地内，想不沉下心也难。
海巢 ¥¥	厦门岛	蓝白相间的地中海风格，有一个大大的露台。深入在村中，离海很近。规避了环岛路和曾厝垵的嘈杂，却离它们步行可至。价格也很贴心。
马克客栈 ¥¥	厦门岛	曾厝垵里众多农民自建房改造客栈的代表，拥有满足各种不同旅行者需求的房型。
良筑 ¥¥	厦门岛	老别墅改造的颇有特色的设计型客栈，每个房间都被设计成了红酒、古董家具、黑胶唱片、电影等不同主题。所处环境闹中取静。
野门公馆 ¥¥	厦门岛	骑楼里也有民宿，你恐怕很难想象。不止建筑本身是老房子，整个内装修和家具都有20世纪30年代的风格。位置非常好，只是周遭大排档们会有些吵。
乐雅无垠酒店 ¥¥¥	厦门岛	简约的日式设计，细节十分贴心，服务一定会给你惊喜，经常会举办各种展览。如果一定要挑刺，可能就是略为不便的交通。
鹭江宾馆 ¥¥¥	厦门岛	和中山路步行街与轮渡近在咫尺，是出行最方便的酒店之一。大露台的闽南风味小吃是当地人童年里的味道，也是观鼓浪屿夜景的最佳地方。
厦门海港英迪格酒店 ¥¥¥	厦门岛	设计融入闽南特色元素，房间拥有无敌海景，寝具和浴具尤佳，餐厅提供的美食也十分不错，走到轮渡码头只需5分钟。
7天连锁酒店（南普陀店）¥¥	厦门岛	距离厦大和南普陀都非常近，就在南华路咖啡馆一条街的顶头，周围非常安静。有相对宽裕的停车位，适合自驾游的旅行者。

实用信息	类型
（见64页地图；208 0395；www.dreamerhouse.cn；思明区环岛路曾厝垵332号；铺/帐篷60元，房间200~300元；）	青年旅舍
（见64页地图；208 2918；www.locandahostel.com；思明区民族路35号，鼓浪屿对面、轮渡中山路附近；铺50~60元，标间208元，套358元；）	青年旅舍
（见64页地图；209 5736；思明区曾厝垵505号；单间/大床房/标间148~288元；）	民宿
[见64页地图；206 7206；思明区思明南路457号（庆福寺内）；大床房/标间/榻榻米间310~350元；]	民宿
[见64页地图；257 0277；www.xmhaichao.com；思明区黄厝溪头下25号(景州乐园对面)；大床房/标间180~338元；]	民宿
（见64页地图；251 9131，158 5921 8818；www.markhostel.com；思明区环岛路曾厝垵215号；标间/大床房198元，海景房298元，榻榻米468元，套568元；）	民宿
（见64页地图；207 1322；www.liangzhu22.com；思明区华新路22号；大床房398~698元；）	民宿
（见64页地图；210 5739；思明区开元路249号；大床房/标间350元；）	民宿
（252 6777；www.hotelwind.com；思明区环岛干道黄厝路云岳山庄6#；标间/大床/套房700~3000元；）	精品酒店
（见64页地图；202 2922；www.lujiang-hotel.com；思明区鹭江道54号；标单/标双/大床房920元；）	星级酒店
（见64页地图；226 1666；cn.ihg.com/hotelindigo/；思明区鹭江道16号；标单/标双/大床房1200元起；）	星级酒店
（见64页地图；208 5508；www.7daysinn.cn；思明区南华路35号；大床房287~357元；）	连锁酒店

名字	区域	介绍
鼓浪屿卢卡国际青年旅舍 ¥	鼓浪屿	鼓浪屿上条件最好的一家青旅，位置隐蔽也更清净。庭院很漂亮，有圆形水池和一排圆拱回廊。多人间干净整洁，标间可媲美民宿。
鼓山栖 ¥¥¥	鼓浪屿	位于历史建筑钻石楼内，几乎每个细节都按1:1还原。房间装饰精致，有中式雕花贵妃床也有西式贵妃浴缸。紧挨着番婆楼，拥有绝佳视角。
李家庄休闲咖啡旅馆 ¥¥	鼓浪屿	参天古树斜斜掩映清水红砖别墅，饰以白色百叶窗，很典雅。主题房有元祖房、老爷房、公主房、少爷房，最便宜的客房小而清冷素淡。
巢庭1919 ¥¥	鼓浪屿	离三丘田码头很近，每间房不同的主题设计，如瓦房、琴韵、蝶恋等。房间大多宽敞，价格高低代表了房间大小，一楼的房间有点霉味。
鑫雅琪公馆 ¥¥	鼓浪屿	海景房有阳台，可俯瞰小岛，相邻房间的阳台无缝对接，私密性不够。院子里有架钢琴，可供住客弹奏。有些房间可以看到殷承宗旧宅。
黑檀 ¥¥¥	鼓浪屿	建筑复古，设计时尚，门牌低调。最便宜的房间很小，装修很简约，性价比不高，带露台的房间非常豪华。
中德记 ¥¥¥	鼓浪屿	位于黄家花园里，园内植满古榕、香樟、芙蓉、刺桐。清水灰砖的建筑，淡蓝色门窗，门头雕有猫头鹰。房间装修大多偏向欧式古典风。
鼓浪屿国际青年旅舍 ¥	鼓浪屿	最不容易迷失方位的青旅，离钢琴码头很近，出行和觅食都方便。建于原德国领事馆内，出门5分钟的脚程内有十多栋漂亮的老别墅。
筌曲酒店 ¥¥	鼓浪屿	近在闹市，却能独自清静，深谙进退取舍之道。音乐主题的酒店，房间装修以不同时期的西方音乐为基调，每间房都有CD播放机。
杨家园度假酒店 ¥¥	鼓浪屿	漂亮的清水红砖别墅，院内有一个双龙戏珠的水池和一株1912年种植的鸡蛋花树。酒店式管理和设计，只是所处位置有点嘈杂。
科林斯大屋 ¥¥	鼓浪屿	旋转楼梯、旧式的地砖和地板一下将你带入了20世纪初的老电影中。很多房间有实木四柱床、复古家具、全身镜，总的来说陈设简单。
船屋 ¥¥	鼓浪屿	外观似一条正待出航的船，内部选用南洋楠木、红木等名贵木材。房间分船长、大副、水手等主题。新码头启用后，门口不复清静。

实用信息	类型
（见132页地图；252 0980；公平路14号；铺65元，标468元；）	青年旅舍
（见132页地图；533 7537；www.gs7.cn；鼓山路7号；大床房620元起，家庭房1180元起；）	精品酒店
（见132页地图；251 2387；www.leeinn.cn；漳州路38-40号；标单/双480/380元；）	精品酒店
（见132页地图；236 9333；三明路32号；标350~410元，特价房313元；）	民宿
（见132页地图；208 1199；www.xyqggxm.com；鸡山路14号；标228元起，海景房500元起；）	民宿
（见132页地图；256 8328；鼓新路23号；标580元，豪华间640元；）	精品酒店
（见132页地图；206 0960；www.zdj-villa.com；晃岩路31号，马约翰体育场后面；标单/双 400/500元起；）	精品酒店
（见132页地图；206 6066；鹿礁路18号；铺78元，标320元；）	青年旅舍
（见132页地图；592 2061299；conch.leyoinn.com；复兴路86、88号；标单/双386/556元，豪华间886元；）	精品酒店
（见132页地图；206 6566；安海路4号；标399元起；）	精品酒店
（见132页地图；209 0298；内厝澳路73号；标单/双428/328元，套528~728元；）	民宿
（见132页地图；209 8680；www.boathouse48.com；鼓新路48号；标单/双200~690元；）	民宿

名字	区域	介绍
厦门鼓浪别墅酒店 ¥¥¥	鼓浪屿	花园很漂亮，泳池干净。房价含早餐，精品房带阳台，普通房较小，房间除了干净舒适并无特别之处，服务是优势，有电瓶车接送。
德林苑 ¥¥	鼓浪屿	1910年建的老别墅，建筑外墙原样保留了下来，房间内部重新改造和设计了。二楼的复式房间空间利用率并不高。不时会推出团购。
复兴公馆 ¥¥¥	鼓浪屿	酒店设在一座20世纪初的老别墅内，园林景观不错，内部装修也很豪华，酒店式的设计和管理风格。
杨桃院子 ¥¥	鼓浪屿	院子很漂亮，别墅也很漂亮，房间内部空间不大，走简约风格。
小茉莉 ¥¥	鼓浪屿	上下铺房间并非多人间，只是因为房间太小便将床设计成上下铺，床铺离卫生间不过一张凳子的距离，但拾掇得很干净。
鼓浪屿鹭飞国际青年旅舍 ¥	鼓浪屿	离龙头路很近。如果你不介意男女混住，推荐8人间，房间比“清一色”的四人间要宽敞，也干净，但楼上的Wi-Fi信号可以忽略。

实用信息	类型
（见132页地图；206 3280；www.gulangvillahotel.com；鼓声路14号；标558元，精品房728元；）	酒店
（见132页地图；206 6786；安海路61号；标350元，复式528元；）	民宿
（见132页地图；716 3123；www.fuxhotel.com；复兴路3号；标688元起；）	精品酒店
（见132页地图；252 1333；www.yangtaohotel.com；安海路8号；标单/双398/498元；）	民宿
（见132页地图；251 2387；中华路87号；铺280元，标单328元起；）	民宿
（见132页地图；208 2678；鼓新路20号；铺75元，标260~380元；）	青年旅舍

出行指南

证件

学生、军人、记者、老人等可以凭证件得到景区的优惠门票，因此一定要带上自己的证件，它会为你省下一大笔费用。不过，现在研究生证在大多数景点都无法享受优惠。另外参观博物馆时记得带好身份证，以便租借解说器。

如有前往金门自由行的计划，需要提前办理《大陆居民往来台湾通行证》(费用30元，15个工作日)。截至2014年8月，国内已开通台湾自由行的城市有4批共36个(北京、上海、厦门、天津、重庆、广州、成都、南京、杭州、济南、西安、福州、深圳、沈阳、郑州、武汉、苏州、宁波、青岛、石家庄、长春、合肥、长沙、南宁、昆明、泉州、哈尔滨、大连、太原、南昌、贵阳、无锡、温州、烟台、漳州、中山)。记得让你的通行证上获得有效签注(单次签注费用20元，1周工作日)，除此外还要委托有资质的旅行社等机构代办入台证(3个月有效)或者入金证(手续相对简单，但只有指定3天有效)，你将获得纸质入台证或电子版入台证，后者须自行彩印出来，作为入金凭证。

以上城市的厦门暂住人员可向厦门市有资质的旅游团申请一日游或二日游，但同样需要首先拥有通行证。

非以上城市的居民若想跟团游手续有点麻烦，需提前7~10天在原住地通过网络或传真经由旅行社提出申请，抵达厦门后办理暂住证，并到市公安局赴金门旅游办证中心办理《大陆居民往来台湾通行证》，完成这些手续后就可以找旅行社报团了。

保险

购买保险是旅行计划的重要组成部分，尽管厦门地区安全状况良好，事先购买保险仍然十分必要，应根据自身行程计划和出游时间充分安排和选择保险的时限和保额。很多保险公司都有旅游意外险的各类险种，能对旅行者在旅途中因行程延误、人身意外、财物遗失、医疗急救等造成的损失进行一定比例的赔偿，尽量挽回不必要的经济损失。

如果你需要参团旅游，团费中一般都已包含旅行社给你购买的旅行社责任保险，但这个险种只承担因旅行社的过错给旅行者带来的损失，不包括因意外或旅行者自身过错造成的损失。因此，即使在参团的时候，也别忘了自行购买旅游意外险。

在购买长途汽车票时，不少车站会主动搭售保险。根据保险自愿的原则，你有权拒绝(最好购票时提前声明)。即使没有另购保险，票面也已经包含了承运者的保险责任，因此如果发生意外，依然有权进行索赔，各种票据请妥善保管，以备不时之需。另外，旅游意外险通常包括航空意外，有时候比购买航空意外险更加优惠，而且保额更高。

如果计划在本区内自然环境中进行的活动较多，可考虑美亚保险推出的“畅游神州”，该险种承保多种热门户外运动项目，如潜水、骑马、自行车等(滑翔翼和跳伞活动除外)。另有针对驴友设计的“驴行天下”险种，承保范围包括了无

9家有资质带团赴金门的厦门旅行社

厦门建发国际旅行社(☎226 3818)
厦门航空国际旅行社(☎227 2654)
厦门春辉国际旅行社(☎268 9200)
厦门旅游集团国际旅行社(☎398 9876)
港中旅(厦门)国贸旅行社(☎589 9011)
厦门市观光国际旅行社(☎252 5671)
厦门中国旅行社(☎213 3485)
厦门中星国际旅行社(☎588 8025)
厦门夏商国际旅行社(☎227 0739)

别让购物成为累赘

别在旅行之初就开始购物，特产几包一买就占掉行李空间的一大半了，如果你还得一路赶赴景点，这大包小包不但不雅观，还会被它们拖累得举步维艰。好在厦门已经为购物狂们准备了“一条龙服务”，杰出的营销手段是既能挑起你的购物欲，又把你瞻前顾后的烦恼都一并解决了，让你不掏钱也难。

如果你计划坐飞机离开厦门，手礼网（☎400 119 6363；www.giftport.cn）对于爱购物的你会非常有用，该网站集中了闽台的很多特产和纪念品，市场上能看到的大多数品牌在上面都能找到，价格还比在店里购买便宜一些。不同于淘宝等网店，它的购物流程是，你先在网上下单，在你离开厦门时于机场提货，也可以直接快递到家，但地区有限制，而且你得买满一定的金额。

海拔高度限制的登山、洞穴探险、野外生存和自由攀岩等项目，保费也较低廉。华泰“安途”系列不仅承保团队成员各项户外运动的风险，还针对领队责任设置了特别风险保障，很适合团队进行户外活动的驴友选择。

至于自驾游的旅行者，建议为汽车购买全车盗抢险或车辆损失险，比较昂贵的相机之类的装备也可以考虑购买财产险。

银行

作为一座现代都市，在厦门你不愁取不到钱，商业街、旅游区、交通枢纽都有银行和ATM机，非常方便。不需要携带大把现金而来，只要是有银联标志的信用卡、借记卡，在各大银行都可通用，取款方便。在市区内，各大银行的网点及自动取款机在各主干道和商业中心都有分布，相当容易找到。离开了县城，农村信用社与邮政储蓄是你的救命稻草。如果还要深入一些偏远地区，就要事先准备好足够的现金。

如果要去金门的话，得预先在厦门兑换好新台币，厦门各大银行都能兑换。由于每家银行各营业网点的现金储备量不同，不见得任何时候去都能兑换足额新台币，保险一点的话，你最好在兑换前一天拨打将要前往的营业网点电话预约，兑换当日带上身份证，以免跑空。**中国银行**（☎95566；www.boc.cn）和**厦门银行**（☎400 858 8888；www.xmccb.com）的新台币业务比较多，临时兑现概率更高。汇率为100新台币约合21人民币。

购物

几乎很少有来厦门的旅行者空手而归，满街的手信店铺、内地难品尝到的台湾风味、精美的包装，时时挑逗着你的购物欲，让你不自觉便投入了购物大军中。不管它兜售的是实用品还是创意概念，带上一些回家赠人或自用都还不错，但我们得奉劝你hold住钱包，因为往往需求少于实际购买量。

特产方面，馅饼是首选，各品牌口味差别不是很大，南普陀和阿吉仔是受本地人认可的老品牌。如果是送人的话，一些年轻品牌很适合，不过你得为漂亮的包装多付点钱。牛轧糖也不错，有金门和厦门两种口味之分，不同体现在黏牙度、甜度上，不同品牌价差很大，最便宜的那款口味真的不怎么样。其他可以带回家的特产还有海苔、肉松等，青津果也不错。厦门岛中山路周围、鼓浪屿上有很多手信店，不怕你找不到，不过鼓浪屿要比厦门岛贵。

钢刀、贡糖、高粱酒被称为“金门三宝”，高粱醋、瓷器、花生、芋头、风狮爷等也都不错，而且在金门的购物体验非常好，手信品质不错，店主也不会强买强卖。

泉州源和堂的佐茶蜜饯是百年的制作工艺。作为水果之乡的漳州，平和蜜柚、天宝香蕉、九湖荔枝、长泰芦柑、华安甘蔗、云霄枇杷、诏安青梅皆为佳品。

工艺品方面，厦门的漆线雕、风狮爷是历史悠久的民间手艺，泉州的木偶、德化的陶瓷、永春的漆篮，以及漳州的布袋木偶、剪纸和棉花画、珍贝漆画饰板，也是值得收藏的民间手工艺品。

不太能让人放心购买的是珍珠、海鲜干货，有很多滥竽充数的，如果不懂得鉴别，购买前需谨慎。鼓浪屿上会有一些售卖自称是台湾走私品的小摊，不用浪费时间去辨别，都是假的。

厦门还有很多个性十足的创意小店，本来很普通的T恤、茶杯、笔记本等小商品，只是多了点新意，便让人爱不释手。下手别太豪迈，因为等你回家看久了，发现去过鼓浪屿的朋友人手一份，对它的喜爱度就大减了。

如果你到达厦门后发现携带的衣服并不合适，可跟着本地潮人群，在中山路附近逛逛淘一淘，变装是很容易的事。

电话

无论是移动、联通还是电信，此行的大部分区域都有手机信号，县城一级的地方基本都有这些运营商的营业厅。旅行时间较长或者通话频繁的，可以申请一个包含若干免费通话时间和全国免费接听的套餐。也许是因为海峡太窄，在金门收到厦门的移动或联通信号的状况也偶有发生，但在不清楚漫游资费的情况下不要轻易拨打，通常情况下它们各归其主，若打算在金门小住又不想人间蒸发，可以买张当地的电话卡。

因为手机太方便，公用电话和IP话吧正在不断减少。如果你是拨打报警电话，尽量使用座机，方便警方迅速定位。有些宾馆、旅馆和电信有合作，在客房有免费畅打国内长途的座机。

邮政

从厦门寄出一张盖有当地邮戳的明信片不失为一种浪漫的旅行纪念。你也可以提前把大包小包的购物收获邮寄回家，**国家邮政局**（www.chinapost.gov.cn）的网站上可以查到供参考的邮政资费，寄包裹有普包、快包、EMS等多种服务。有些酒店旅舍的前台也可以代办快递业务，你也不难找到顺丰、申通、圆通这样的快递公司。即使什么业务也不需要，厦门岛和鼓浪屿上的两个邮局也值得你参观下，一个是历史建筑，一个同时也是创意店铺。

厦门海后邮电支局（见64页地图；☎212 8622；思明区海后路58号；⏲8:00~19:30）就在轮渡对面，在原大清厦门一等邮局遗址上翻修重建，建筑本身就十分值得一看。这里除了提供常规的汇款、邮寄业务，也可以办理、充值厦门公交e通卡。还有许多当地特色明信片供挑选。

上网

智能手机如此普及，网吧的作用已越来越不明显，大多数旅馆和连锁酒店都提供免费无线网络和宽带上网，带电脑的客房也正在增加，厦门、鼓浪屿、泉州的餐馆、咖啡店绝大多数都能上网。更可喜的是，步行街上甚至都有无线网络，你可以自由蹭Wi-Fi。

很多老建筑改建的民宿或家庭旅馆的无线网络信号覆盖有强有弱，通常楼层越高，或离路由器越远信号就差，如果你离不开上网，入住前要问清楚，选择信号强的房间。

工作时间

景点通常都是全年开放的，开放时间基本为8:30~17:30，菽庄花园、日光岩、皓月园等景点的开放时间更长，你可以在清晨或傍晚时进去参观，避开旅游团，而且门票会相对便宜些，只是没有讲解服务。一些博物馆每周一会闭馆。景区内提供住宿的景点则通常全天开放。

除非是专门经营早餐的小店会很早开门，大多数餐馆都要8点以后才开门，营业到晚上10点，大排档会营业到晚上12点以后；咖啡馆除非供应早餐，否则一般接近中午才开门，营业到晚上12点；鼓浪屿上的餐饮店晚上结束营业较早；一些小吃店会分上午和下午两个时间段营业；酒吧则多是从下午或晚上营业到次日凌晨2点左右。此外，一些个性小店也常是下午才开门，或者另类到晴天开门雨天不开门。

银行和邮局的营业时间一般都是8:30~17:30，鼓浪屿上会相应晚半小时。

商店通常10点开门营业，晚上9点打烊，一些大卖场的营业时间至22点，周末和节假日或延至23点打烊。

厦门的公交运营时间从早上5点就有，不同路线结束时间不同，通常情况下晚上9点、10点还有车，泉州、漳州地区的公交结束较早，晚上7点、8点后就没有了，但会有少量夜宵车运营到晚上10点，基本覆盖了大多数景点。

有些行政办事机构、重要景点、部分码头会分为夏令和冬令两个时间段，冬令时是10月至次年5月，夏令时是6月至9月，夏令时的下午上下班时间、景点开放时间会比冬令时推迟半小时。

气候

请参见44页了解该地区的最佳旅行季节。**中国天气网**（www.weather.com.cn）与**天气在线**（www.t7online.com）上能查到所有市县的天气情况，最多可预报7天。也可在新浪微博或者手机App上关注厦门的官方天气预报，以便得到第一手资料。

台风是本区内最麻烦的天气问题，在台风盛行的6月至9月间出行，请密切留意天文台发布的热带气旋与台风预警。

旅游信息

旅游局应该是最权威的旅游信息来源。在厦门、泉州等地，当地旅游局制作了专门的网站，也有活跃的微博。不过根据经验，这些以提供官方旅游信息为主的单位并不见得对一名普通旅行者的细小问题帮得上忙。当地论坛和豆瓣小组有不少实用、可信的吃喝玩乐信息。

一般来说，当地最贵的酒店，一楼的大堂常有丰富的旅游资料免费供人取阅。在开发较好的旅游景点，售票处旁边的游客信息中心常常会提供免费或收费的资料和地图，也能打听到一些实用信息。最直接的办法是跟当地人沟通，出租车司机、导游、户外向导、商贩，大都会热情地为你提供信息。此外，青年旅舍的布告板也是交换旅游信息的好地方。

如果你是坐飞机到厦门，下飞机后别急着离开机场，机场有旅游服务中心，可以第一时间咨询怎么玩，还有免费的手绘地图，但这里提供的住宿预订建议帮助不大。在机场的登机口处，你能免费取阅《海峡旅游》杂志，薄薄一册，偏重本地旅游目的地。

厦门市旅游政务网（www.xmtravel.gov.cn）和**厦门旅游网**（www.visitxm.com）提供官方的旅游信息。

关于厦门的杂七杂八全都能在**厦门小鱼网**（www.xmfish.com）上找到，里面有很多“鱼鱼”会热心解答你的提问。**豆瓣网厦门同城**（www.douban.com/location/xiamen）会有同城各类活动公告，你可以选择自己感兴趣的参加。

新浪微博可以关注@**新浪厦门**、@**厦门街头巷尾**、@**厦门美食**。

医院

到厦门旅行通常安排的时间不会很长，行程中发生意外的几率不大，不过万一你身体不适，应及时去医院，即使在鼓浪屿上也有一家可以24小时就诊的医院。

带上它们同行

本区位于亚热带，夏季的高温湿热常令人很不适应，而且景区人满为患更难心静自然凉，在这一地区中暑的旅行者并不少见。因此如果在6~9月出游的话，请注意防晒并携带一些防暑药品如仁丹、藿香正气丸。夏日蚊虫特别多，驱蚊用品一定要带上。6月到9月之间，雨季结束后台风季紧跟而上，备把雨伞在包里以免被不期而至的暴雨淋成落汤鸡。如果你的体质对海鲜比较敏感，带好肠胃药、止泻药或抗过敏药。若有晕车史请带上药有备无患，前往金门需要坐船，周边其他地区的车程不长，公路修得也不错，但弯弯绕绕免不了。

以下两家是厦门的三甲医院，前者离轮渡和中山路很近，后者离长途汽车站不远。

厦门大学附属第一医院（见132页地图；☎213 2222；www.xmfh.com.cn；厦门市镇海路55号）

厦门大学附属中山医院（见64页地图；☎229 2201；www.xmzsh.com；厦门市湖滨南路201-209号）

团队游

该区域内需要依靠旅行社的以漳州土楼和金门为主，旅行社组织的大多是一日游和两日游。团队游最大的好处是可以让你快速将几个交通不便的景点串联起来以及相对优惠的门票。但普遍的问题是，可能浪费不少时间在导游安排的无聊购物环节上，且路线选择也不够独特，并经常会发生实际流程与宣传单上有出入的状况，未免过后懊恼上了贼船，在报名之前需要多咨询几家（实际上，绝大多数旅行社只是充当中介的角色），你能在机场、轮渡码头、青年旅舍、商业街上找到这些正规或非正规的旅行社。不管选哪家旅行社，购物都是避免不了的例行环节，放平心态，管住钱包，随队伍绕行一圈就耐心等待你的团友们吧。

旅游方面如遭遇不合理对待，可向**厦门市旅游质量监督管理所**（☎531 8985，800 858 2365）投诉。

摄影和摄像

遵守博物馆和店铺内"禁止拍照"的规定。如果要拍当地人文风俗，你最好有个长焦，远远躲在角落里按快门，莫扰了当地人的生活，否则请在将相机瞄准对方前先咨询一下，拍完要表达感谢，如对方提出寄送照片的要求，则应言出必践。

这一地区有很多老建筑很值得一拍，鼓浪屿的别墅、厦门的骑楼、漳州的土楼等，都颇具异域风情和民族特色。

在地形复杂的地方拍照需要审时度势，量力而行，不要为了一张好照片而酿成悲剧。在高速路桥停车拍照，都是对自己和他人不负责任的做法。

危险和麻烦

整体来说，这是个对旅行者很友好的地区，市县的治安都没有问题，不过还是要提高警惕。泉州是一片众神狂欢的圣地，菩萨、真主、上帝并存，出发前适当了解下各派宗教的禁忌，以免参观时忘乎所以而惹出不必要的麻烦。

偷窃和欺诈

尽管厦门整体治安良好，但在一些人群密集区域仍要提防被盗或遭遇抢劫。旅行者总会在最手忙脚乱和放松警惕的时候让小偷钻了空子。除了在人流众多的车站、十字路口和市场看好你的财物以外，青年旅舍也是旅行者容易掉以轻心的地方，现金与贵重物品如电脑、相机等不可遗留在房间内，在背包上加一把锁或寄存在前台都是可行的办法。

女士最好避免夜晚单独出行，不要将装有值钱物品的手提袋松松地拎在手上，旅行途中也不要佩戴大件贵重首饰。长途汽车站和火车站周边有较多的消费欺诈行为，比如吃饭宰客、售卖假烟假酒等，需小心警惕，或者避免在此消费。另外需要注意的是，海岛上一些海鲜酒家曾出现宰客现象，要多提防。对厦门中山路附近假扮出家人、实则行乞之人尽量敬而远之。轮渡附近亦有许多兜售外汇者或者所谓"导游"，不要理睬便是。不过，热闹的地方都有警察巡逻，遇事请拨打110求助。

出行前要对一些常用的造假、敲诈伎俩多加了解。旅途中没有免费的午餐，切忌占小便宜吃大亏。

交通安全

该区域内公路设施很健全，路况比想象的要好。不过作为一个多山的地区，自驾者还是要小心；如果是包车，也要尽量选择车况较好的车和有经验的司机。自驾的话需要在出发时注意天气和路况新闻，时刻检查车辆状况，保证油气充足，并带好修理工具，以免在人迹罕至处抛锚。

如今的鼓浪屿已不再彻底禁止机动车，耳边不时响起如入无人之境的环岛游电瓶车鸣叫声，运货的板车下坡时也总让人不由地揪心紧张。

掮客

和所有的城市一样，游客模样的人只要一抵达机场、火车站、客运站等游客集散地，就难免遭到掮客的打扰。少数情况下他们是有帮助的，更多情况下则是将你引向一处偏僻的客栈、一趟耽误你时间的班车或者物无所值的一日游。简单谢绝是合适的处理方式。如果一位出租车司机过分努力地向你推荐某一家宾馆，同时诋毁你已经预订的住处，通常是期望从宾馆获得一份回扣而已。也要避免让初次认识的本地朋友带你去购买昂贵的手工制品。

长途汽车站和火车站周边有较多的消费欺诈行为，尽量避免在此消费。去各个景点尽量坐班车，不要坐黑车。如果包车，上车前一定要讲清楚总价。

海岛潮汐

在海中游泳不比在游泳池戏水，一定要注意安全，不可离岸太远。另外，无论是游泳还是在礁石上玩耍都要注意潮汐。几乎每年都会发生几起游客在礁石上玩耍忘记了时间而被潮水困住的事件。如果不想成为新闻上那个被橡皮筏或者直升机救起的人，记得要事先查询当地的潮汐时间。

台风

夏季是台风多发季节，有时因台风鼓浪屿的轮渡会停运。遭遇台风天气时，应避免外出，必须出行时最好乘坐公交车，不要打赤脚或者穿凉鞋，预防触电。行走时避开施工建筑、广告牌及树木。出行记得即时查询航班、班车信息。

独自旅行者

厦门不是独自出行的热门地，沙滩海风似乎只会平添你独自旅行的寂寞感。若落单了，也不需要有太多安全上的顾虑，你可以和当地人有更多的互动，对路线和时间的把握也更为自由。但独自旅行对旅行经验的要求稍高一点，你要保持足够的警惕和细心，照顾好财物，在常规的目的地不会遇到什么危险，当然你最好能将自己的行踪和健康情况及时告知家人或亲友。

但由于缺乏旅伴，住宿费用就会相应提高，你也不太可能一个人点上一桌菜遍尝美食。所以对于独自旅行者来说，提供铺位、有公共交流区的青年旅舍是很好的选择，你可以很容易地找到一位临时旅伴，与你一起搭伙吃饭、分担包车费用，入住只有标间可选的酒店也可以分摊一半费用。

微笑也是独行客与陌生人交往的傍身利器，当地人很愿意提供各种信息，但在夜间出行时，结伴而行会增加不少安全系数。

残障旅行者

机场、四星级以上的酒店会有一些无障碍设施，厦门、金门、泉州对于残障旅行者提供的设施建设相对成熟些，到当地后雇请旅行社协助，尽量选择乘坐飞机和入住高级酒店。若没有同行的伴侣，最好不要独自深入山区。

女性旅行者

整体来说，闽南人对女性旅行者是友好、尊重的，甚至还会提供更多的关照。但有些风俗需要注意，比如在清真寺，女性通常不可以进入礼拜大殿；在一些传统人士的家里，不要把女性的裤子和内衣晾到院子里（主人会觉得不吉利），入乡多问俗就好。

相对来说，女性独自旅行的风险要高于男性，要做好比男性旅行者更充分的准备和保持警惕心。对于陌生人提供的交通、食宿上的便利，既要能心怀感恩地接受，也要善于察觉背后的动机。旅途容易让人产生浪漫的感觉，人与人的距离也很容易拉近，但和陌生人打交道还得留个心眼儿。尽量不要独自去酒吧，你会成为最显眼的猎物，如遇大胆的挑逗，注意保持清醒和必要的社交距离，不要自以为酒量好就豪饮。随身携带自卫用具会给你最后的勇气。

同性恋旅行者

厦门对同性恋行为和LGBT（女同性恋者、男同性恋者、双性恋者与跨性别者）人群的态度相对包容。而在乡村地区，应适当低调，以免惹出不必要的麻烦。

志愿服务

将旅行和公益活动结合起

来，会让你这趟行程更有意义，也会使你加深对旅行目的地的了解。如果有兴趣了解更多有关环保、扶贫、救灾等方面志愿者工作的相关信息，可留意**福建青年志愿者**（www.541205.com）、**厦门绿十字环保**（www.xmgca.cn），或者关注新浪微博@**福建志愿者**。

厦门周边相对来说都不贫困，你可以从自身做起，践行环保，在景区不要留下垃圾，不要浪费食物，自带环保筷，入住酒店、旅馆应节约用水用电。

活动

自行车

骑车是一种更为轻松自由的玩转当地的方式。厦门的环岛路（见68页）、金门（见195页）及离岛烈屿都是惬意的好路线。全程都有自行车专用骑行道，既舒适又安全，并且都能在当地租借到自行车。

游泳

作为海岛，这里不乏可以下水之处，不过还是建议去正规且有人管理的沙滩和海滨浴场，保证遇到危险时能得到急救。厦门有很多免费的海滨浴场（见148页）。漳州东山岛的各个海湾（见184页）也已开辟为免费成熟的休闲娱乐之地。不过在海滨浴场一定要注意潮汐时间，可拨打当地☎114查询，海滩边通常也张贴有潮汐时间公告。

温泉

厦门岛周边蕴含大量的地热资源，因此也孕育了许多温泉度假村。如果时间允许，应尽量避开周末，因为周末不仅价格会涨，池内常常也挤满了前来放松身心的本地居民。这些温泉度假村也常有网上团购打折，多多留意。

观鸟

在金门你能见到一些在世界各地都难以见到的稀有品种。每年的12月到次年1月及3月和4月之间是金门观鸟的两个好时节。不要打扰它们的生活，望远镜必不可少。

交通指南

到达和离开

高铁进一步带动了本来已经热火朝天的旅游业，竞争也催生了更令人心动的机票折扣，进出厦门最方便的交通方式依然是乘坐飞机。不过，有了动车和高铁，你可以更坚定节假日来旅行的信念了。

飞机

机场

厦门高崎国际机场（见6页地图；XMN；☎0592 96363，602 8940；湖里区埭辽路）位于厦门岛的东北端，距离市中心很近。航线遍及国内北京、上海、广州、深圳等交通枢纽城市和其他中型省会城市，也包括黄山、九寨沟以及省内武夷山等旅游点。厦门和台湾台北、桃园、台中、高雄之间每周都有定期直航航班。国际航线有飞往阿姆斯特丹、香港、澳门、首尔、新加坡、吉隆坡、雅加达等欧亚的主要城市的航班。

泉州晋江国际机场（JJN；☎0595 8562 8988；）已开辟了国内、国际20多条航线，每天有飞往北京、上海、广州、深圳、杭州、舟山、成都的多趟航班，也有飞往香港、澳门的国际航班，及经转机前往台北、马尼拉、日本冲绳的航班。

航空公司

经营往返厦门、泉州航线的主要航空公司包括：

厦门航空（☎95557；www.xiamenair.com.cn）作为本土航空公司，经营着200多条进出福建的航线，是福建航空市场实力最强的公司。在全国主要城市都可以乘坐厦航飞机飞往厦门。旅行者亦可搭乘厦航航班从厦门飞往东南亚各地及韩国。

春秋航空（☎95524；www.china-sss.com）的航班主要往返于上海和厦门之间，同时也开通了厦门去往香港的航线。时常会有9元、99元、199元的低价机票，可以关注其官网。

东方航空（☎95530；www.ceair.com）主要经营往返上海、广州的航班。

南方航空（☎95539；www.csair.com）主要经营往返北京、广州、深圳、南京、马尼拉的航班。

中国国际航空（☎95583；www.airchina.com.cn）主要经营往返北京、广州、深圳的航班。

海南航空（☎950718；www.hnair.com）主要经营往返北京、南京、西安的航班。

山东航空（☎400 609 6777；www.shandongair.com）主要经营往返北京、广州、深圳、南京的航班。

四川航空（☎400 830 0999；www.scal.com.cn）主要经营往返重庆的航班。

深圳航空（☎95080；www.shenzhenair.com）主要经营往返北京、深圳、南京的航班。

港龙航空（☎4008 8866 28；www.dragonair.com）主要经营往返香港的航班。

机票

提前通过**去哪儿网**（www.qunar.com）预约机票，以便第一时间接收到"心跳"折扣的提示，**携程旅行网**（☎400 880 3366；www.ctrip.com）是更老牌的网络代理商。

不时留意下航空公司的官网，或关注相关微博，也可以安装各航空公司售票App，有时会有"秒杀"或者更低折扣的特价票推出。

如果要订购厦门航空的机票，也可以直接拨打☎95557热线电话，甚至有时候会获得比官方网站更低的折扣。

火车

火车翻山越岭慢吞吞进厦门的历史被改写了，继动车开通后，高铁也正处于如火如荼的建设热潮中，从省会福州到厦门只需1个多小时，若从北京坐高铁来厦门也不过是一晚上睡眠的时间（12.4小时）。向北的线路如上海（8小时）、南京（8小时）、杭州（7小时）、济南（11小时）都有动车或高铁能到达。厦门到南昌原来需要16个小时，如今只要4个半小时，看本书的工夫就到了。厦深段动车贯通后，深圳抵达厦门时间缩短为4小时不到，若将频率很高的飞机晚点现象考虑进来，动车进厦门不但省钱而且更快。而内陆省份的大多数线路依然只能依靠普通列车，还是得"闷"在车厢里一两天才有望到达。

本地区内，高铁或动车已能让你在厦门、泉州、漳州中快速切换。但坐火车去漳州不算是个好方案，漳州的两个火车站漳州（动车）站和漳州东站（龙文区郭坑镇）都离市区较远。漳州（动车）站位于龙海市颜厝镇洪塘村，距离市区约20公里。来往市区可乘坐11路公交延伸线（正兴学校—高铁漳州站），约70分钟，或者28路公交车（客运中心站—火车漳州站），约半小时。

火车全面开通的结果是**厦门火车站**（见64页地图；☎203 8888；www.xmhcz.com；思明区厦禾路900号）不堪重负，2014年至2015年1月15日进行扩容改造，期间，动车、高铁改停**厦门北站**（☎203 8888；www.xmhcz.com；集美区后溪镇岩内村圣果路东段），普通列车改停**高崎站**（湖里区中埔1121号，殿前六路与中埔路交会处）。

预订火车票可通过**中国铁路客户服务中心**（www.12306.cn），可提前10天预订，并可进行一次免费改签，乘车前凭身份证至火车站售票大厅取票即可。上网不方便或固守传统的话，依然可以直接去火车站购票或通过票务代理中心。值得注意的是，现在国内大多数火车站进站验票也要同时进行身份认证，所以即使已经提前取票，也请带好身份证上车。

长途汽车

途经厦门的高速公路有连接沈阳和海南的沈海高速（G15）、连接厦门和成都的厦蓉高速（G76），另外还有泉三高速、漳龙高速、324国道、319国道、308省道等。以上海和广州为出发点，经高速公路到厦门都需要7~8小时，可以朝发夕至。当然，还是不大建议搭乘长途汽车前往厦门，因为论舒适和便捷程度不如火车，论速度不如飞机。但从福建省内一些偏远乡村前往，长途汽车是很好的选择。本书所涉及区域不大，以厦门市为中心，1~2小时就可以到达本书内其他目的地，几乎所有景点都有公共交通辐射，因此，交通费不会成为你的负担。

厦门岛内有四个主要长途汽车站，分别是：

厦门湖滨长途汽车站（见64页地图；思明区湖滨南路59号）经营线路近100条、日发班车400多班，主要是发往厦门西南方向的长途车，包括龙岩、漳州等闽西南各县市，省外向西、南辐射到广东、广西、四川、贵州、江西、湖南、湖北、海南、重庆及香港特别行政区。10路、15路公交车可以从轮渡码头抵达湖滨长途汽车站。

厦门枋湖长途汽车站（湖里区金湖路5号）经营线路151条、日发班车500多班，主要发往厦门东北方向的长途车，包括江西、湖南、湖北、浙江、江苏、安徽、山东、河南、陕西、山西、河北、辽宁、四川、贵州、上海、北京、天津等省市。31路公交车可以从轮渡码头直达枋湖客运站，15路、86路车可以从厦门大学附近抵达枋湖客运站。

厦门梧村长途汽车站（见64页地图；厦禾路923号）主要运营高频次的福建省内城市间快运。乘坐BRT到火车站即可到达梧村汽车站，1路、21路公交车可以从厦门大学方向抵达梧村汽车站。

厦门高崎长途汽车站（嘉禾路1050号）靠近机场，班次相对较少。

通过**厦门特运**（客服热线96 8828；www.xmqcz.com）网站可以网上购买厦门始发的长途汽车车票。拨打电话可以咨询票务事宜。拨打移动服务热线12580可以电话订票。

湖滨长途汽车站提供去往厦门西南方向的长途车，**旅游集散中心**（☎221 5533、223 8787；www.xmteyun.com）在站内，运营省内及厦门周边的各种一日游和旅游目的地直通车。

泉州客运中心站（见166页地图；☎2898 9908；泉秀街与坪山路交叉口）和**泉州汽车站**（原新站；见166页地图；☎2258 2914；温陵南路48号）都有发往厦门、漳州、福州、莆田的班车。

漳州有5个长途汽车站，**汽车客运中心站**（☎216 9351；水仙大街）、**漳州长途汽车站**（见188页地图；☎202 2010；202 6888；新华北路27号）和**漳州中旅汽车客运站**（见188页地图；☎206 9921；新华北路33号）有发往省外和省内主要目的地的班车；**漳州新城车站**（☎287 3039；九龙大道）和**漳州客运西站**（☎252 2801；胜利西路153号）以发往东山、南靖的车为主。

船

若干年前厦门想要将这座城市打造成"国际邮轮母港"，时至今日是否是母港不好说，但厦门是目前福建当之无愧的船运中心。邻近的泉州曾经是几百年前的世界第一大港，也是郑和下西洋的母港，如今虽然风光不再，但依然承担了部分航运的功能。从厦门、泉州出发的轮船主要有两个方向，一个是对台的定期航班，另一个则是环游世界的游轮。

所谓"福建沿海和金门、马祖地区直接往来"就是指大陆或台湾的旅客经由厦门、泉州坐船至金门，再从金门搭乘其他交通工具（主要是飞机）前往台湾的一种交通方式。去金门的话需要从厦门岛的**五通客运码头**（☎321 6666；环岛东路2500号）乘船前往，航程30分钟，票价140元；泉州的**石井港码头**亦有每日定期航班开往金门，航程1小时，但班次密度远不如厦门（去金门的办证手续详见216页出行指南）。前往金门的时刻表夏冬季变化，详见**厦门市港口管理局**（www.portxiamen.gov.cn）网站公告。

2009年，厦门开通了发往台湾基隆港和台中港的定期客滚航班，由“中远之星”号执行，它是迄今为止两岸间最大、最豪华的直航客滚船。从厦门去往台湾一般是夕发朝至，具体船期可以登录厦门远洋运输公司网站（www.coscoxm.com）查询。有传言说，不久的将来，大陆的自驾游客可以经由“中远之星”的超大“肚量”开着自己的车登陆台岛。

此外，厦门港时常有国际知名邮轮停靠，诸如“海洋神话号”、“处女星号”、“海洋行者号”，往来韩国、日本、越南等地。一般都在**东渡邮轮码头**（见64页地图；☎582 0688；东港路2号0101）登船。

自驾游

在厦门旅行，自驾是不错的选择。较为成熟的高速路网和国道及县乡网路，保证了到处都可以开车抵达，自由饱览沿途风景的同时还不受限于班车时间约束，农家乐的流行令沿途餐饮和住宿的问题也不大。福建很多地方开车的风格还是比较彪悍的，心平气和地安全驾驶很重要。

当地交通

目的地的交通可以选择公交车、出租车、轮渡、自行车，鼓浪屿上禁止机动车辆行驶，只能步行。厦门岛有5条通道连接大陆：西面的海沧大桥连接海沧区；西北面高集海堤、厦门大桥、集美大桥连接集美区、同安区；杏林大桥接通杏林；东北面的翔安隧道（海底隧道）连接翔安区。

抵离机场

如果你随身携带的行李较多，建议还是搭乘出租车抵离厦门机场。离开机场请在到达厅门口排队等候，打车从机场到市区约40元，高峰时期需耐心等待。

除出租车外，从机场出发到市区最方便的是乘坐高崎机场提供的机场快线和厦门公交集团开辟的机场快线。出机场到达厅后往右手边走1分钟，就能看到候车的地方了，清一色中巴车，人满发车，每人10元。这趟车走市区，只停靠两站，一站是火车站，一站是轮渡。由于厦门目前处于地铁修建阶段，城市交通不甚通畅，从机场到轮渡可能需要40～50分钟。出机场到达大厅往左手边走，穿过机场门口的大广场后再左拐，一路走到中国民航局厦门安监局门口就是公交公司机场快线的候车站，每逢半点有车，直接上城市高速干道，速度较快，每人只需1元。

如果要去往集美、杏林、同安等厦门市的岛外区域，最直接的方式是乘坐BRT。在上述说到的民航安监局门口等候BRT连接线L19路，坐到BRT县后站下车后即可乘坐BRT2号线去往岛外各地。

到泉州、漳州等地，有三种方式：一是乘坐陆空联运大巴，售票处在国内到达旅客出口处的酒店接待柜台；二是出到达厅后向西行3～5分钟，到候机楼西停车场乘坐去往泉州、漳州等地的出租车；三是乘坐前往市区的车到长途汽车站转车。

抵离北站

尽管火车站厦门北站大又新，但由于距离厦门市区远，对游客来说并不是十分理想的选择，赶车要留足时间，市区自驾30～40分钟，公交40～60分钟。

公共交通最方便最快捷的是BRT快1线，终点是第一码头站（3.5元；6:10～22:15，每1～3分钟1班）。次快捷的为快线，但发车频率较低，基本都是30分钟或者1小时1班。目前有北站往来曾厝垵以及从梧村汽车站到北站的单向线路。另，往来厦门机场可搭乘**空港专线北站线**（15元；30分钟；机场发车时间8:00～20:00，每半小时1班车，客满提前发车）。

公交车稍慢但比快线频次高。分为两种，一种仅大站停靠，相对较快，比如898路、943路、953路、957路。另一种为普通公交，慢慢晃，如950路等。

公交车

公交车几乎能带你去厦门市内任何地方，岛内所有路线票价皆为1元，出岛的公交车会视距离远近加收费用，全部自助投币，大多数公交从早上5点运营至晚上9、10点。登录**厦门**

公交网（www.xmbus.com）可以随时查阅公交站点和线路信息，也可以拨打☎96 8828咨询。手机下载一个叫"兜兜公交"的App，能帮助你准确了解公交到站时间。

泉州市内的旅游专线601路途经清源山、开元寺、芳草园、天后宫、展览城等景点，每16分钟1班，票价视距离远近为1~5元，无人售票。泉州司机不喜欢主动停车，所以坐公交你得像打车一样靠"拦"。公交末班车多数在下午6~7点，晚上9~10点会有少量"夜宵车"。

漳州市公交为无人售票，市区内1元/人（夏季空调车费2元），有一条连通厦门的853路（角美火车站—厦门海滨大厦）。公交末班车多数在晚上7点左右，"夜宵"线的末班车也只到晚上10点左右。

BRT

不同于国内很多城市的BRT只是在马路上辟出了特定的行车路线，与公交车几乎紧挨着，上下班的高峰期很难体现速度优势，厦门的BRT快速公交系统真的非常快捷，独霸着高架桥上的通道，你可以充分利用BRT来为你的旅程提速。

目前，厦门的BRT共有3条线：快1线连接第一码头和华侨大学（厦门岛外），快2线连接第一码头和同安西柯（厦门岛外）枢纽站，快3线连接第一码头和前埔。从同安西柯枢纽站转各路公交车可方便抵达岛外同安区内各景点。

BRT需要去车站内的售票厅购票，票价按里程计费，以e通卡票价（见本页方框）为基数进行取整，即尾数为0.1、0.2元免收尾数款，尾数为0.3、0.4、0.5、0.6、0.7元尾数收0.5元，尾数为0.8、0.9元则收1元。

为了延伸BRT的服务功能，在各BRT站点都配套有BRT连接线，即与快速公交相衔接的特殊公交专线，连接BRT站和其周边的社区、学校和工业集中区。这类公交在站牌上以L开头，共有20余条线路。上车投币，票价统一为投币0.5元，刷e通卡0.3元。

轮渡

轮渡是前往鼓浪屿的唯一交通工具，两边来往的码头共有7个，包括厦门岛的**鹭江道轮渡码头**（见151页；☎202 3493；鹭江道15号）、**第一码头**（见151页；☎205 4965；厦禾路29号）、**东渡邮轮码头**（见151页；☎202 2516）和鼓浪屿上的**三丘田码头**（见151页；思明区三明路2号）、**钢琴码头**（见151页）、**内厝澳码头**（见151页；康泰路159号），以及**海沧嵩屿码头**（建港路2188号）。白天，鹭江道轮渡码头和钢琴码头为本地居民专用，票价8元；游客主要使用东渡邮轮码头和三丘田码头，票价30~50元，皆已含返程票。具体乘船路线及班次详见150页鼓浪屿到达和离开，详细可咨询厦门轮渡公司（☎202 3493；www.xmferry.com）。

本地居民指厦门市户籍人口或持有效厦门市社会保障卡以及在鼓浪屿有房产的人员，可以办理季卡，办理地点在鼓浪屿钢琴码头，需20元工本费，持季卡可当季240次出入鼓浪屿。

九宫码头（见206页）是烈屿的对外门户，到金门水头码头（60新台币；6:30~21:00，每半小时1班）。

出租车

厦门不大，打车也不奢侈，3公里内起步价8元，之后2元/公里，夜间（23:00至次日6:00）起步价9.6元，之后2.2元/公里，另外，每程要加收2~3元燃油附加费。2014年底新冒出一批复古老爷车，价格更高，但乘坐体验相当不错。如果司机不绕路的话，打车去各景点一般不

获得优惠

如果打算在厦门待久一点，可以办张厦门**e通卡**，坐公交票价为8折；BRT以3公里为基本里程，起价0.3元，之后每递增1公里按0.1元计价，不足1公里按1公里计价，空调开启后起价为0.6元，10公里以内每公里按0.2元计价，超过10公里后续乘段每公里按0.1元计价，不足1公里按1公里计价；BRT连接线票价为0.3元。照此计算方案，在空调开启期间，若搭乘快1线全程的话仅需2.7元。

奢侈一把：直升机“兜风”，俯瞰环岛路

如果有足够预算，也想体验影视剧中的凌云气概，**金汇通航**（☎400 0592 988；www.kingwinghelitour.com；厦金湾直升机场）提供豪气的直升机游览服务，票价1880人民币，飞行时间20分钟。起飞降落均在**厦门直升机旅游服务中心**（环岛东路2218号厦金湾直升机场），沿着环岛路开往鼓浪屿，然后原路返回。游客需至少提前1天，在下午3点前预订班次。

会超过30元。出租车大多集中在岛内运输，去岛外时很多司机不愿意打表，只议价。旅行者常常会遭遇拒载，你当然可以投诉**运管处**（☎561 5610），不过这么多年，未见效果。

需要提醒的是，厦门司机对于找零很不主动，比如若是计价器显示11.5元，司机会默认收你12元。当然，如果你给个刚好的11.5元，司机也不会说什么，但如果你要他找给你5毛钱，恐怕就比较困难了。厦门地方小，用到预约的时候比较少，但需要的时候还是可以拨打☎532 0000试试运气，这是统一的卫星定位电召电话。

泉州出租车2公里内起步价9元，之后1.6元/公里，每天16:00~17:00为换班时间，打车会有些困难。

漳州出租车2公里内起步价7元，之后1.8元/公里。

建议手机上装个打车APP，无论在以上哪个地方都可以用得上。

摩的

尽管厦门岛内以及泉州市区禁摩，但这种轻巧灵便却略危险的交通工具在厦门岛外及泉漳郊区铺天盖地，当车站和目的地还差一点儿距离的时候，摩的司机总能帮上忙。这一区内的起步价通常为5元，超过3公里价格就不太具备优势，而且你需要在屁股坐稳当之前就谈妥价格，即使不那么擅长还价，也要勇于尝试一下。

人力三轮车

在漳州和泉州还有这种侧面载客的人力三轮车，价格和摩的差不多，作为代步工具它的速度不占优势，但能让你更从容地观看四周，也方便拍摄，和友善的车夫聊一聊也相当有趣。

自行车

骑车在厦门市里慢行兜风是不错的选择，尤其是岛内的环岛路，不仅设计了专门的自行车道，也禁止摩托车行驶，这无疑又为安全加上了一道保险。

幕后

作者致谢

崔群

其实一直都不是"孤独"地走在路上，背后有家人的支持，身边总有良师益友。感谢北京的谭川遥、上海的董驰迪、台北的张蕴之和新加坡的叶孝忠。点点滴滴、聚散有缘、有书为证。感谢黄达隆、施水液、王琦、陈文波、黄立清、jamar、沐昀、郑钰铮、吴伯翔、蒋亦凡、杨晓惠、sussi、柳帆，从你们的人和言、图和文中，总能学到许多。感谢令人无比省心的"小笼包"，还有不太省心的"瓜先生"。感谢我们都热爱旅行、真诚分享，都有一颗好奇的心。

何望若

感谢调研期间唯一的一场暴雨，困在屋檐下2小时里的偶遇令调研有了很大突破。谢谢杨迪为我提供大量有用信息并带我参观老别墅，谢谢董启农先生、李培国先生、钻石楼的吴先生带我了解鼓浪屿的过去、老别墅的故事和对小岛现状的分析。谢谢罗林在我调研之初提供了很多资源，就如给我吃了一颗定心丸。谢谢马巍葳带我搜街找美食，谢谢李拉拉及其妈妈的贴心照顾，谢谢张惠芬、李丰和每一个叫不出名字、为我指导迷津的岛民，感谢崔群和黄嵩的彼此协作。

黄嵩

感谢我的太太、父母和我生活的小岛。

声明

本书地图由中国地图出版社提供，审图号GS（2014）1827号。

封面图片：（上）鼓浪屿和厦门岛隔海相望，Gettyimages 提供；（下）凤凰花，CFP提供。封底图片：夜色中的海沧大桥，Gettyimages 提供。

关于本书

这是 Lonely Planet "IN" 系列《厦门》的第1版。本书的作者为崔群、何望若、黄嵩。本书部分内容来自 Lonely Planet《福建》第1版，在此一并感谢作者崔群、苏薇、董驰迪、黄嵩、尼佬以及萧春雷、陈文波、崔建楠。

本书由以下人员制作完成：

项目负责 李小坚
内容统筹 叶孝忠
内容策划 崔群 谭川遥
视觉设计 李小棠 陈斌
协调调度 崔晓丽 丁立松
责任编辑 李军 廖恬
地图编辑 马珊
制　　图 刘红艳
流　　程 李晓龙
终　　审 石忠献
排　　版 北京梧桐影电脑科技有限公司

感谢陈宇、洪良、沐昀、郭宇廷、吴楠、余思楠、朱琦对本书的帮助。

说出你的想法

我们很重视旅行者的反馈——你的评价将鼓励我们前行，把书做得更好。我们同样热爱旅行的团队会认真阅读你的来信，无论表扬还是批评都很欢迎。虽然很难一一回复，但我们保证将你的反馈信息及时交到相关作者手中，使下一版更完美。我们也会在下一版特别鸣谢来信读者。

请把你的想法发送到 **china@lonelyplanet.com.au**，谢谢！

请注意：我们可能会将你的意见编辑、复制并整合到 Lonely Planet 的系列产品中，例如旅行指南、网站和数字产品。如果不希望书中出现自己的意见或不希望提及你的名字，请提前告知。请访问 lonelyplanet.com/privacy 了解我们的隐私政策。

索引

A

安平桥 172

安献堂 138，142，**132**

鳌园 105

B

八达楼子 206，**196**

八卦楼 127，130，**132**

八市 17，29

白城沙滩 71，**64**

白礁慈济宫 183

白石炮台 68，71

北山古厝群 200，**196**

笔山路 135

汴派桥 184

滨海火山国家地质公园 183，**182**

C

蔡氏古民居 172

藏海入园 129

草庵 172

陈景兰洋楼 201，**196**

陈诗吟洋楼 195，**196**

陈氏家庙 196，**196**

承天寺 165，**166**

崇福寺 170，**166**

崇福晚钟 170

出水莲花香炉 168

000 地图页码

D

大嶝岛 110

大地土楼群 186，**182**

大洪钟 170

德安古堡 107

德济门的遗址 168

东门屿 185

东明寺 185

东坪山 70，**64**

东山岛 184，**182**

F

番婆楼 140，**132**

梵天寺 106

风琴博物馆 130，**132**

奉天坛 167

芙蓉隧道 57

福音堂 138，**132**

复兴堂 138，**132**

G

伽蓝庙 184

甘露戒坛 164

钢琴博物馆 129

鼓浪屿 119，**121**

鼓新路 135

观彩楼 131

观复博物馆 129

观音山 69

官任路 91

归来园 105

H

河坑土楼群 163

后浦16艺文特区 196，**196**

后浦武庙 198，**196**

胡里山炮台 71，**64**

湖井头战史馆 200，**196**

华安土楼群 186

华侨新村 73，**64**

怀远楼 163

黄厝海滩 71，**6**

黄家花园 140

黄荣远堂 135

J

鸡山路 125，135，**121**

集美学村 104

集美中学 98

嘉庚建筑 105

角屿 110

金城民防坑道 197，**196**

金城镇 195，202，203

金瓜楼 140，**132**

金光湖 107

锦绣庄 179，**166**

九八投洽会 74

九宫坑道 206，**196**

莒光楼 195，**196**

K

开元寺 164，**166**

奎阁 195，**196**

L

老君岩 170

李贽故居 168，**166**

廖家别墅 139

烈屿 206

林进屿 183

林巧稚纪念馆 139

林氏府 140，**132**

林文庆别墅 135

灵济古寺 195，**196**

陵水湖 206，**196**

六鳌 183，**182**

龙头路 147

龙舟池 105

芦山堂 106

M

马銮湾 185

梅海岭 70

美华海滩 148

明善堂 168

N

南碇岛 183
南普陀寺 34, 58, **64**
南薰楼 105
南音馆 73
南音艺苑 169

Q

齐云 186
青礁慈济宫 110
清金门镇总兵署 195, **196**
清净寺 167, **166**
清源山 170
情人湖 57
琼林 201, **196**
邱良功母节孝坊 195, **196**
泉州少林寺 170, **166**
泉州湾古船陈列馆 164

R

仁寿塔 164
茬畲村 107
日光岩 130, **132**

S

三丘田码头 151, 226
三一堂 138, **132**
桑莲古迹 164
山后民俗文化村 201, **196**
上坪土楼群 186
上弦场 57
昇平 186
圣妈宫 90
菽庄花园 128, **132**
四落大厝 136

T

塔下村 163
天后宫 168, **166**
天竺山 110
田螺坑土楼群 163
通淮关岳庙 165, **166**
同安 106
土楼 158, 161~163, 186, **155**

W

完璧楼 184
万石山 70
文庙广场 169
文台宝塔 199, **196**
文曾路 70, **64**
乌礁湾 185
吴秀才厝 206, **196**
浯岛城隍庙 196, **196**
浯江书院 196, **196**
五观堂 164
五里桥 172
五通灯塔 69
五缘湾 39, 73, **49**

X

厦门大学 56
厦门海底世界 141, **132**
翔安 110
小嶝岛 110
协和礼拜堂 138
新街礼拜堂 72, **64**
许家园 131

Y

演武厅 170
燕尾山生态公园 135
杨家园 131
野山谷 107
诒安堡 184
亦足山庄 131
殷承宗旧宅 142
应庚塔 170
英华楼 143
英雄三岛 100, 110, **97**
萤火虫公园 70
屿南湾 185
裕昌楼 163
毓园 139, **132**
元妙观 169, **166**
原日本领事馆 143
月台别院 165
云洞岩 182, **182**
云水谣古村 163
筼筜路 73, **64**

Z

曾厝垵 66, **64**
翟山坑道 199, **196**
战地观光园 110
郑成功纪念馆 130
中庆楼 187
朱子祠 196, **196**
珠山聚落 199, **196**

000 地图页码

如何使用本书

以下符号能够帮助你找到所需内容：

- 景点
- 海滩
- 活动
- 课程
- 团队游
- 节日和活动
- 住宿
- 就餐
- 饮品
- 娱乐
- 购物
- 实用信息/交通

请留心如下标志：

首选 作者的大力推荐

免费 不收取任何费用

下列符号所代表的都是重要信息：

- 电话号码
- 营业时间
- 停车场
- 禁止吸烟
- 空调
- 网络接入
- 无线网络
- 游泳池
- 素食菜品
- 英语菜单
- 适合家庭
- 允许携带宠物
- 公共汽车
- 轮渡
- 地铁
- 城铁
- 轻轨
- 铁路

地图图例

景 点

- 佛寺
- 城堡
- 教堂
- 清真寺
- 纪念碑
- 孔庙
- 道观
- 世界遗产
- 博物馆
- 遗址
- 酒窖
- 动物园
- 温泉
- 剧院
- 一般景点

活动、课程和团队游

- 潜水/浮潜
- 划艇
- 滑雪
- 冲浪
- 游泳/游泳池
- 蹦极
- 徒步
- 帆板
- 其他活动、课程、团队游

住 宿

- 酒店
- 露营

就 餐

- 就餐

饮 品

- 酒吧
- 咖啡

娱 乐

- 娱乐

购 物

- 购物

实用信息

- 银行
- 使馆
- 医院/药店
- 网吧
- 公安局
- 邮局/邮筒
- 公共电话
- 卫生间
- 旅游信息
- 无障碍通道
- 其他信息

交 通

- 机场
- 过境处
- 公共汽车
- 渡船
- 地铁
- 停车场
- 加油站
- 自行车租赁
- 出租车
- 火车站
- 有轨电车
- 索道缆车
- 其他交通工具

境 界

- 国界
- 未定国界
- 省界
- 未定省界
- 特别行政区界
- 地级界
- 县级界
- 海洋公园界
- 城墙
- 悬崖

行政区划

- 首都
- 省级行政中心
- 地级市行政中心
- 自治州行政中心
- 县级行政中心
- 乡、镇、街道
- 村

道 路

- 高速公路
- G213 国道
- S203 省道
- X013 县、乡道
- 铁路
- 地铁
- 收费公路
- 高速公路
- 一级公路
- 二级公路
- 三级公路
- 小路
- 未封闭道路
- 广场/商业街
- 台阶
- 隧道
- 步行天桥

水 系

- 河流、小溪
- 间歇性河流
- 沼泽
- 礁石
- 运河
- 湖泊
- 干/盐/间歇性湖
- 冰川

地区特征

- 海滩/沙漠
- 基督教墓地
- 其他墓地
- 公园/森林
- 运动场所
- 重要景点(建筑)
- 一般景点(建筑)

地 理

- 海滩
- 灯塔
- 瞭望台
- 山峰
- 栖身所、棚屋

注：并非所有图例都在此处显示。

我们的故事

一辆破旧的老汽车，一点点钱，一份冒险的感觉——1972年，当托尼（Tony Wheeler）和莫琳（Maureen Wheeler）夫妇踏上那趟决定他们人生的旅程时，这就是全部的行头。他们穿越欧亚大陆，历时数月到达澳大利亚。旅途结束时，风尘仆仆的两人灵机一闪，在厨房的餐桌上制作完成了他们的第一本旅行指南——《便宜走亚洲》（*Across Asia on the Cheap*）。仅仅一周时间，销量就达到了1500本。Lonely Planet 从此诞生。

现在，Lonely Planet 在墨尔本、伦敦、奥克兰、德里和北京都设有公司，有超过600名员工及作者。在中国，Lonely Planet 被称为“孤独星球”。我们恪守托尼的信条：“一本好的旅行指南应该做好三件事：有用、有意义和有趣”。

我们的作者

崔群

内容策划；厦门周边 曾参与Lonely Planet《四川和重庆》、《福建》、《台湾》的调研写作，兼具写稿人和催稿人双重功力。她在厦门生活了三年，被这座小岛憋得发疯却也驻足至今。厦门作为中国最受欢迎的旅行目的地之一，城市基础建设可劲儿折腾、商业店铺疯狂更替，让这本《厦门》写得并不无聊。事实上每写一本Lonely Planet，都会刷新对目的地风物和人的认知，再熟悉也似新知，反之亦然。

何望若

统筹作者；鼓浪屿 鼓浪屿是她来过多次的地方，一直只给她留下不过尔尔的印象，她满心以为这次可以文艺优雅、轻轻松松完成调研，但烈日下的奔走和紧密的行程还是让她顾不得形象，调研结束的时间也一拖再拖。因为调研，她终于接触到了真实的鼓浪屿，深深被它的人文气质所吸引，恨不能把听到的故事全唠叨给读者。为Lonely Planet调研这事儿很累，却让她着迷，因为把他乡聊成故乡简直太爽了。她也参与了《甘肃和宁夏》、《丝绸之路》的调研。

黄嵩

厦门岛；厦门岛外 半靠谱文艺中青年，处女座。十多年前在凤凰古城偶遇一个搞传销的“驴友”大哥，因此爱上旅行。如今的他常年标榜“要用双脚和镜头丈量世界”。尽管无法抛弃凡尘俗世轰轰烈烈痛快丈量，但好歹也正朝着这个目标龟速前进。最近他和他的太太一起出版了《那些旅行教我们的事》，下一个目标是出一本“大手牵小手，绕着地球走”的亲子旅行书。

杨晓惠

80后闽南土著，喜好压马路。年轻时鬼混形形色色的户外组织，露营、溯溪、徒步、漂流，自虐至上。最高理想是生活在别处，旅行被常态。现已伪装成贤妻良母，奈何死性不改，时不时勾搭个半靠谱文艺女青年来一场华丽私奔。

王琦

20世纪80年代生于厦门。一面是开放的新青年，一面是保守的市井小民；一面对新观念充满好奇，一面流连于旧城旧物，以及全球化和社会达尔文对立面。成长恰逢厦门从小城到都市，少年时想做一个有用的人，现在觉得做个无用的人也不错。

施水液

生于泉州，活在厦门。命中五行缺水，是故常年逐水而居。喜欢新鲜事物和未知世界，却也做着传统文化相关的工作，关注着身边的一乡一土。也许有天会再次随波逐流，到达另一个邻水的地方，但身上，总会携一抔闽南的土。

陈文波

70后巨蟹男，福建人，爱生活爱美食，也爱脚下的这片土地。喜欢到陌生的地方，体验当地的吃吃喝喝，能接受高大上的餐馆，也乐于找寻街头巷陌转角处的民间美食，当然，更相信家常的味道才是人间至味。

蒋亦凡

说起来是上海人，其实是在沪郊出生、长大的“乡下人”，对“魔都”的庞大、繁忙、理性和依赖于商业的“文化多元”缺乏享受能力，却在客居的闽南找到了一种真正丰富的生活。这种丰富性来自这里有山有海的自然，更来自她与传统血脉未断的人文。

厦门

中文第一版

图书在版编目 (CIP) 数据
厦门 / 澳大利亚 LonelyPlanet 公司编 . -- 北京 : 中国地图出版社 , 2014.12 (2015.2 重印)
(IN)
ISBN 978-7-5031-8495-6

Ⅰ . ①厦… Ⅱ . ①澳… Ⅲ . ①旅游指南 – 厦门市
Ⅳ . ① K928.957.3

中国版本图书馆 CIP 数据核字 (2014) 第 261814 号

出版发行　中国地图出版社
社　　址　北京市白纸坊西街 3 号
邮政编码　100054
网　　址　www.sinomaps.com
印　　刷　北京华联印刷有限公司
经　　销　新华书店
成品规格　197mm × 128mm
印　　张　7.5
字　　数　408 千字
版　　次　2014 年 12 月第 1 版
印　　次　2015 年 2 月北京第 2 次印刷
定　　价　56.00 元
书　　号　ISBN 978-7-5031-8495-6/Z·209
审 图 号　GS (2014) 1827 号
图　　字　01-2014-7376

如有印装质量问题，请与我社发行部 (010-83543956) 联系

Lonely Planet
(公司总部) ABN 36 005 607 983
Locked Bag 1, Footscray, Victoria 3011, Australia
电话：+61 3 8379 8000
传真：+61 3 8379 8111
联系：lonelyplanet.com/contact